JN412865

미니왕국 친구들

코바늘로 완성하는 36종의 깜찍한 아미구루미 왕족

올카 노비츠카 지음AradiyaToys • 이소윤 옮김 • 박상숙 감수

참돌

시작하기 전에

아미구루미 미니 왕국에 오신 것을 환영합니다!

왕과 왕비가 성대한 잔치를 벌입니다.
드럼 연주자가 이 행사의 시작을
전 세계에 알리고 있어요.
천문학자는 별자리를 보고
여러분이 올 거라는 사실을 알고 있었죠.
오늘 밤만은 조커와 요정이 실타래 함을 가지고
장난을 치지 않기를 바랄 뿐이랍니다.
말을 탄 왕자는 믿음직한 기사와 사랑스러운
공주 자매들과 마을로 여행을 왔어요.
우리도 그들과 함께 떠나볼까요?
그들은 상인 소녀에게는 채소를,
양치기 소녀에게는 양모를,
소젖 짜는 아가씨에게는 우유를,
양봉가에게는 꿀을,
꽃을 파는 소녀에게는 꽃을 살 예정이에요.
하지만 그들은 강도와 도둑 그리고 용들에게서
공주님의 아름다운 보석들을 지켜내야 해요.
다행히도 마법사가 특별한 마법을 걸어 놓았지만요!
이 북적대는 작은 왕국을 함께 탐험해보세요!
이 미니 왕국의 동물 친구들은 혼자 세워둘 수도 있고
작은 손에 쏙 잡히는 사이즈로
장난기 많은 어린 몽상가에게 안성맞춤이랍니다.
또한 인형의 머리 모양과 모자를 여러분이
자유자재로 바꿀 수 있어서
자신만의 특별하고 더욱 독특한 캐릭터를
만들 수 있어요!

Olka

이 책의 패턴으로 아미구루미를 만드셨나요?
www.amigurumipatterns.net/3300에 완성한 아미구루미를 공유해보세요!
인스타그램에 #minikingdom을 넣어 완성한 아미구루미를 공유해보세요!

미니 왕국 친구들

1판 1쇄   2022년 6월 25일
지은이   올카 노비츠카
옮긴이   이소윤
감수자   박상숙
펴낸이   하진석
펴낸곳   참돌
주   소   서울시 마포구 독막로3길 51
전   화   02-518-3919
팩   스   0505-318-3919
이메일   book@charmdol.com
ISBN   979-11-88601-52-3   13630

＊이 책 내용의 전부나 일부를 이용하려면 반드시 저작권자와 참돌의 서면 동의를 받아야 합니다.
＊책값은 뒤표지에 있습니다.
＊잘못된 책은 구입하신 곳에서 바꾸어 드립니다.

Mini Kingdom by Olka Novytska (AradiyaToys)
Copyright © 2020 Meteoor bv and Olka Novytska (AradiyaToys)
Original English Edition 2020 by Meteoor BV, Antwerp, Belgium.
All rights reserved.
Korean translation copyright © 2022 CHARMDOL
Korean translation rights are arranged with Meteoor BV through AMO Agency.

＊이 책의 한국어판 저작권은 AMO에이전시를 통해 저작권자와 독점 계약한 참돌에 있습니다.
　저작권법에 의해 한국 내에서 보호를 받는 저작물이므로 무단 전재와 무단 복제를 금합니다.

왕 • p.19

여왕 • p.24

왕자 • p.27

고양이 • p.31

강아지 • p.34

핑크 공주 • p.37

퍼플 공주 • p.40

옐로 공주 • p.43

블루 공주 • p.47

기사 • p.51

말 • p.54

유니콘 • p.58

용 • p.62

드럼 치는 소년 • p.67

조커 • p.70

천문학자 • p.74

요리사 • p.78

양치기 소녀 • p.83

양 • p.85

꽃 파는 소녀 • p.89

수선화 • p.93

초롱꽃 • p.96

국화꽃 • p.98

요정 • p.100

나비 • p.102

소젖 짜는 아가씨 • p.107

소 • p.110

마법사 • p.115

부엉이 • p.119

마녀 • p.121

도둑 • p.125

무역상 소녀 • p.129

도둑 • p.134

양봉가 • p.137

벌집 • p.140

꿀벌 • p.143

도구와 재료

다양한 색상의 뜨개실

이 책의 모든 패턴에는 실 두께를 포함해서 각 디자인에 필요한 재료들이
명시되어 있어요.
대부분의 패턴 작업에 부드럽게 가공되고 광택 처리된 50g/125m(5ply-
실 가닥수/겹)의 스포트 웨이트 실인 샤헨마이어 카타니아 100% 면사를
사용했지만, 어떤 실을 사용할지에 대해서는 고민할 필요가 없어요.
여러분이 적당한 코바늘만 사용한다면 면사, 합성사, 모사든 중량에
상관없이 사용할 수 있거든요.
무늬는 사용되는 실의 양보다 얼마나 느슨하게 혹은 단단하게 뜨느냐에
따라 달라진답니다. 다른 작업을 하고 남은 실을 사용하거나 새로운 실로
시작해보세요. 보통 컬러당 한 타래의 실이면 충분할 거예요.

코바늘

실뿐만 아니라 코바늘도 종류별로 다양한 소재와 크기가 있어요.
큰 코바늘을 사용하면 작은 코바늘에 비해 좀 더 큰 코를 만들 수 있지요.
실의 중량에 맞춰서 적절한 크기의 코바늘을 사용하는 것이 중요하답니다.
아래 표에 실의 중량에 권장되는 코바늘의 표준 크기가 정리되어 있으니
참고하세요. 다만 아미구루미의 경우에는 일반적으로 권장되는 것보다
2~3사이즈 작은 코바늘을 사용해야 해요. 뜨개질할 때 솜이 빠져나가지
못하도록 틈 없이 단단한 조직을 만들어야 하기 때문이죠. 더 작은 코바늘을
사용하면 좀 더 쉽게 작업을 완성할 수 있답니다.
코바늘은 보통 알루미늄이나 강철로 만들어집니다. 다만 금속으로 된
코바늘은 코 사이사이로 미끄러지기 쉬우니 고무나 인체 공학적 손잡이가
있는 코바늘을 사용하는 것이 좋아요.

콧수링

콧수링은 금속 또는 플라스틱으로 된 작은 클립이에요. 이 도구는 시작점을
표시하고 각 단에서 적당한 수의 코를 떴는지 한 번 더 확인할 수 있는 간단한
도구죠. 이 콧수링으로 단의 마지막 코에 표시해두면 편리해요.

솜

인형을 채우는 솜의 경우 어느 공예품 상점에서든 쉽게 찾아볼 수 있는
폴리에스테르로 된 솜을 사용하는 것이 좋아요. 이런 솜은 비싸지 않고,
세탁이 가능하며 알레르기를 유발하지 않아 걱정하지 않아도 된답니다.
아미구루미 속을 너무 많이 채우지 않도록 주의하세요. 솜을 과하게 넣으면
편물이 늘어나 솜이 보일 수 있거든요.

나사형 인형눈

코바늘뜨기 동물 인형을 장식할 부재료 중 하나로, 저는 나사형 인형눈을
사용합니다. 이것 역시 수공예 용품점에서 쉽게 구할 수 있어요. 나사형
인형눈은 앞에서 꽂는 로드가 달린 부분과 안쪽에서 고정하는 와셔로
이루어져 있는데, 한번 달면 사실상 다시 떼어낼 수 없기 때문에 눈을 달기
전에 이 점을 주의하세요.
아이가 3세 미만이라면 눈을 자수로 수놓는 것이 좀 더 안전해요. 자수로 눈을
수놓을 경우에는 끝이 둥근 태피스트리 바늘을 사용하면 됩니다.

숫자	1	2	3	4	5	6
카테고리 명칭	슈퍼 파인 (합세사)	파인 (중세사)	라이트 (합태사)	미디움 (병태사)	헤비 (극태사)	베리 헤비 (초극태사)
영국식 실 분류	3ply(겹)	4ply	더블니팅(DK)	아란	청키	슈퍼 청키
미국식 실 분류	핑거링	스포트	라이트 우스티드	우스티드	벌키	울트라 벌키
권장 코바늘 호수 (미국 사이즈*)	B-1~E-4	E-4~7	E-7~I-9	I-9~K-10 1/2	1/2~K-10 1/2~M-13	M-13 이상
권장 코바늘 호수(미터 기준*)	2.25~3.5㎜	3.5~4.55㎜	4.5~5.5㎜	5.5~6.5㎜	6.5~9㎜	9㎜ 이상

* 아미구루미를 뜰 경우 일반적으로 실 라벨과 이 표에 권장되는 크기보다 2~3사이즈 작은 바늘을 사용합니다.

시작 전에 알아야 할 것들

난이도 수준

초급(👑) 중급(👑👑) 고급(👑👑👑)
모든 패턴에는 뜨개질의 난이도 수준이 표기되어 있어요. 아미구루미를 처음 만든다면 난이도가 쉬운 패턴부터 시작해서 중급과 고급으로 수준을 올려 나가는 것을 추천해요.

패턴의 구조

- 특별히 언급되지 않는 한, 이 책의 모든 패턴은 연결된 원형뜨기 단이 아닌 연속의 나선형으로 뜹니다. 각 단의 끝에 콧수링 또는 시침핀을 꽂아 어디에서 새로운 단이 시작되고 이전 단이 끝나는지를 표시해두세요. 한 단의 원형단은 콧수링 바로 위에서 마무리해야 하며, 각 단이 끝날 때마다 콧수링을 이동하여 현재 위치를 계속 표시합니다.
- 각 시작 부분에는 지금 뜨고 있는 단을 표시하는 '숫자+단'이 표기되어 있어요. 예를 들어 같은 단이 반복되면 '9-12단'이라고 표기되는데, 이는 9번, 10번, 11번, 12번 단을 반복해서 뜨는 것을 의미합니다.
- 일반적으로 원형뜨기 단으로 시작하지만, 때로는 연속 나선형 뜨기 대신 앞뒤로 단을 전환하는 경우가 있어요. 단을 전환하면 '단+숫자'로 표시됩니다. 사슬뜨기 1로 단을 마무리한 후 편물을 뒤집어 다음 뜨기를 시작하면 됩니다. 이 사슬코를 제외하고 (달리 언급되지 않는 한) 다음 단으로 건너뜁니다.
- [9코]와 같이 각 단의 끝의 숫자는 그 단에 있어야 하는 총 콧수를 의미해요. 헷갈릴 경우, 잠시 작업을 멈추고 콧수를 확인하면 됩니다.
- 한 단의 내용이 여러 단에서 반복될 경우, 둥근 괄호 사이에 같은 작업을 반복해야 할 단의 숫자를 표시해두었으니 참고하세요.

아미구루미 갤러리

각각의 패턴에는 해당 캐릭터의 전용 온라인 갤러리로 안내하는 URL과 QR코드가 포함되어 있어요. 완성된 아미구루미를 공유하고, 다른 친구들이 선택한 색상과 실의 종류에서 아이디어를 얻으며 코바늘뜨기의 진정한 재미를 느껴볼 수 있답니다. 링크를 입력하거나 스마트폰으로 QR코드를 스캔하기만 하면 돼요. 단, iOS 휴대폰은 카메라 모드에서 QR코드가 자동으로 스캔되지만, 안드로이드 OS 휴대폰은 먼저 QR 코드 리더 앱을 설치해야 할 수도 있습니다.

주의사항

3세 미만의 어린이들에게 선물할 장난감 인형을 뜨는 경우, 작은 액세서리는 최대한 생략하는 것을 추천해요.

헤어스타일과 모자

이 책에 나오는 미니 왕국 친구들의 머리카락, 모자, 왕관을 다양하게 조합하고 매치하여 자신만의 독특한 개성을 가진 특별한 왕족들로 재탄생시킬 수도 있어요.

V-짧은뜨기와 X-짧은뜨기의 차이

만약 여러분이 코바늘뜨기에 능숙한 분들이라면 저의 뜨개 방식이 약간 다르다는 것을 알아차릴 거예요. 저는 코바늘 위로 실을 감는 대신, 코바늘 고리 아래로 실을 감는답니다. 이렇게 함으로써 V자 모양의 짧은뜨기가 아닌 X자 모양의 짧은뜨기를 뜰 수 있죠. 이 외에도 알아야 할 몇 가지 차이점이 더 있어요.

- X-짧은뜨기는 훨씬 더 세밀하고 단단해서 편물의 크기도 상대적으로 더 작아져요. 반대로 V-짧은뜨기로 뜬 편물은 더 유연하고 신축성이 크기 때문에 인형이 더 부드럽고 폭신한 특성을 지닌답니다.
- V-짧은뜨기는 각 단에서 조금씩 움직여서 편물이 한쪽으로 돌아간 것처럼 보여요. 하지만 X-짧은뜨기는 이런 경향이 적기 때문에 자카드 무늬를 뜰 때 보기에 좋습니다.
- 서로 다른 색상의 줄무늬 패턴을 만들 때 X-짧은뜨기를 하면 긴뜨기처럼 보입니다.

도표
일부 패턴에서는 난해한 부분을 더 잘 설명하기 위해 도표가 첨부되어 있어요.
다음과 같이 각각의 코는 기호로 표기되어 있습니다.

○ 사슬뜨기　　◗ 빼뜨기　　✕ 짧은뜨기　　⊤ 긴뜨기　　 한길긴뜨기

코바늘뜨기

아미구루미를 처음 만들어보는 초보자라면 온라인 튜토리얼을 참고하는 것이 도움이 될 거예요. 다음 쪽의 코바늘뜨기에 대한 설명만으로도 이 책의 모든 아미구루미를 만들 수 있답니다. 디자인을 시작하기 전에 몇 가지 기초적인 뜨기 기법을 연습해보는 것도 좋아요. 반복해서 연습하면 패턴과 약어들을 보다 편안하게 읽을 수 있어요.

코바늘뜨기 참고 영상

각 스티치 설명에는 온라인 참고 동영상으로 안내하는 URL과 QR 코드가 포함되어 있어, 보다 빠르게 마스터할 수 있는 뜨기 기법의 기술을 단계별로 보여줍니다. 링크를 따라가거나 스마트폰으로 QR코드를 스캔하면 온라인 갤러리로 쉽게 연결이 돼요. 단, iOS 휴대폰은 카메라 모드에서 QR코드를 자동으로 스캔하지만, 안드로이드 OS 휴대폰은 먼저 QR코드 리더 앱을 설치해야 할 수도 있어요.

동영상으로 연결되는
URL과 QR코드:
www.stitch.show/ch

사슬뜨기(ch)

평면뜨기로 뜨는 경우, 첫 번째 단은 연속의 사슬뜨기가 될 것입니다. 실을 코바늘에 감아(1) 고리가 팽팽해질 때까지 잡아당깁니다(2). 다시 바늘 뒤에서 실을 앞으로 감아 이미 코바늘에 걸린 고리 사이로 잡아 뺍니다(3). 이제 하나의 사슬뜨기가 완성되었습니다.
패턴에 표시된 만큼 이 단계를 반복하여 기초 사슬코(4)를 만듭니다.

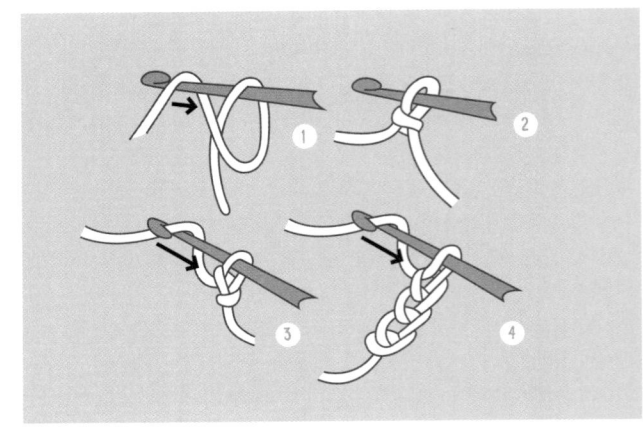

동영상으로 연결되는
URL과 QR코드:
www.stitch.show/sc

짧은뜨기(sc)

짧은뜨기는 이 책에서 가장 자주 사용될 뜨기 기법입니다. 코바늘을 다음 코에 넣고(1) 실을 감아줍니다. 실을 코 사이로 통과시키며 잡아 뺍니다(2). 이제 바늘에 두 개의 고리가 남게 됩니다. 실을 다시 바늘에 감아 두 개의 고리 사이로 한 번에 통과시킵니다(3). 이제 짧은뜨기 한 코가 완성되었습니다(4). 다음 코에 바늘을 넣고 계속 뜹니다(5).

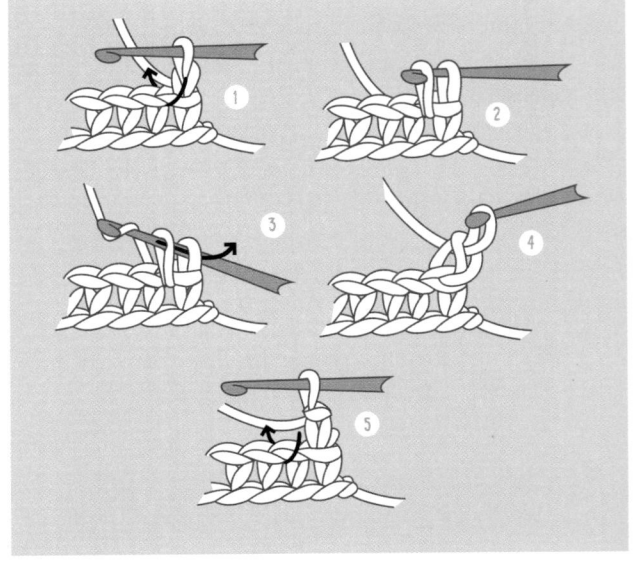

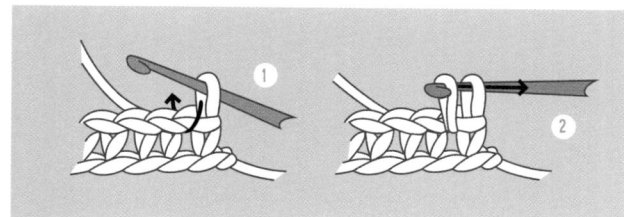

빼뜨기(slst)

빼뜨기는 하나 이상의 코를 이동하거나 마무리할 때 사용합니다. 코바늘을 다음 코에 넣어줍니다(1). 코바늘로 실 감기를 하여 코바늘의 코 사이로 한 번에 잡아당겨 한 코를 완성합니다(2).

동영상으로 연결되는 URL과 QR코드: www.stitch.show/slst

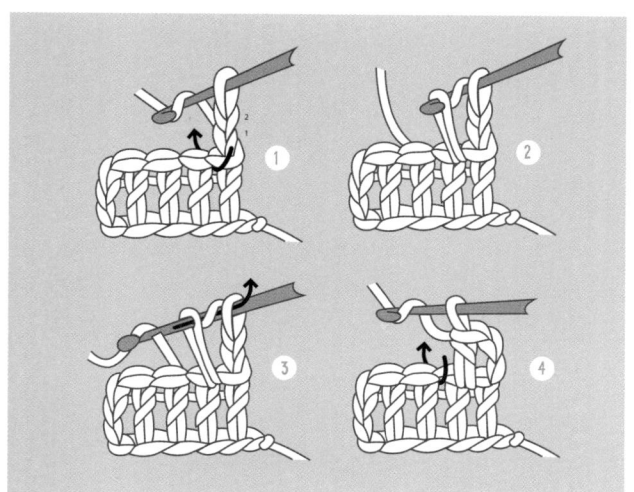

긴뜨기(hdc)

긴뜨기를 시작하기 전에 첫 단의 높이를 위해 두 개의 사슬코를 먼저 떠주어야 합니다. 바늘을 코에 걸기 전에 실을 뒤쪽에서 앞으로 감아줍니다(1). 실을 감은 바늘로 코를 통과시킵니다. 코바늘에 세 개의 고리가 남게 됩니다(2). 실을 바늘에 다시 감아 세 개의 고리 사이로 모두 잡아 뺍니다(3). 이제 첫 번째 긴뜨기가 완성되었습니다. 실을 감아 다음 코에 바늘을 넣고 이어 뜹니다(4).

동영상으로 연결되는 URL과 QR코드: www.stitch.show/hdc

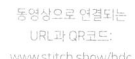

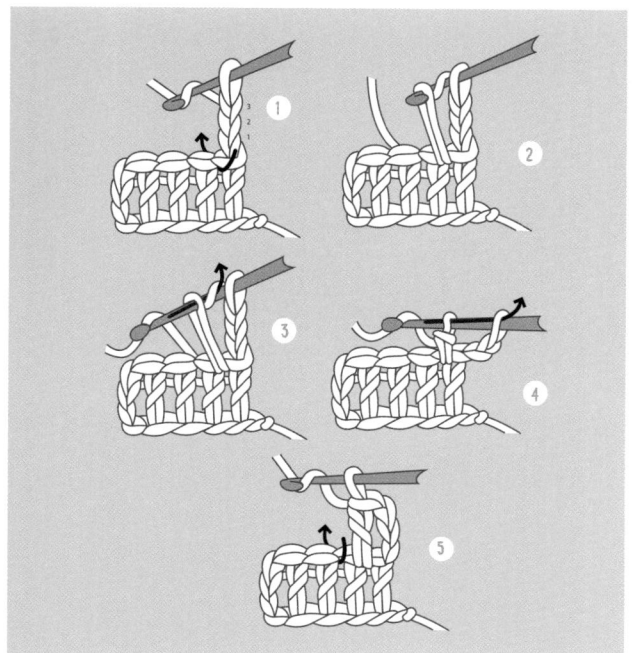

한길긴뜨기(dc)

한길긴뜨기를 시작하기 전에 첫 단의 높이를 위해 세 개의 사슬코를 먼저 떠주어야 합니다. 바늘을 코에 걸기 전에 실을 뒤쪽에서 앞으로 감아줍니다(1). 실을 감은 바늘을 코에 통과시킵니다. 코바늘에 세 개의 고리가 남게 됩니다(2). 실을 바늘에 다시 감아 바늘 앞에 두 개의 고리 사이로 모두 잡아 뺍니다(3). 이제 바늘에 두 개의 고리가 남게 됩니다. 마지막으로 바늘에 다시 실을 감아 두 개의 고리 사이로 빼줍니다(4). 드디어 한길긴뜨기 한 코가 완성되었습니다. 실을 감아 다음 코에 코바늘을 넣고 위의 과정을 반복합니다(5).

동영상으로 연결되는 URL과 QR코드: www.stitch.show/dc

두길긴뜨기(tr)

두길긴뜨기 단을 시작할 때, 첫 단의 높이를 위해 네 개의 사슬코를 먼저 떠주어야 합니다. 바늘을 코에 걸기 전에 실을 두 번 감아줍니다(1). 실을 감은 바늘로 코를 통과시킵니다(2). 바늘에 실을 위로 다시 감고 바늘 앞 두 개의 고리를 통과시켜 잡아당깁니다(3). 마지막 단계를 두 번 반복합니다(4, 5). 이제 두길긴뜨기 한 코가 완성되었습니다. 실을 바늘에 두 번 감고 계속해서 사슬코에 두길긴뜨기를 뜹니다.

동영상으로 연결되는 URL과 QR코드: www.stitch.show/tr

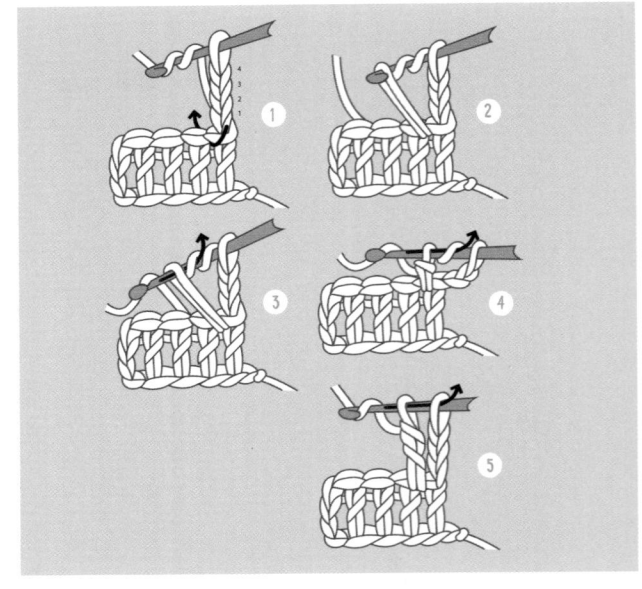

세길긴뜨기(dtr)

세길긴뜨기는 두길긴뜨기와 매우 유사한 코바늘뜨기 기법입니다. 바늘에 실을 세 번 감아줍니다(1). 실을 다시 바늘에 감고 바늘의 첫 두 고리를 통과해 잡아당깁니다. 코바늘에 고리가 한 개만 남게 될 때까지 이 과정을 세 번 반복합니다. 이제 세길긴뜨기 한 코가 완성되었습니다.

동영상으로 연결되는 URL과 QR코드: www.stitch.show/dtr

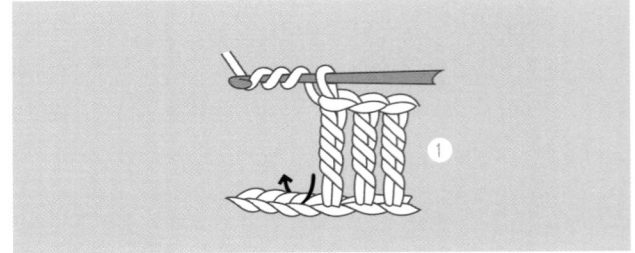

늘리기(inc)

코를 늘리기 위해서는 한 코에서 두 개의 코를 뜹니다.

동영상으로 연결되는 URL과 QR코드: www.stitch.show/inc

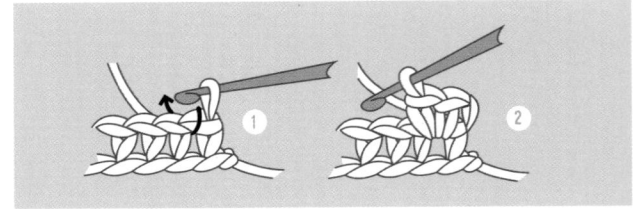

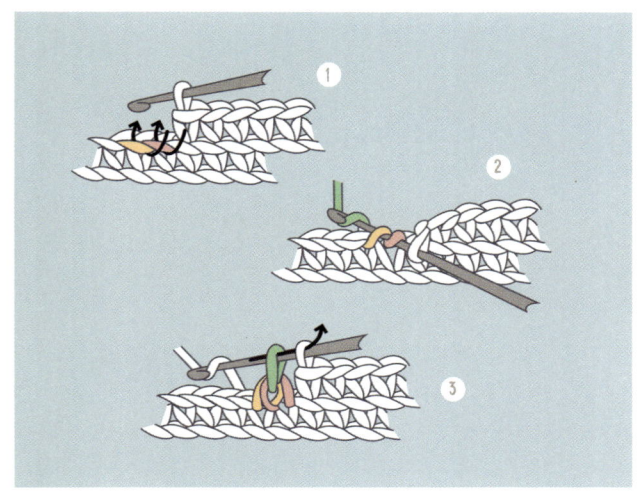

보이지 않게 줄이기(Invisible dec)

줄이기는 코를 줄인 곳이 표나지 않도록 깔끔하게, 편직물 표면을 매끄럽고 고르게 보이게 해야 합니다. 바늘을 첫 번째 코의 앞고리에 끼웁니다. 그리고 두 번째 코의 앞고리에 바늘을 끼웁니다(1). 바늘에 세 개의 고리가 남게 됩니다. 실을 바늘에 감아 코바늘의 처음 두 고리를 통과시킵니다(2). 실을 다시 한번 감아 바늘에 남아있는 두 개의 고리 사이를 통과시킵니다(3). 이제 하나의 줄이기가 완성되었습니다.

동영상으로 연결되는
URL과 QR코드:
www.stitch.show/dec

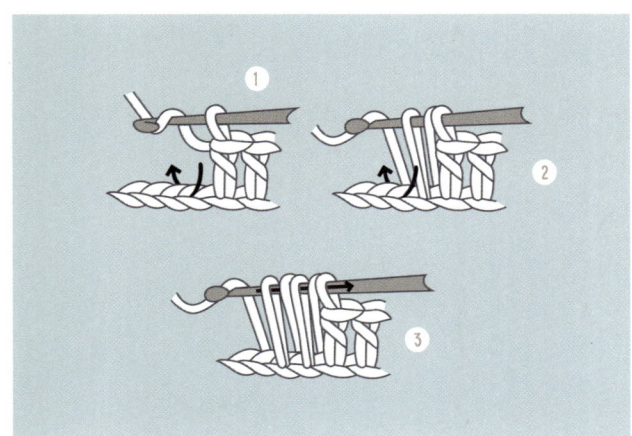

긴뜨기 줄이기(hdc2tog)

코바늘을 다음 코에 끼우기 전에, 실을 바늘의 뒤에서 앞으로 가져옵니다(1). 실을 바늘에 감아 코 사이로 통과시킵니다. 바늘에 세 개의 고리가 남게 됩니다. 다음 코에서 처음부터 이 과정을 반복합니다(2). 이제 바늘에 다섯 개의 고리가 있습니다. 바늘에 실을 한 번 더 감아 이 다섯 개의 고리를 모두 통과시킵니다(3). 이제 두 코의 긴뜨기 줄이기가 완성되었습니다.

동영상으로 연결되는
URL과 QR코드:
www.stitch.show/hdcdec

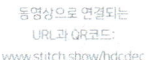

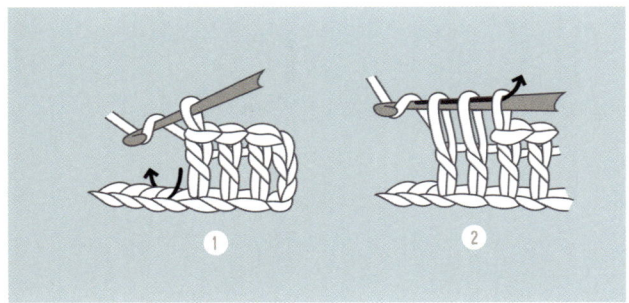

한길긴뜨기 줄이기(dc2tog)

코바늘을 다음 코에 끼우기 전에 실을 바늘의 뒤에서 앞으로 가져옵니다(1). 실을 바늘에 감아 코 사이로 통과시킵니다. 바늘에 세 개의 고리가 남게 됩니다. 실을 바늘에 한 번 감아 코바늘의 처음과 두 번째 고리를 통과시켜 당겨줍니다. 바늘에 두 개의 고리가 남게 됩니다. 다음 코에서 처음부터 이 과정을 반복합니다. 이제 바늘에 세 개의 고리가 있습니다. 바늘에 실을 한 번 더 감아 이 세 개의 고리 모두를 통과시켜 세게 당겨줍니다(2). 한길긴뜨기 줄이기가 완성되었습니다.

동영상으로 연결되는
URL과 QR코드:
www.stitch.show/dcdec

두길긴뜨기 줄이기(tr2tog)

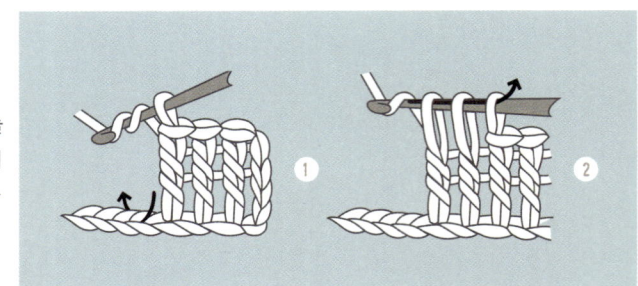

바늘을 다음 코에 끼우기 전에 실을 두 번 뒤쪽에서 앞으로 가져옵니다(1). 실을 코바늘에 감아 코 사이로 잡아 뺍니다. 바늘에 네 개의 고리가 남게 됩니다. 실을 바늘에 감아 코바늘 앞 두 개의 고리를 통과시켜 감아줍니다. 이제 바늘에 세 개의 고리가 남게 됩니다. 실을 다시 코바늘에 감아서 바늘 앞 처음 두 개의 고리를 통과해 실을 감아줍니다. 이제 코바늘에 두 개의 고리가 남게 됩니다. 다음 코부터는 이 과정을 처음부터 다시 반복합니다. 이제 바늘에 세 개의 고리가 있습니다. 실을 바늘에 한 번 감아서 바늘에 남아있는 세 개의 고리를 모두 잡아당겨 줍니다(2). 두길긴뜨기 줄이기가 완성되었습니다.

동영상으로 연결되는 URL과 QR코드:
www.stitch.show/trdec

앞고리 뜨기(FLO)
뒷고리 뜨기(BLO)

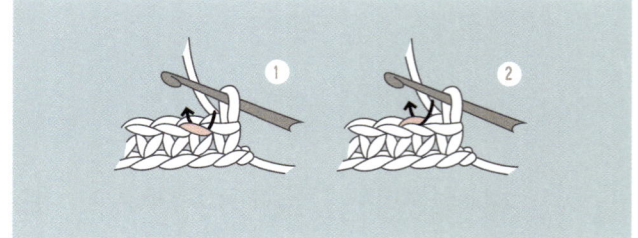

코바늘뜨기를 하다 보면 뜨개질하는 사람과 가까운 앞고리와(1) 뜨개질하는 사람에게서 멀리 있는 뒷고리(2)로 상단 부분에 총 두 개의 고리가 생깁니다. 패턴에 'FLO' 또는 'BLO' 표시를 발견한다면 앞고리나 뒷고리 중 한 고리에만 바늘을 걸어 떠야 하는 것을 의미합니다.

동영상으로 연결되는 URL과 QR코드:
www.stitch.show/FLO-BLO

기초 사슬코로 타원형 뜨기

어떤 코바늘 뜨개에서는 원형이 아닌 타원 모양으로 시작됩니다. 실 고리로 원형코를 만드는 대신에 기초 사슬코 주변에 나선형 모양을 뜹니다. 패턴에 언급된 콧수만큼의 사슬로 기초 사슬코를 떠봅니다. 첫 번째 코를 건너뛴 후(1), 코바늘의 두 번째 코에서부터 짧은뜨기 1코를 뜹니다(2~3). 패턴에 언급된 것처럼 각 사슬코에서 짧은뜨기를 떠줍니다. 편물을 뒤집기 전에 마지막 코는 늘리기를 합니다(4). 이제 기초 사슬코의 밑면에서 짧은뜨기를 뜰 수 있도록 편물을 180도로 방향을 돌려줍니다. 뜰 수 있는 고리가 하나밖에 남지 않았으니 이 고리에 바늘을 끼우기만 하면 됩니다(5). 계속해서 각 고리에 짧은뜨기를 합니다. 마지막 짧은뜨기는 첫 번째 짧은뜨기 옆이 되어야 합니다(6). 이제부터 나선형 모양으로 뜨면 됩니다.

동영상으로 연결되는 URL과 QR코드:
www.stitch.show/oval

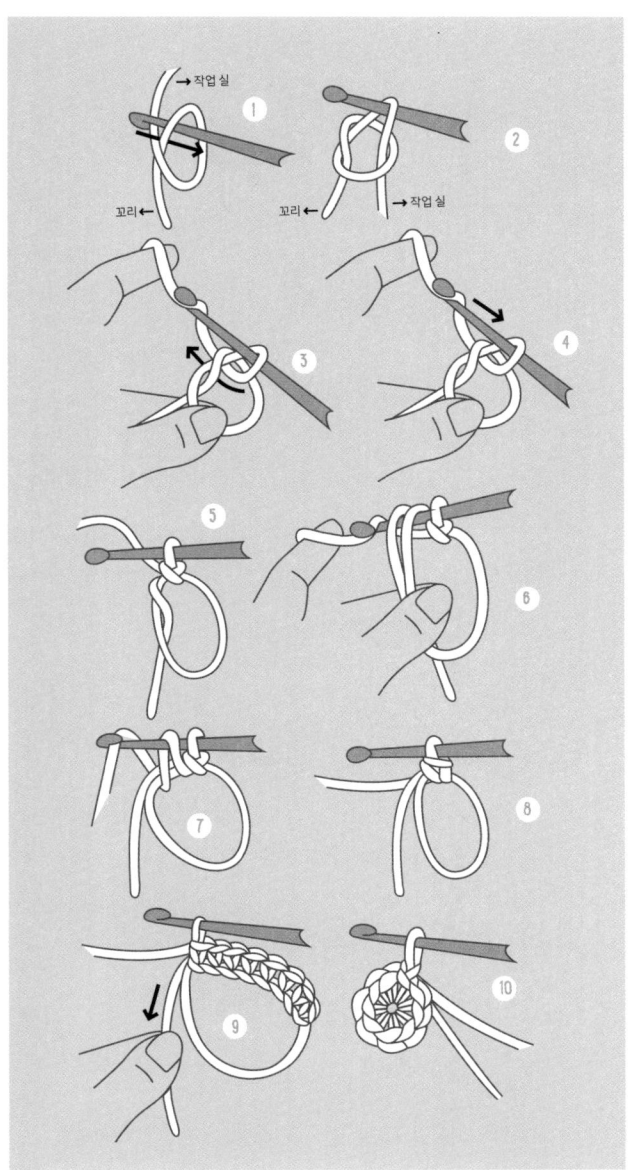

실 고리로 원형코 만들기(Magic Ring)

이 방법은 원형뜨기 시작의 가장 기초적인 뜨기 기법입니다. 길이 조절이 가능한 고리에서 원하는 콧수만큼 뜬 후 고리를 당겨 조여줍니다. 이 방법의 장점은 중간에 구멍이 남지 않는다는 점입니다. 매듭지은 고리를 시작할 때처럼, 먼저 실을 교차시켜줍니다(1). 바늘을 고리에 넣되 너무 세게 잡아당기지 않습니다(2). 실을 엄지와 검지로 단단히 잡고 가운뎃손가락으로 감아줍니다(3). 코바늘에 다시 실을 감아 코바늘에 걸린 고리 사이로 잡아 빼서 사슬코 하나를 만듭니다(4, 5). 이제 실 고리 안과 실 끝 아래 코바늘을 넣어줍니다. 코바늘에 실을 감아 고리를 잡아 뺍니다(6). 코바늘에 다시 실을 감아(7) 코바늘에 걸린 두 개의 고리 사이로 잡아 빼줍니다. 첫 번째 짧은뜨기가 완성되었습니다. 패턴에 제시된 만큼의 코를 만들어줍니다(6, 7, 8 과정 반복). 이제 실 끝을 잡고 잡아당기며 실 고리의 가운데를 단단히 당겨서 닫아줍니다(9, 10). 여기서 원형단의 첫 짧은뜨기를 마치고 두 번째 단을 시작합니다. 시작 위치에 콧수링으로 표시해둡니다.

이 방법이 마음에 들지 않는다면, 다음의 기법을 사용하여 각각의 편물을 따로 떠서 연결할 수도 있습니다(사슬뜨기 2, 코바늘의 두 번째 사슬코에 원하는 콧수만큼 짧은뜨기).

동영상으로 연결되는
URL과 QR코드:
www.stitch.show/magicring

특별한 피코뜨기(ch-2-picot)

기초 사슬코 2코를 뜹니다. 바늘을 앞고리와 마지막 코 기둥의 위쪽에 넣고(1), 실을 바늘에 감아 바늘의 앞뒤 고리를 통과해 잡아 뺍니다. 이제 하나의 피코뜨기가 완성되었습니다(2).

동영상으로 연결되는
URL과 QR코드:
www.stitch.show/specialpicot

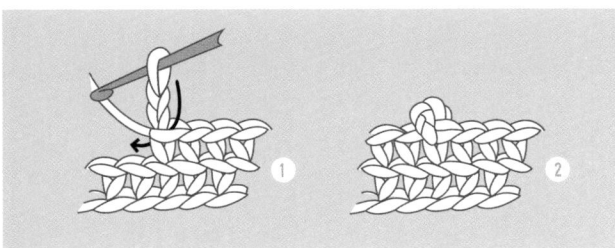

한길긴뜨기 3코 구슬뜨기(3-dc-bobble)

구슬뜨기는 부드러운 입체감을 만들 때 사용하는 뜨개 기법입니다. 이는 한 코에 한길긴뜨기 여러 개를 뜨는 방식으로 이루어집니다. 코바늘을 코에 넣기 전에 코바늘의 뒤에서 앞으로 실을 가져옵니다(1). 코바늘에 실을 감아 코 사이로 잡아 뺍니다. 고리에 세 개의 고리가 남게 됩니다. 다시 코바늘에 실을 감아 코바늘에 걸린 처음 두 개의 고리 사이로 잡아당깁니다. 이제 절반의 한길긴뜨기 하나가 완성되고, 코바늘에는 두 개의 고리가 남게 됩니다(2). 동일한 코에서 이전 단계를 두 번 반복해줍니다. 코바늘에 네 개의 고리가 남게 됩니다. 코바늘에 실을 감아 모든 고리 사이로 한 번에 잡아 뺍니다(3). 이제 구슬뜨기가 완성되었습니다. 패턴에 명시된 한길긴뜨기의 콧수만큼 구슬뜨기를 떠줍니다.

동영상으로 연결되는 URL과 QR코드: www.stitch.show/bobble

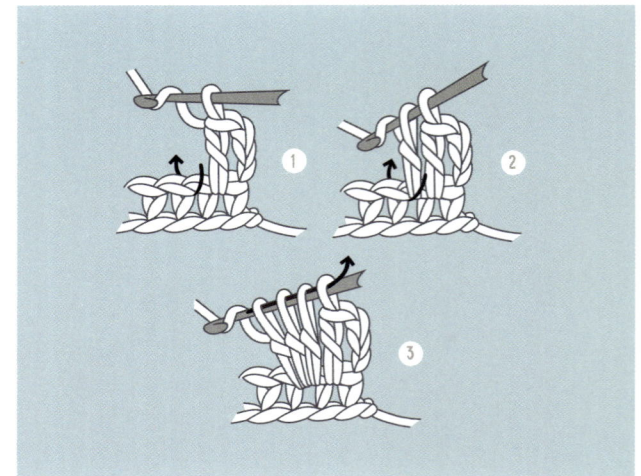

스파이크 뜨기(Spike Stitch)

다음 코 두 개의 고리 대신, 아래 원형단의 동일한 위치에 코를 떠줍니다. 바늘에 실을 감아 그 코를 통과시켜 당깁니다(1). 바늘에는 두 개의 고리가 남게 됩니다. 바늘에 실을 한 번 감아 코바늘의 앞뒤 고리를 통과시켜 당겨줍니다(2). 하나의 스파이크 뜨기가 완성되었습니다.

동영상으로 연결되는 URL과 QR코드: www.stitch.show/spike

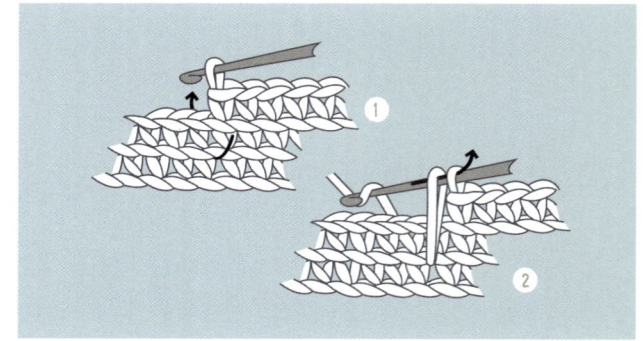

티 나지 않게 실 색깔 바꾸기(배색하기)

코바늘에 마지막 두 개의 고리가 남을 때까지 이전 색의 실로 뜹니다. 마지막 코까지 계속해서 뜨되, 마지막 고리는 남겨줍니다(1). 대신 코바늘에 새로운 색의 실을 감고 나머지 고리들을 통과해 당겨줍니다(2). 깔끔한 연결을 위해 새로운 색상 실의 첫 코를 짧은뜨기 대신 빼뜨기로 뜹니다. 빼뜨기 코를 너무 꽉 당겨 놓으면 다음 단을 뜨기가 힘들어지므로 유의합니다. 실 꼬리는 매듭을 느슨하게 묶어 안쪽에 놓아둡니다.

동영상으로 연결되는 URL과 QR코드: www.stitch.show/colorchange

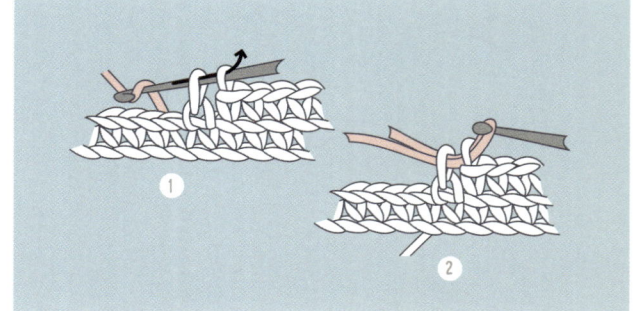

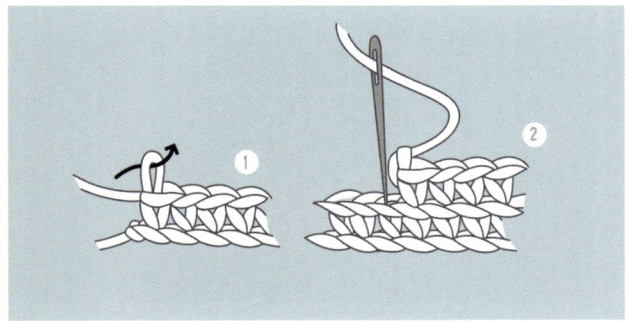

마무리하기(Fastening Off)

편물이 완성되면 마지막 코에서 몇 ㎝ 여유를 두고
실을 자릅니다. 실 끝을 코바늘에 걸린 마지막 고리
사이로 끝까지 잡아 뺍니다(1). 이제 매듭이 완성되
었습니다. 실 꼬리를 길게 남겨둔 채 돗바늘에 꿰어
다음 코의 뒷고리에 통과시킵니다(2). 이렇게 마무리
매듭이 완성된 편물 속으로 감춰집니다. 남은 실은
남은 편물을 바느질하는 데 사용할 수도 있습니다.

동영상으로 연결되는
URL과 QR코드:
www.stitch.show/fastenoff

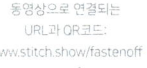

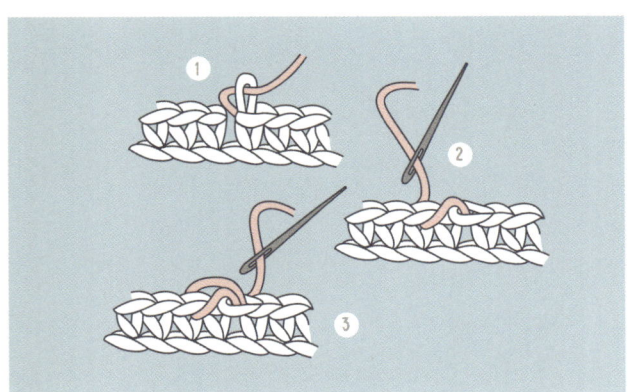

매듭이 보이지 않게 마무리하기
(Invisible Fastening Off)

실을 자르고 마지막 코에 통과시켜 실 끝을 잡아 뺍니
다(1). 실 꼬리를 돗바늘에 꿰어 한 코 건너 다음 코에
통과시킵니다(2). 바늘을 밖으로 빼냈던 동일한 코의
가운데 다시 끼워 넣습니다(3). 실을 잘라 실 끝이
보이지 않게 마무리합니다. 이 책에서는 이 코를
'마무리 코'라고 합니다.

동영상으로 연결되는 URL과 QR코드:
www.stitch.show/fastenoff-invisible

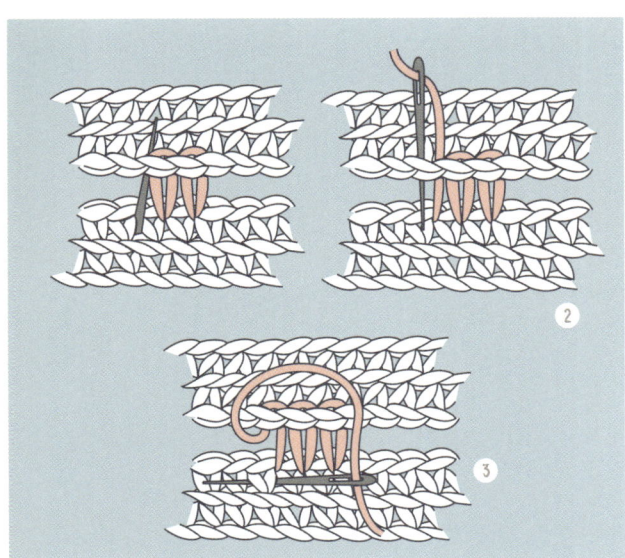

매트리스 스티치(Mattress Stitch)

매트리스 스티치는 바느질 기법입니다. 가장자리를
일렬로 정렬한 뒤 첫 번째 편물의 두 코 사이에 돗바늘을
뒤에서 앞으로 끼우고, 다음 두 번째 편물의 일치하는
위치의 코에 바늘을 뒤에서 앞으로 통과시켜 실을
당깁니다(1). 두 번째 편물의 다음 두 코에 바늘을
앞에서 뒤로 통과시켜 실을 당깁니다(2).
첫 번째 편물로 돌아가 돗바늘을 앞뒤로, 실이 나온
스탠딩 바 뒤로 끼웁니다(3). 실을 단단히 잡고 계속
반복합니다.

동영상으로 연결되는
URL과 QR코드:
www.stitch.show/mattress

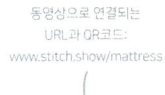

동영상으로 연결되는
URL과 QR코드:
www.stitch.show/ladder

래더스티치(Ladder Stitch)

래더스티치는 바느질 기법입니다. 이는 사다리처럼 보이는 일련의 바늘땀을 만들어냅니다. 가장자리를 정렬하고 바늘에 실을 꿰웁니다. 한쪽 가장자리 위에서 나와 다른 가장자리의 아래를 오가며 사이사이를 앞뒤로 꿰매줍니다.

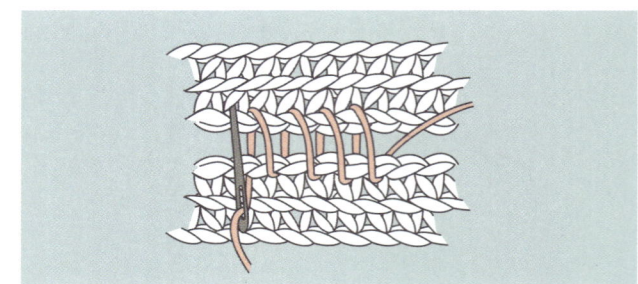

동영상으로 연결되는
URL과 QR코드:
www.stitch.show/backstitch

박음질(Backstitch)

박음질은 바느질 기법 중 하나입니다. 이 기법은 곧은 바늘 땀으로 깔끔하고 정리된 라인을 만듭니다. 편물 뒤편에 돗바늘을 끼워 짧은뜨기와 같은 길이의 직선으로 바느질 합니다. 한 땀 앞으로 뺐다가(1) 방금 뜬 땀의 끝 구멍으로 바늘을 다시 꽂아주며 계속 박음질을 합니다(2).

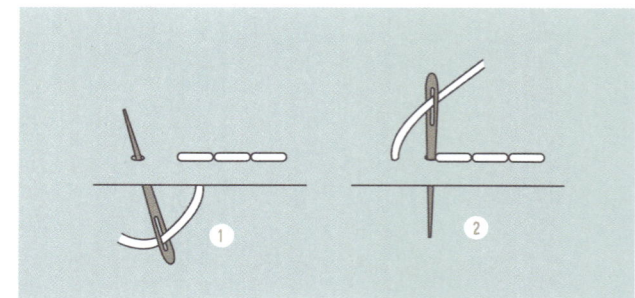

동영상으로 연결되는
URL과 QR코드:
www.stitch.show/running

홈질(Running Stitch)

홈질 역시 바느질 기법 중 하나입니다.
이 바늘땀들로 인해 연속된 직선이 만들어집니다. 편물 뒷면에서 돗바늘을 넣고 천 위에 짧은뜨기와 동일한 길이로 하나의 직선인 바늘땀들을 뜹니다(1). 돗바늘을 다음 바늘땀과 천의 위아래로 옮겨가며 계속 홈질을 해줍니다(2).

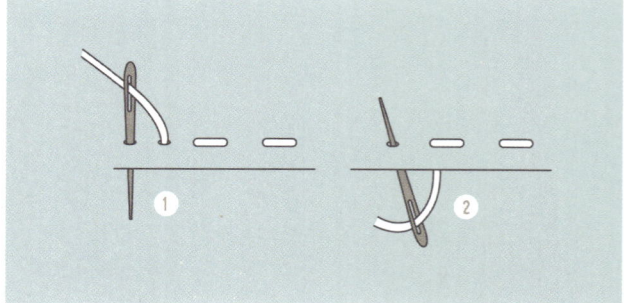

동영상으로 연결되는
URL과 QR코드:
www.stitch.show/frenchknot

매듭수(Frenchknot Stitch)

매듭수도 바느질 기법 중 하나입니다. 매듭을 짓고 싶은 위치에 돗바늘을 뒤에서 앞으로 끼웁니다. 편물의 반대 방향으로 바늘 끝을 평평하게 유지한 채 바늘에 실을 두 번 감습니다(1). 바늘로 이 고리들을 통과시킨 뒤 조심스럽게 잡아당겨 이중으로 매듭을 지어줍니다. 바늘을 매듭 옆에 있는 코(같은 코가 아닌)에 넣고 매듭이 보이지 않도록 뒷면에 고정합니다(2).

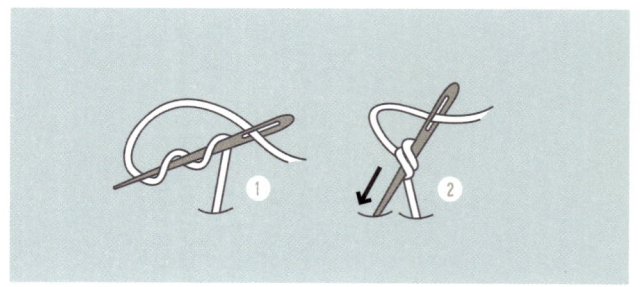

마스터 패턴 뜨기

이 부분에는 머리의 패턴(모든 인간의 것과 동일)과 눈(자수), 팔의 바느질에 대한 지침이 포함되어 있습니다. 마스터 패턴을 더 쉽게 찾을 수 있도록 해당 쪽을 즐겨찾기 해둡니다.

머리

다음을 참고하여 패턴에 언급된 색으로 각 인형 캐릭터의 머리를 뜹니다.

1단: 실 고리로 원형코 만들기, 짧은뜨기 6 [6코]

2단: (늘리기)×6 [12코]

3단: (짧은뜨기 1, 늘리기)×6 [18코]

4단: 짧은뜨기 1, 늘리기, (짧은뜨기 2, 늘리기)×5, 짧은뜨기 1 [24코]

5단: 이 단은 뒷고리에 뜹니다. (짧은뜨기 3, 늘리기)×6 [30코]

6단: 짧은뜨기 2, 늘리기, (짧은뜨기 4, 늘리기)×5, 짧은뜨기 2 [36코]

7단: (짧은뜨기 5, 늘리기)×6 [42코]

8단: 짧은뜨기 3, 늘리기, (짧은뜨기 6, 늘리기)×5, 짧은뜨기 3 [48코]

9–11단: 짧은뜨기 48 [48코]

12단: (짧은뜨기 15, 늘리기)×3 [51코]

13–15단: 짧은뜨기 51 [51코]

눈은 10단과 11단 사이에 달아줍니다. 별도로 언급되어 있지 않다면 눈 사이의 간격은 12코가 되도록 합니다. 콧수링으로 표시한 코가 뒤쪽 중앙에 제대로 위치했는지 확인합니다. 만약 인형의 눈을 감고 있는 눈으로 수놓을 예정이라면 이 단계는 건너뜁니다.

16단: 짧은뜨기 8, 늘리기, (짧은뜨기 16, 늘리기)×2, 짧은뜨기 8 [54코]

17–18단: 짧은뜨기 54 [54코]

19단: (짧은뜨기 7, 줄이기)×6 [48코]

20단: 짧은뜨기 3, 줄이기, (짧은뜨기 6, 줄이기)×5, 짧은뜨기 3 [42코]

21단: (짧은뜨기 5, 줄이기)×6 [36코]

인형의 머리에 솜을 단단하고 촘촘하게 충분히 채웁니다.

22단: 짧은뜨기 2, 줄이기, (짧은뜨기 4, 줄이기)×5, 짧은뜨기 2 [30코]

23단: (짧은뜨기 3, 줄이기)×6 [24코]

24단: 짧은뜨기 1, 줄이기, (짧은뜨기 2, 줄이기)×5, 짧은뜨기 1 [18코]

25단: (짧은뜨기 1, 줄이기)×6 [12코]

26단: (줄이기)×6 [6코]

실 꼬리를 남기고 실을 잘라 마무리합니다. 남긴 실을 돗바늘에 꿰어 남은 각 코의 앞고리에 통과시킨 뒤, 세게 잡아당겨 줍니다(그림 1).

실 끝이 보이지 않게 마무리합니다(그림 2).

1

2

눈

여러분은 나사형 인형눈을 달거나 자수로 감은 눈(미소 짓거나 또는 졸린)을 수놓을 수도 있습니다. 각자의 인형 캐릭터에 어울리는 방법을 선택하도록 합니다.

나사형 인형눈

머리를 뜨는 동안 나사형 인형눈을 달아줍니다. 10단과 11단 사이에, 12코 간격을 두고 눈을 달아줍니다(그림 3). 콧수링으로 표시한 코가 뒤쪽 중앙에 제대로 위치했는지 확인합니다. 추가적으로 눈 위에 속눈썹을 자수로 수놓아도 좋습니다(그림 4).

감은 눈

감은 눈을 표현하려면 머리 뜨기를 완성한 후에 진한 브라운색 실로 수놓아줍니다. 눈은 11단과 12단 사이에(그림 5), 눈 사이의 간격은 6코, 각 눈의 길이는 4코여야 합니다(그림 6). 졸린 눈(그림 5-6)의 경우에는 아치형 부분의 중앙을 약간 내리고 아래로 향하는 속눈썹을, 웃는 눈(그림 7-8)의 경우에는 아치형의 가운데를 약간 올리고 속눈썹을 위로 향하게 수놓아줍니다.

팔

팔에 솜을 반드시 채울 필요는 없습니다. 인형 캐릭터의 팔(아주 작은 캐릭터 제외)에는 '표준 버전'인 7단 길이(소매단 제외)와 '짧은 버전'인 6단 길이(소매단 제외) 두 가지 유형이 있습니다. 팔의 길이와 모양에 따라 몸통에 부착시키고 바느질로 마무리하는 방법이 다를 수 있답니다.

표준 버전

몸통의 측면 1단 부분에 팔을 놓고 몸통 1단(남아있는)의 고리와 팔 바깥쪽의 고리를 통과해 실 끝을 꿰매줍니다(그림 9). 일부 캐릭터(예: 동물들)는 '표준 버전'으로 팔을 달아주지만, 몸통 1단에 고리가 남아있지 않은 경우도 있습니다(두 번째 단을 뒷고리 대신 앞, 뒷고리를 함께 뜨기 때문). 이 경우 몸의 1단에 있는 코(그림 10)와 팔 바깥쪽의 고리를 사용하여 팔을 꿰매줍니다.

짧은 버전

몸통 측면 2단에 팔을 놓고 몸통 2단의 코(그림 11)와 팔 바깥쪽에 있는 고리를 통과시켜 꿰맵니다.

쭉 펴고 있는 팔

팔을 몸통에 꿰맸을 때 양옆으로 벌어지지 않게 하려면 <그림 12>와 같이 실을 양쪽 팔과 몸통 앞뒤로 통과시켜 실을 잡아당기고, 매듭을 지어 실 끝이 보이지 않게 마무리합니다.

유니콘 몸통과 천문학자 모자의 자수 디테일

원하는 디자인의 시작점에 실을 놓아둡니다. 실로 모양을 잡아 핀으로 실 방향이 바뀌는 곳에 표시해줍니다(그림 13). 잡아둔 모양이 마음에 든다면, 핀이 위치한 지점을 꿰매 다시 같은 코에 바늘을 넣어줍니다(그림 14). 각 점마다 실 끝 마무리하기를 반복합니다. 실을 잘라 실 끝이 보이지 않게 마무리합니다.

자카드 무늬뜨기 (그림 15-16)

자카드 무늬를 뜰 때는 사용하지 않는 실을 편물 뒤에 남겨두었다가 다시 사용할 때가 되면 그 실을 편물 뒷면(안쪽)에 걸쳐 현재 위치로 가져와 색상을 변경합니다.

패턴에 '색깔 바꾸기'라고 되어 있을 때에는 항상 한 코 앞에서 시작해야 한다는 점을 기억하도록 합니다. 패턴에 제시된 콧수대로 뜨개질을 하다가 항상 한 코 먼저 시작된다는 점을 고려하여 사용하려는 색의 실 가닥을 뒤에서 잡고 변경하려는 위치로 가져와 마무리합니다. 색깔 바꾸기를 하는 동안 편물 뒤쪽에 남아있는 실은 편물이 오그라들지 않도록 충분히 느슨하게 놓여 있어야 합니다.

왕

난이도: 🐣🐣🐣
키: 5.3인치 / 13.5㎝(제시된 실로 떴을 때)

재료:
스포트 웨이트 실(SMC 카타니아 오리지널)
○ 밀키 화이트(105)
● 샌드베이지(404)
● 그레이(434)
● 골드(249)
● 브라운(438)
● 진홍색(258)
● 검은색 약간(110)
B-1/2㎜ 코바늘
검은색 유리눈 혹은 나사형 인형눈(7㎜)
돗바늘
콧수링
시침핀
솜

아미구루미 갤러리:
동영상으로 연결되는 URL과 QR코드:
www.amigurumipatterns.net/3301

4단: 짧은뜨기 3, 늘리기, (짧은뜨기 6, 늘리기)×3, 짧은뜨기 3 [32코]
5-6단: 짧은뜨기 32 [32코]
골드색 실로 바꾸기
7단: 짧은뜨기 32 [32코]
브라운색 실로 바꾸기
8단: 뒷고리 짧은뜨기 32 [32코]
9단: 짧은뜨기 3, 줄이기, (짧은뜨기 6, 줄이기)×3, 짧은뜨기 3 [28코]
그레이색 실로 바꾸기
10단: 짧은뜨기 28 [28코]
11단: 이 단은 뒷고리에 뜹니다. (짧은뜨기 5, 줄이기)×4 [24코]
몸통에 솜을 채웁니다.
12단: 짧은뜨기 1, 줄이기, (짧은뜨기 2, 줄이기)×5, 짧은뜨기 1 [18코]
13단: (짧은뜨기 1, 줄이기)×6 [12코]
14단: (줄이기)×6 [6코]
몸통 아랫부분에 솜을 너무 가득 채우지 말고 최대한 평평하게 유지합니다. 실 꼬리를 남기고 실을 잘라 마무리합니다. 남긴 실을 돗바늘에 꿰어 남은 코의 앞고리에 통과시킨 뒤, 세게 잡아당겨 구멍을 닫아줍니다. 실 끝이 보이지 않게 마무리합니다.
몸통을 거꾸로 들고 10단에 남아있는 첫 번째 앞고리에 그레이색 실을 연결합니다(그림 1). 여기에서 다음 단의 첫 번째 코를 시작합니다.
15단: 앞고리 짧은뜨기 28 [28코] (그림 2)
실을 잘라 보이지 않게 마무리합니다. 머리를 위로 향하게 하여 몸통을 잡고 7단에 남아있는 마지막 앞고리에 밀키 화이트색 실을 연결합니다.
16단: 앞고리 빼뜨기 32 [32코]
실을 잘라 보이지 않게 마무리합니다.

머리(샌드베이지색 실)
나사형 인형눈 사용하기(15쪽, 마스터 패턴 참고)

몸통(샌드베이지색 실로 시작하기)
머리 부분 4단에 남아있는 마지막 앞고리에 샌드베이지색 실을 연결합니다. 여기에서 다음 단의 첫 번째 코를 시작합니다.
1단: 앞고리 짧은뜨기 24 [24코]
밀키 화이트색 실로 바꾸기
2단: 이 단은 뒷고리에 뜹니다. (짧은뜨기 5, 늘리기)×4 [28코]
3단: 짧은뜨기 28 [28코]

1   2

팔(2개 만들기, 샌드베이지색 실로 시작)
1단: 실 고리로 원형코 만들기, 짧은뜨기 7 [7코]
2단: 짧은뜨기 7 [7코]
골드색 실로 바꾸기
3-5단: 짧은뜨기 7 [7코]
팔을 평평하게 접어 입구의 코를 맞춥니다.
6단: 짧은뜨기 3 (접힌 앞, 뒤 편물을 함께 떠서 입구를 닫습니다.) [3코]
바느질할 실 꼬리를 길게 남기고 실을 잘라 마무리합니다.

머리카락

민머리(샌드베이지색 실)
1단: 실 고리로 원형코 만들기, 짧은뜨기 6 [6코]
2단: (늘리기)×6 [12코]
3단: (짧은뜨기 1, 늘리기)×6 [18코]
4단: 짧은뜨기 1, 늘리기, (짧은뜨기 2, 늘리기)×5, 짧은뜨기 1 [24코]
5단: (짧은뜨기 3, 늘리기)×6 [30코]
6단: 짧은뜨기 2, 늘리기, (짧은뜨기 4, 늘리기)×5, 짧은뜨기 2 [36코]
7단: (짧은뜨기 5, 늘리기)×6 [42코]
8단: 짧은뜨기 3, 늘리기, (짧은뜨기 6, 늘리기)×5, 짧은뜨기 3 [48코]
9단: (짧은뜨기 7, 늘리기)×6 [54코]
10단: (짧은뜨기 17, 늘리기)×3 [57코]
11-14단: 짧은뜨기 57 [57코]
15단: 뒷고리 짧은뜨기 57 [57코]
16단: 짧은뜨기 57 [57코]
17단: 뒷고리 짧은뜨기 57 [57코]

18단: 짧은뜨기 57 [57코]
실을 잘라 보이지 않게 마무리합니다. 마지막 단이 아래를 향하도록 민머리 부분을 잡고 마무리 코 앞고리에 그레이색 실을 연결합니다.
19단: 앞고리 빼뜨기 57 [57코]
실을 잘라 보이지 않게 마무리합니다.

회색 곱슬머리(그레이색 실 사용)
곱슬머리 부분을 뜨려면 회색 단이 아래를 향하도록 민머리를 잡습니다. 16단에 남아있는 첫 번째 앞고리에 그레이색 실을 연결합니다(그림 3).
1단: {사슬뜨기 5(그림 4), 코바늘에서부터 두 번째 사슬코에서 시작, (늘리기)×4, 민머리에 빼뜨기 3(그림 5)}, 16단 끝까지 { } 반복 [곱슬머리 19개]
16단 끝에 이르면 14단의 첫 번째와 두 번째 앞고리에 빼뜨기를 한 뒤, 다음 곱슬머리 부분을 이어뜨기
2단: (사슬뜨기 5, 코바늘의 두 번째 사슬코에서 시작, (늘리기)×4, 민머리에 빼뜨기 3)×19 [곱슬머리 19개]
첫 번째 코에 빼뜨기, 실 자르고 마무리하기, 곱슬머리 부분 모양을 잡아주기

망토(진홍색 실)
사슬뜨기 7, 평면뜨기
1단: 두 번째 사슬코에서 시작, 짧은뜨기 6, 사슬뜨기 1, 방향 바꾸기 [6코]
2-41단: 뒷고리 짧은뜨기 6, 사슬뜨기 1, 방향 바꾸기 [6코]
42단: 이 단은 뒷고리에 뜹니다. 짧은뜨기 5, 늘리기 [7코]
편물을 90도 돌려 단 옆면을 따라 표시된 간격으로 한 단 건너 한 단에 짧은뜨기 21코를 뜹니다(그림 6-7). 바느질할 실 꼬리를 길게 남기고 실을 잘라 마무리합니다. 망토를 뒤집어 맨 오른쪽에 있는 코에 밀키

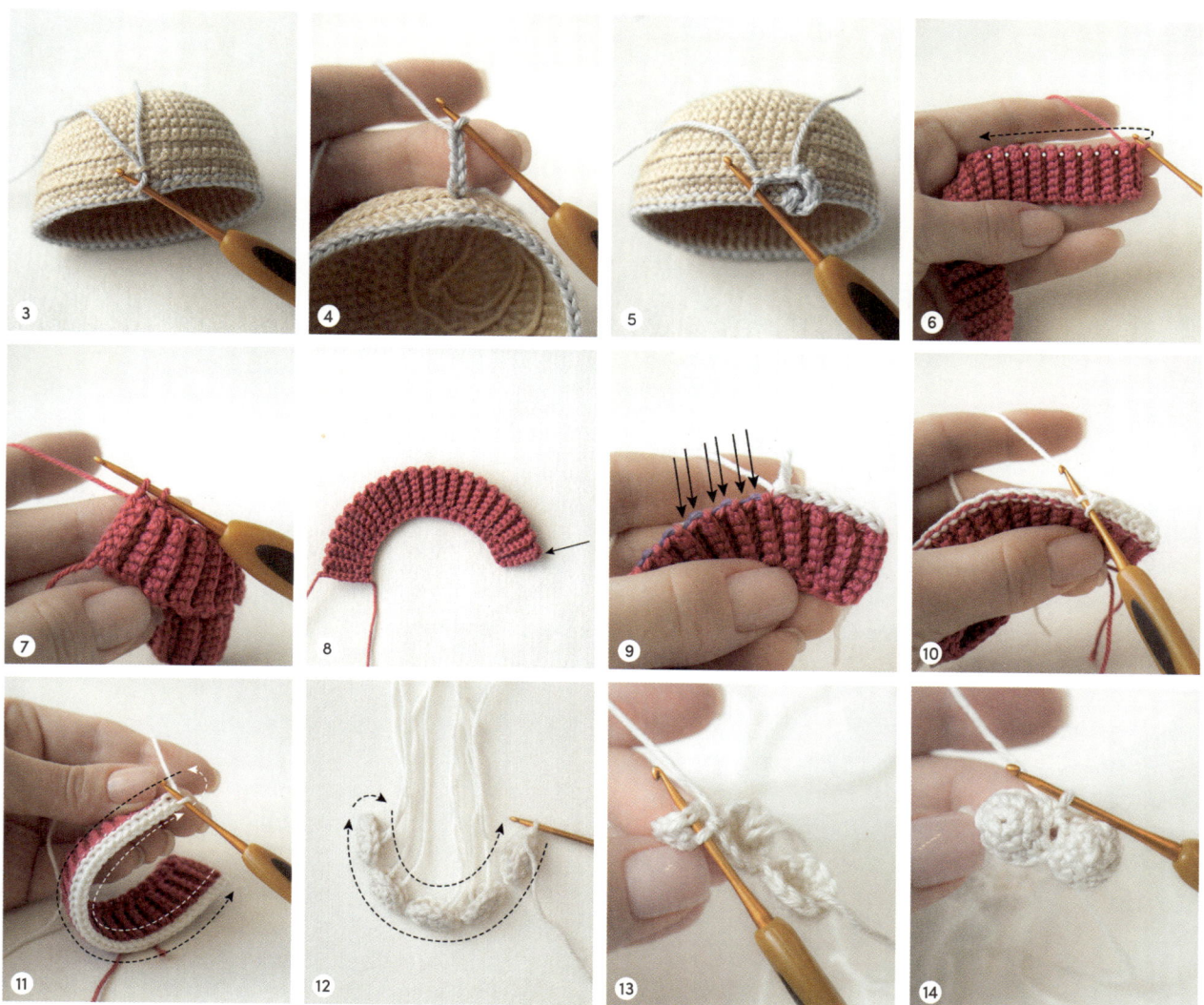

화이트색 실을 연결합니다(그림 8에 표시된 부분). 단의 가장자리를 따라 빼뜨기 43코를 뜹니다(그림 9에 표시된 부분). 사슬뜨기 1코를 뜬 후 망토를 시계 방향으로 180도 돌려 빼뜨기 단의 뒷고리에 짧은뜨기 43코를 뜹니다(그림 10). 망토를 다시 시계 방향으로 180도 돌리고 나머지 빼뜨기 단의 앞고리에 짧은뜨기 43코를 뜹니다(그림 11). 실을 잘라 보이지 않게 마무리합니다. 망토의 밀키 화이트색 부분에 아주 가늘게 검은색 선을 수놓아줍니다.

턱수염(밀키 화이트색 실)
턱수염은 5개의 조직을 각각 따로 뜬 후 나중에 함께 연결합니다.
1단: 실 고리로 원형코 만들기, 짧은뜨기 5 [5코]

2단: (늘리기)×5 [10코]
4개의 조직은 뜬 후 실을 잘라 보이지 않게 마무리합니다. 다섯 번째 조직은 실을 자르지 않고 다음 조직을 연결하며 다음 단을 뜹니다(그림 12).

1단: (실을 자르지 않은 조직에부터) 첫 번째 조직에 짧은뜨기 5, 두 번째 조직에 짧은뜨기 5, 세 번째 조직에 짧은뜨기 5(그림 13), 네 번째 조직에 짧은뜨기 5, 다섯째 조직에 짧은뜨기 10(그림 14), 네 번째 조직에 짧은뜨기 5, 세 번째 조직에 짧은뜨기 5, 두 번째 조직에 짧은뜨기 5, 첫 번째 조직에 짧은뜨기 5 [50코]
2단: 짧은뜨기 4, 줄이기, (짧은뜨기 3, 줄이기)×3, 짧은뜨기 8,

15

16

17

18

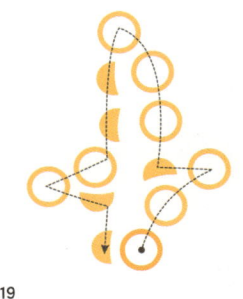
19

20

21

22

줄이기, (짧은뜨기 3, 줄이기)×3, 짧은뜨기 4 [42코]

3단: 짧은뜨기 3, 줄이기, (짧은뜨기 2, 줄이기)×3, 짧은뜨기 7, 줄이기, (짧은뜨기 2, 줄이기)×3, 짧은뜨기 4 [34코]

4단: (줄이기, 짧은뜨기 1)×5, (줄이기)×2, (짧은뜨기 1, 줄이기)×5 [22코]

5단: 짧은뜨기 2, (줄이기)×3, 짧은뜨기 5, (줄이기)×3, 짧은뜨기 3 [16코]

6단: (줄이기)×8 [8코]

실 꼬리를 남기고 실을 잘라 마무리합니다. 턱수염에는 솜을 채울 필요가 없습니다. 남긴 실을 돗바늘에 꿰어 남은 코의 앞고리에 통과시킨 뒤, 세게 잡아당겨 구멍을 닫아줍니다. 실 끝이 보이지 않게 마무리합니다.

코(샌드베이지색 실)

1단: 실 고리로 원형코 만들기, 짧은뜨기 6 [6코]

첫 코에 빼뜨기, 바느질할 실 꼬리를 길게 남기고 실을 잘라 마무리합니다.

눈썹(2개, 그레이색 실)

사슬뜨기 4, 평면뜨기

1단: 코바늘의 두 번째 사슬코에서 시작, 짧은뜨기 3 [3코]

바느질할 실 꼬리를 길게 남기고 실을 잘라 마무리합니다.

콧수염(오른쪽/왼쪽 2개, 밀키 화이트색 실)

오른쪽 부분

사슬뜨기 6, 평면뜨기

1단: 두 번째 사슬코에서 시작, 빼뜨기 1, 늘리기, 한길긴뜨기 1, 한길긴뜨기 2코 구슬뜨기 1, 한길긴뜨기 1 [6코]

바느질할 실 꼬리를 길게 남기고 실을 잘라 마무리합니다.

왼쪽 부분

사슬뜨기 7, 평면뜨기

1단: 세 번째 사슬코에서 시작, 한길긴뜨기 1, 한길긴뜨기 2코 구슬뜨기 1, 한길긴뜨기 1, 늘리기, 빼뜨기 1 [6코]

바느질할 실 꼬리를 길게 남기고 실을 잘라 마무리합니다. 실 꼬리의 시작과 끝부분에 매듭을 지어줍니다. 시작 쪽 실 꼬리는 안쪽 면에 보이지 않게 정리하고, 긴 실 끝 꼬리는 바느질을 위해 남겨둡니다.

왕관(골드색 실로 시작)

1단: 실 고리로 원형코 만들기, 짧은뜨기 6 [6코]

진홍색 실로 바꾸기

2단: 이 단은 뒷고리에 뜁니다. (늘리기)×6 [12코]

3단: (짧은뜨기 1, 늘리기)×6 [18코]

4단: 짧은뜨기 1, 늘리기, (짧은뜨기 2, 늘리기)×5, 짧은뜨기 1 [24코]

5단: (짧은뜨기 3, 늘리기)×6 [30코]

6단: 짧은뜨기 2, 늘리기, (짧은뜨기 4, 늘리기)×5, 짧은뜨기 2 [36코]

7단: 짧은뜨기 36 [36코]

8단: 짧은뜨기 5, 줄이기, (짧은뜨기 10, 줄이기)×2, 짧은뜨기 5 [33코]

9단: (짧은뜨기 9, 줄이기)×3 [30코]

밀키 화이트색 실로 바꾸기

10단: 짧은뜨기 30 [30코]

11단: (짧은뜨기 4, 뒷고리 짧은뜨기 1)×6 [30코]

실을 잘라 보이지 않게 마무리합니다. 왕관의 밀키 화이트색 부분에 아주 가늘게 검은색 선을 수놓아줍니다. 10단에 남아있는 마지막 앞고리에 골드색 실을 연결합니다(그림 15). 사슬뜨기 10코를 뜨고 1단에 남아있는 앞고리에 빼뜨기를 합니다(그림 16). 사슬뜨기 10코를 뜨고 10단에 남아있는 앞고리에 빼뜨기를 합니다(그림 17). 실을 잘라 마무리합니다. 위의 패턴을 두 번 더 반복합니다(그림 18). 실을 잘라 실 끝이 보이지 않게 마무리합니다.

십자 문양(골드색 실), (그림 19)

사슬뜨기 3, 코바늘의 두 번째 사슬코에서 시작, 빼뜨기 1,
사슬뜨기 3, 코바늘의 두 번째 사슬코에서 시작, 빼뜨기 2,
사슬뜨기 2, 코바늘의 두 번째 사슬코에서 시작, 빼뜨기 1,
첫 번째 시작코에 빼뜨기 1
바느질할 실 꼬리를 길게 남기고 실을 잘라 마무리합니다.

연결하기

• 팔을 바느질하여 붙입니다(짧은 버전, 16쪽 참고).

• 목 뒷부분 중앙에서 양쪽으로 11코를 세어 22코에 망토를 몸통과 연결합니다(망토의 앞고리를 사용, 그림 20-21). 실 끝이 보이지 않게 마무리합니다.

• 턱수염을 눈 밑 한 단 아래에 놓고 빨간색 점선을 따라 바느질합니다(그림 22 참조). 하단 가장자리는 바느질할 필요가 없습니다. 콧수염 부분을 턱수염 위에 놓고 검은색 점선을 따라 바느질로 연결합니다(그림 22 참조).

• 콧수염 중앙에 솔기를 만들며 코를 꿰매어줍니다.

• 눈썹의 안쪽 면이 바깥을 향하도록 눈썹을 눈 위에 놓고 바느질합니다.

• 왕관 상단 중앙에 십자 문양을 연결합니다.

• 머리 뒤쪽 중앙에 마무리 코(마지막 코)가 오도록 머리에 머리카락을 연결합니다. 머리카락의 뒷면은 앞면보다 약간 아래에 놓여야 합니다. 머리에 왕관을 씌워줍니다.

여왕

난이도: ♛ ♛ ♛

키: 4.7인치/ 12㎝(제시된 실로 떴을 때)

재료:

스포트 웨이트 실(SMC 카타니아 오리지널)
- 밀키 화이트(105)
- 크림(130)
- 그레이(434)
- 골드(249)
- 브라운(438)
- 진홍색(258)
- 밝은 레드 약간(408)

B-1/2㎜ 코바늘

돗바늘

짙은 갈색 재봉실

콧수링

시침핀

솜

아미구루미 갤러리:
동영상으로 연결되는 URL과 QR코드:
www.amigurumipatterns.net/3302

머리(크림색 실)

졸린 눈(15쪽, 마스터 패턴 참조)

몸통(크림색 실로 시작)

머리의 4단에 남아있는 마지막 앞고리에 크림색 실을 연결합니다. 여기에서 다음 단의 첫 번째 코를 시작합니다.

1단: 앞고리 짧은뜨기 24 [24코]

골드색 실로 바꾸기

2단: 이 단은 뒷고리만 뜹니다. (짧은뜨기 5, 늘리기)×4 [28코]

3단: 짧은뜨기 28 [28코]

4단: 짧은뜨기 3, 늘리기, (짧은뜨기 6, 늘리기)×3, 짧은뜨기 3 [32코]

골드색 실과 밀키 화이트색 실을 교차하며 자카드 기법으로 2단을 뜹니다.

5단: [(골드) 짧은뜨기 1, (밀키 화이트) 짧은뜨기 1]×16 [32코]

6단: [(밀키 화이트) 짧은뜨기 1, (골드) 짧은뜨기 1]×16 [32코]

밀키 화이트색 실로 바꾸기

7단: 짧은뜨기 32 [32코]

8단: 뒷고리 짧은뜨기 32 [32코]

9단: 이 단은 뒷고리에 뜹니다. 짧은뜨기 3, 줄이기, (짧은뜨기 6, 줄이기)×3, 짧은뜨기 3 [28코]

그레이색 실로 바꾸기

10단: 짧은뜨기 28 [28코]

11단: 이 단은 뒷고리에 뜹니다. (짧은뜨기 5, 줄이기)×4 [24코]

몸통에 솜을 채웁니다.

12단: 짧은뜨기 1, 줄이기, (짧은뜨기 2, 줄이기)×5, 짧은뜨기 1 [18코]

13단: (짧은뜨기 1, 줄이기)×6 [12코]

14단: (줄이기)×6 [6코]

몸통 아랫부분에 솜을 너무 가득 채우지 말고 최대한 평평하게 유지합니다. 실 꼬리를 남기고 실을 잘라 마무리합니다. 남긴 실을

돗바늘에 꿰어 남은 코의 앞고리에 통과시킨 뒤, 세게 잡아당겨 구멍을 닫아줍니다. 실 끝이 보이지 않게 마무리합니다. 몸통을 거꾸로 잡고 10단에 남아있는 첫 번째 앞고리에 그레이색 실을 연결합니다. 여기에서 다음 단의 첫 번째 코를 시작합니다.

15단: 앞고리 짧은뜨기 28 [28코]

실을 잘라 보이지 않게 마무리합니다. 계속해서 몸통을 거꾸로 잡고 8단에 남아있는 첫 번째 앞고리에 밀키 화이트색 실을 연결한 다음 사슬뜨기 2코를 뜹니다. 여기에서 다음 단의 첫 번째 코를 시작합니다.

16단: 이 단은 앞고리로 뜹니다. (긴뜨기 7, 긴뜨기 늘리기)×4 [36코]

실을 잘라 보이지 않게 마무리합니다. 계속해서 몸통을 거꾸로 잡고 7단에 남아있는 첫 번째 앞고리에 밀키 화이트색 실을 연결합니다(그림 1).

17단: (사슬뜨기 1, 앞고리 빼뜨기 1)×32 [32+32사슬코]

첫 번째 앞고리에 빼뜨기를 합니다. 실을 잘라 보이지 않게 마무리합니다. 골드색 실로 주변에 박음질을 하며 인형 옷 하단에 수를 놓습니다(그림 2).

팔(2개, 크림색 실로 시작)

1단: 실 고리로 원형코 만들기, 짧은뜨기 7 [7코]

2단: 짧은뜨기 7 [7코]

골드색 실로 바꾸기

3-5단: 짧은뜨기 7 [7코]

팔을 평평하게 접어 입구의 코를 맞춥니다.

6단: 짧은뜨기 3 (접힌 앞, 뒤 편물을 함께 떠서 입구를 닫습니다.) [3코]

바느질할 실 꼬리를 길게 남기고 실을 잘라 마무리합니다.

머리카락

머리카락 베이스(브라운색 실)

1단: 실 고리로 원형코 만들기, 짧은뜨기 6 [6코]

2단: (늘리기)×6 [12코]

3단: (짧은뜨기 1, 늘리기)×6 [18코]

4단: 짧은뜨기 1, 늘리기, (짧은뜨기 2, 늘리기)×5, 짧은뜨기 1 [24코]

5단: (짧은뜨기 3, 늘리기)×6 [30코]

6단: 짧은뜨기 2, 늘리기, (짧은뜨기 4, 늘리기)×5, 짧은뜨기 2 [36코]

7단: 이 단은 뒷고리에 뜹니다. (짧은뜨기 5, 늘리기)×6 [42코]

8단: 짧은뜨기 3, 늘리기, (짧은뜨기 6, 늘리기)×5, 짧은뜨기 3 [48코]

9단: (짧은뜨기 7, 늘리기)×6 [54코]

10단: (짧은뜨기 17, 늘리기)×3 [57코]

11-17단: 짧은뜨기 57 [57코]

18단: 짧은뜨기 26, 긴뜨기 1, 한길긴뜨기 1, 두길긴뜨기 2코 구슬뜨기 1, 한길긴뜨기 1, 긴뜨기 1, 짧은뜨기 26 [57코]

실을 잘라 보이지 않게 마무리합니다. 마지막 단이 아래를 향하도록 머리카락 부분을 잡고 마지막 코의 앞고리에 코바늘을 넣어 브라운색 실을 연결합니다.

19단: 이 단은 앞고리에 뜹니다. 빼뜨기 28, 18단의 두길긴뜨기 2코 구슬뜨기 코에 (빼뜨기 1+사슬뜨기 2+빼뜨기 1), 빼뜨기 28 [58코+사슬코 2]

실을 잘라 보이지 않게 마무리합니다.

올림머리(브라운색 실)

1단: 실 고리로 원형코 만들기, 짧은뜨기 6 [6코]

2단: (늘리기)×6 [12코]

3단: (짧은뜨기 1, 늘리기)×6 [18코]

4단: 짧은뜨기 1, 늘리기, (짧은뜨기 2, 늘리기)×5, 짧은뜨기 1 [24코]

5단: (짧은뜨기 3, 늘리기)×6 [30코]

6단: 짧은뜨기 2, 늘리기, (짧은뜨기 4, 늘리기)×5, 짧은뜨기 2 [36코]

7-9단: 짧은뜨기 36 [36코]

바느질할 실 꼬리를 길게 남기고 실을 잘라 마무리합니다.

올림머리 부분에 솜을 채웁니다. 머리카락 베이스 6단에 남아있는 앞고리와 올림머리 부분의 마지막 단 앞고리를 꿰매 연결합니다. 실을 잘라 실 끝이 보이지 않게 마무리합니다.

망토(진홍색 실)

망토 하단 부분

사슬뜨기 10, 평면뜨기

1단: 코바늘의 두 번째 사슬코에서 시작, 짧은뜨기 9, 사슬뜨기 1,

방향 바꾸기 [9코]

2-33단: 뒷고리 짧은뜨기 9, 사슬뜨기 1, 방향 바꾸기 [9코]

34단: 이 단은 뒷고리에 뜹니다. 짧은뜨기 8, 늘리기 [10코]

편물을 90도 방향으로 돌려 단 사이에 바늘을 넣고 단의 가장자리를 따라 옆면에 짧은뜨기 17코를 합니다(그림 3 참조). 바느질할 실 꼬리를 길게 남기고 실을 잘라 마무리합니다.

망토 상단 부분

사슬뜨기 5, 평면뜨기

1단: 두 번째 사슬코에서 시작, 짧은뜨기 4, 사슬뜨기 2, 방향 바꾸기 [4코]

2-34단은 뒷고리에 뜹니다.

2단: 두 번째 사슬코에 짧은뜨기 1, 짧은뜨기 4, 사슬뜨기 1, 방향 바꾸기 [5코]

3단: 짧은뜨기 5, 사슬뜨기 2, 방향 바꾸기 [5코]

4단: 두 번째 사슬코에 짧은뜨기 1, 짧은뜨기 5, 사슬뜨기 1, 방향 바꾸기 [6코]

5단: 짧은뜨기 6, 사슬뜨기 2, 방향 바꾸기 [6코]

6단: 두 번째 사슬코에 짧은뜨기 1, 짧은뜨기 6, 사슬뜨기 1, 방향 바꾸기 [7코]

7단: 짧은뜨기 7, 사슬뜨기 2, 방향 바꾸기 [7코]

8단: 두 번째 사슬코에 짧은뜨기 1, 짧은뜨기 7, 사슬뜨기 1, 방향 바꾸기 [8코]

9단: 짧은뜨기 8, 사슬뜨기 2, 방향 바꾸기 [8코]

10단: 두 번째 사슬코에 짧은뜨기 1, 짧은뜨기 8, 사슬뜨기 1, 방향 바꾸기 [9코]

11단: 짧은뜨기 9, 사슬뜨기 2, 방향 바꾸기 [9코]

12단: 두 번째 사슬코에 짧은뜨기 1, 짧은뜨기 9, 사슬뜨기 1, 방향 바꾸기 [10코]

13-22단: 짧은뜨기 10, 사슬뜨기 1, 방향 바꾸기 [10코]

23-24단: 짧은뜨기 9, 사슬뜨기 1, 방향 바꾸기 [9코]

25-26단: 짧은뜨기 8, 사슬뜨기 1, 방향 바꾸기 [8코]

27-28단: 짧은뜨기 7, 사슬뜨기 1, 방향 바꾸기 [7코]
29-30단: 짧은뜨기 6, 사슬뜨기 1, 방향 바꾸기 [6코]
31-32단: 짧은뜨기 5, 사슬뜨기 1, 방향 바꾸기 [5코]
33단: 짧은뜨기 4, 사슬뜨기 1, 방향 바꾸기 [4코]
34단: 짧은뜨기 3, 늘리기, 방향 바꾸기 [5코]
편물을 90도 방향으로 돌려 단 사이에 바늘을 넣고 단의 가장자리를 따라 옆면에 짧은뜨기 17코를 합니다(그림 4 참조). 단을 마무리하지 않습니다. 망토의 두 조직을 하단 부분은 시작한 실 꼬리가 오른쪽에 오도록 놓고, 상단 부분은 시작과 마지막 실 꼬리가 왼쪽에 오도록 놓습니다(그림 5). 17코 짧은뜨기 단의 가장자리를 따라 양쪽의 코를 맞춥니다(그림 6). 함께 연결하기 위해 두 부분을 통과하여 빼뜨기 17코를 뜹니다(그림 7-9). 바느질할 실 꼬리를 길게 남기고 실을 잘라 마무리합니다. 시작 실 끝이 보이지 않게 마무리합니다.

왕관(골드색 실)
평면뜨기
1-4단: 사슬뜨기 4, 코바늘에서 두 번째 사슬코에서 시작, 짧은뜨기 1, 한길긴뜨기 2 [3코]
5단: 사슬뜨기 5, 코바늘에서 두 번째 사슬코에서 시작, 짧은뜨기 1, 한길긴뜨기 1, 두길긴뜨기 2 [4코]
6단: 사슬뜨기 6, 코바늘에서 두 번째 사슬코에서 시작, 짧은뜨기 1, 한길긴뜨기 1, 두길긴뜨기 3 [5코]
7단: 사슬뜨기 5, 코바늘에서 두 번째 사슬코에서 시작, 짧은뜨기 1, 한길긴뜨기 1, 두길긴뜨기 2 [4코]
8-11단: 사슬뜨기 4, 코바늘에서 두 번째 사슬코에서 시작, 짧은뜨기 1, 한길긴뜨기 2, 사슬뜨기 1 [3코]
편물을 90도 방향으로 돌려 가장자리를 따라 옆면에 짧은뜨기 36코를 뜹니다. 첫 번째 4개 봉우리에 각각 짧은뜨기 3, 중간 3개의 봉우리에 짧은뜨기 4, 마지막 4개의 봉우리에 짧은뜨기 3코를 뜹니다(그림 10). 실을 잘라 보이지 않게 가장자리를 꿰매어 마무리합니다(그림 11).

연결하기
• 팔을 바느질로 연결합니다(짧은 버전, 16쪽)
• 머리 뒤쪽 중앙에 마무리 코(마지막 코)가 오도록 머리에 머리카락을 연결합니다. 머리카락의 뒷면은 앞면보다 약간 아래에 놓여야 합니다.
• 목 뒷부분 중앙에서 양쪽으로 각각 9코를 세어 망토와 18코를 바느질합니다(그림 12). 실 끝이 보이지 않게 마무리합니다.
• 망토의 윗부분을 곧게 펴고 왕관을 씌웁니다.
• 밝은 레드색 실로 눈 밑의 볼을 붉게 수놓아줍니다.

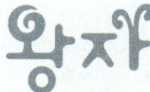

왕자

난이도: 👐 👐 👐

키: 5인치/12.5cm (제시된 실로 떴을 때)

재료:
스포트 웨이트 실(SMC 카타니아 오리지널)
밀키 화이트(105)
⬤ 샌드베이지(404)
⬤ 블루(173)
⬤ 네이비 블루(247)
⬤ 옅은 옐로(206)
⬤ 골드(249)
⬤ 너트 브라운(179)
⬤ 밝은 레드 약간(408)
B-1/2mm 코바늘
검은색 유리눈 혹은 나사형 인형눈(7mm)
돗바늘
콧수링
시침핀
솜

아미구루미 갤러리:
동영상으로 연결되는 URL과 QR코드:
www.amigurumipatterns.net/3303

머리(샌드베이지색 실)
나사형 인형눈 사용하기(15쪽, 마스터 패턴 참조)

몸통(샌드베이지색 실로 시작하기)
머리 부분의 4단에 남아있는 마지막 앞고리에 샌드베이지색 실을 연결합니다. 여기에서 다음 단의 첫 번째 코를 시작합니다.
1단: 앞고리 짧은뜨기 24 [24코]

블루색 실로 바꾸기

2단: 이 단은 뒷고리에 뜹니다. (짧은뜨기 5, 늘리기)×4 [28코]

3단: 짧은뜨기 28 [28코]

4단: 짧은뜨기 3, 늘리기, (짧은뜨기 6, 늘리기)×3, 짧은뜨기 3 [32코]

5-6단: 짧은뜨기 32 [32코]

밀키 화이트색 실로 바꾸기

7단: 뒷고리 짧은뜨기 16, 1코에 스파이크 뜨기 2, 뒷고리 짧은뜨기 15 [33코]

네이비 블루색 실로 바꾸기

8단: 이 단은 뒷고리에 뜹니다. 짧은뜨기 16, 줄이기, 짧은뜨기 15 [32코]

9단: 짧은뜨기 3, 줄이기, (짧은뜨기 6, 줄이기)×3, 짧은뜨기 3 [28코]

너트 브라운색 실로 바꾸기

10단: 짧은뜨기 28 [28코]

11단: 이 단은 뒷고리에 뜹니다. (짧은뜨기 5, 줄이기)×4 [24코]

몸통에 솜을 채웁니다.

12단: 짧은뜨기 1, 줄이기, (짧은뜨기 2, 줄이기)×5, 짧은뜨기 1 [18코]

13단: (짧은뜨기 1, 줄이기)×6 [12코]

14단: (줄이기)×6 [6코]

몸통 아랫부분에 솜을 너무 가득 채우지 말고 최대한 평평하게 유지합니다. 실 꼬리를 남기고 실을 잘라 마무리합니다. 남긴 실을 돗바늘에 꿰어 남은 코의 앞고리에 통과시킨 뒤, 세게 잡아당겨 구멍을 닫아줍니다. 실 끝이 보이지 않게 마무리합니다.

몸통을 거꾸로 들고 10단에 남아있는 첫 번째 앞고리에 너트 브라운색 실을 연결합니다. 여기에서 다음 단의 첫 번째 코를 시작합니다.

15단: 앞고리 짧은뜨기 28 [28코]

실을 잘라 보이지 않게 마무리합니다. 몸통을 머리 부분이 위로 향하도록 들고 7단에 남아있는 마지막 앞고리에 밀키 화이트색 실을 연결합니다.

16단: 앞고리 빼뜨기 33 [33코]

실을 잘라 보이지 않게 마무리합니다. 몸통을 거꾸로 들고 1단에 남아있는 첫 번째 앞고리에 밀키 화이트색 실을 연결합니다.

17단: 이 단은 앞고리에 뜹니다. 빼뜨기 1, (사슬뜨기 2, 몸통에 빼뜨기 2)×11, 사슬뜨기 2, 첫 앞고리에서 빼뜨기 1(그림 1) [레이스 12개]

실을 잘라 보이지 않게 마무리합니다.

팔(2개, 샌드베이지색 실로 시작)

1단: 실 고리로 원형코 만들기, 짧은뜨기 7 [7코]

2-3단: 짧은뜨기 7 [7코]

밀키 화이트색 실로 바꾸기

4단: 뒷고리 짧은뜨기 7 [7코]

5단: 짧은뜨기 7 [7코]

팔을 평평하게 접어 입구의 코를 맞춥니다.

6단: 짧은뜨기 3 (접힌 앞, 뒤 편물을 함께 떠서 입구를 닫습니다.) [3코]

바느질할 실 꼬리를 길게 남기고 실을 잘라 마무리합니다.

팔을 손바닥이 아래를 향하도록 놓고 3단의 첫 번째 앞고리에 밀키 화이트색 실을 연결합니다(그림 2).

7단: 이 단은 앞고리에 뜹니다. (사슬뜨기 2, 팔에 빼뜨기 1)×7, 마지막 빼뜨기는 첫 번째 사슬코에서 떠야 합니다.

실을 잘라 보이지 않게 마무리합니다.

머리카락

머리카락 베이스(너트 브라운색 실로 시작)

1단: 실 고리로 원형코 만들기, 짧은뜨기 6 [6코]

2단: (늘리기)×6 [12코]

3단: 이 단은 뒷고리에 뜹니다. (짧은뜨기 1, 늘리기)×6 [18코]

4단: 짧은뜨기 1, 늘리기, (짧은뜨기 2, 늘리기)×5, 짧은뜨기 1 [24코]

5단: 이 단은 뒷고리에 뜹니다. (짧은뜨기 3, 늘리기)×6 [30코]

6단: 짧은뜨기 2, 늘리기, (짧은뜨기 4, 늘리기)×5, 짧은뜨기 2 [36코]

7단: 이 단은 뒷고리에 뜹니다. (짧은뜨기 5, 늘리기)×6 [42코]

8단: 짧은뜨기 3, 늘리기, (짧은뜨기 6, 늘리기)×5, 짧은뜨기 3 [48코]

9단: 이 단은 뒷고리에 뜹니다. (짧은뜨기 7, 늘리기)×6 [54코]

10단: (짧은뜨기 17, 늘리기)×3 [57코]

11단: 뒷고리 짧은뜨기 57 [57코]

12단: 짧은뜨기 57 [57코]

13단: 뒷고리 짧은뜨기 57 [57코]

14단: 짧은뜨기 57 [57코]

15단: 뒷고리 짧은뜨기 57 [57코]

16단: 짧은뜨기 57 [57코]

17단: 뒷고리 짧은뜨기 57 [57코]

18단: 짧은뜨기 57 [57코]

실을 잘라 보이지 않게 마무리합니다. 마지막 단이 아래를 향하도록 머리카락 부분을 잡고 마지막 코 앞고리에 골드색 실을 연결합니다.

19단: 앞고리 빼뜨기 57 [57코]

실을 잘라 보이지 않게 마무리합니다.

곱슬머리

곱슬머리 부분을 뜨기 위해서는 골드색 단이 아래를 향하도록 머리카락 베이스의 방향을 바꿔줍니다. 16단에 남아있는 첫 앞고리에 너트 브라운색 실을 연결합니다.

곱슬머리의 첫 단: [(사슬뜨기 9(그림 3), 코바늘에서 두 번째 사슬코부터 짧은뜨기 8(그림 4), 머리카락 베이스의 앞고리에 빼뜨기 3), 옅은 옐로색 실로 바꾸기, (사슬뜨기 9, 코바늘에서 두 번째 사슬코부터 짧은뜨기 8, 머리카락 베이스의 앞고리에 빼뜨기 3), 너트 브라운색 실로 바꾸기(그림 5)]×9, 사슬뜨기 9, 코바늘에서 두 번째 사슬코부터 짧은뜨기 8, 머리카락 베이스의 앞고리에 빼뜨기 3 [곱슬머리 19개]

맨 위에 있는 마지막 앞고리에 도달할 때까지 머리카락 베이스에 남아있는 모든 단의 곱슬머리를 계속 뜹니다. 곱슬거리도록 손으로 말아 곱슬머리를 만들어줍니다. 머리카락 안쪽으로 실 끝이 보이지 않게 마무리합니다. 곱슬머리의 모양을 잡아줍니다.

망토(네이비 블루색 실)

사슬뜨기 8, 평면뜨기

1단: 코바늘에서 두 번째 사슬코부터 시작, 짧은뜨기 7, 사슬뜨기 1, 방향 바꾸기 [7코]

2-21단: 뒷고리 짧은뜨기 7, 사슬뜨기 1, 방향 바꾸기 [7코]

22단: 이 단은 뒷고리에 뜹니다. 짧은뜨기 6, 늘리기 [8코]

편물을 90도 방향으로 돌려 단 사이에 바늘을 넣고 단의 가장자리를

따라 옆면에 짧은뜨기 11코를 합니다(그림 6에 표시된 부분).
바느질할 실 꼬리를 길게 남기고 실을 잘라 마무리합니다. 망토를
뒤집어 맨 오른쪽 코에 밀키 화이트색 실을 연결합니다(그림 7 참고).
단의 가장자리를 따라 빼뜨기 23코를 해줍니다(그림 8에 표시).
사슬뜨기를 1코를 뜬 뒤, 편물을 시계 방향으로 180도 돌려 빼뜨기
단의 뒷고리 23코에 짧은뜨기를 합니다(그림 9). 망토를 다시 시계
방향으로 180도 돌리고 나머지 빼뜨기 단의 앞고리 23코에
짧은뜨기를 합니다(그림 10). 실을 잘라 보이지 않게 마무리합니다.

모자(네이비 블루색 실로 시작)
1단: 실 고리로 원형코 만들기, 짧은뜨기 6 [6코]
2단: (늘리기)×6 [12코]
3단: (짧은뜨기 1, 늘리기)×6 [18코]
4단: 짧은뜨기 1, 늘리기, (짧은뜨기 2, 늘리기)×5, 짧은뜨기 1 [24코]
5단: (짧은뜨기 3, 늘리기)×6 [30코]
6단: 짧은뜨기 2, 늘리기, (짧은뜨기 4, 늘리기)×5, 짧은뜨기 2 [36코]

7단: (짧은뜨기 5, 늘리기)×6 [42코]
8단: 한길긴뜨기 42 [42코]
9단: 짧은뜨기 42 [42코]
골드색 실로 바꾸기
10단: 빼뜨기 42 [42코]
실을 잘라 보이지 않게 마무리합니다.

깃털(밀키 화이트색 실) (그림 11)
사슬뜨기 11, 기초 사슬코의 양쪽에서 뜹니다.
1단: 코바늘에서 두 번째 사슬코에서 시작, 빼뜨기 4, (사슬뜨기 2,
기초 사슬코에서 짧은뜨기 1)×5, 마지막 사슬코에 빼뜨기 1+사슬
뜨기 1+빼뜨기 1, 기초 사슬코의 다른 쪽 면에서 계속 뜹니다.
(짧은뜨기 1, 사슬뜨기 2)×4, 짧은뜨기 1, 남아있는 코들은 그냥
남겨둡니다.
바느질할 실 꼬리를 길게 남기고 실을 잘라 마무리합니다.

연결하기
• 모자 옆에 깃털을 바느질로 연결합니다.
• 팔을 바느질로 꿰맵니다(짧은 버전, 16쪽).
• 골드색 실로 가슴에 테슬 장식을 수놓아줍니다(그림 12-13).
• 2단의 목 뒤 중앙에서 양쪽으로 6코를 세어 이 12코에 망토
  부분을 연결합니다(망토의 앞고리를 사용). 실 끝이 보이지 않게
  마무리합니다.
• 머리 뒤쪽 중앙에 마무리 코(마무리 코)가 오도록 머리카락을
  연결합니다. 뒷머리는 앞머리에 비해 약간 아래에 놓고 모자를
  씌웁니다.
• 밝은 레드색 실로 눈 밑의 볼을 붉게 수놓아줍니다.

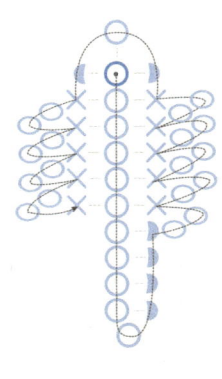

11

12

13

고양이

난이도: 👑👑👑

키: 2.7인치 / 7㎝(제시된 실로 떴을 때)

재료:
스포트 웨이트 실(SMC 카타니아 오리지널)
크림(130)
● 너트 브라운(179)
● 밝은 핑크 약간(246)
B-1/2㎜ 코바늘
검은색 유리눈 혹은 나사형 인형눈(7㎜)
돗바늘
검은색 재봉실
콧수링
시침핀
솜

아미구루미 갤러리:
동영상으로 연결되는 URL과 QR코드:
www.amigurumipatterns.net/3304

머리(크림색 실)

1단: 실 고리로 원형코 만들기, 짧은뜨기 6 [6코]
2단: (늘리기)×6 [12코]
크림색과 너트 브라운 실을 교차하며 자카드 기법으로 7단을 뜹니다.
3단: [크림] (짧은뜨기 1, 늘리기)×3, 짧은뜨기 1, [너트 브라운] 늘리기, 짧은뜨기 1, 늘리기, [크림] 짧은뜨기 1, 늘리기 [18코]
4단: [크림] 짧은뜨기 1, 늘리기, (짧은뜨기 2, 늘리기)×2, 짧은뜨기 2, [너트 브라운] (늘리기, 짧은뜨기 2)×2, [크림] 늘리기, 짧은뜨기 1 [24코]
5단: [크림] (짧은뜨기 3, 늘리기)×3, 짧은뜨기 1, [너트 브라운] 짧은뜨기 2, 늘리기, 짧은뜨기 3, 늘리기, 짧은뜨기 1, [크림] 짧은뜨기 2, 늘리기 [30코]
6단: [크림] 짧은뜨기 2, 늘리기, (짧은뜨기 4, 늘리기)×2, 짧은뜨기 4, [너트 브라운] 늘리기, 짧은뜨기 4, 늘리기, 짧은뜨기 3, [크림] 짧은뜨기 1, 늘리기, 짧은뜨기 2 [36코]
7단: [크림] 짧은뜨기 21, [너트 브라운] 짧은뜨기 10, [크림] 짧은뜨기 5 [36코]
8단: [크림] 짧은뜨기 22, [너트 브라운] 짧은뜨기 8, [크림] 짧은뜨기 6 [36코]
9단: [크림] (짧은뜨기 11, 늘리기)×2, [너트 브라운] 짧은뜨기 5, [크림] 짧은뜨기 6, 늘리기 [39코]
크림색 실로 바꾸기
10-11단: 짧은뜨기 39 [39코]
12단: 짧은뜨기 6, 늘리기, (짧은뜨기 12, 늘리기)×2, 짧은뜨기 6 [42코]
13단: 짧은뜨기 42 [42코]
14단: (짧은뜨기 5, 줄이기)×6 [36코]
11단과 12단 사이에, 10코 간격을 두고 눈을 달아줍니다. 콧수링으로 표시한 코가 뒤쪽 중앙에 제대로 위치했는지 확인합니다.

15단: 짧은뜨기 2, 줄이기, (짧은뜨기 4, 줄이기)×5, 짧은뜨기 2 [30코]
16단: (짧은뜨기 3, 줄이기)×6 [24코]
머리에 솜을 채웁니다.
17단: 짧은뜨기 1, 줄이기, (짧은뜨기 2, 줄이기)×5, 짧은뜨기 1 [18코]
18단: 이 단은 뒷고리로 뜹니다. (짧은뜨기 1, 줄이기)×6 [12코]
19단: (줄이기)×6 [6코]
실 꼬리를 남기고 실을 잘라 마무리합니다. 남긴 실을 돗바늘에 꿰어 남은 코의 앞고리에 통과시킨 뒤, 세게 잡아당겨 구멍을 닫아줍니다. 실 끝이 보이지 않게 마무리합니다.

몸통(크림색 실)
머리 부분 17단에 남아있는 첫 번째 앞고리에 크림색 실을 연결합니다. 여기에서 다음 단의 첫 번째 코를 시작합니다.
1단: 앞고리 짧은뜨기 18 [18코]
2단: (짧은뜨기 5, 늘리기)×3 [21코]
3단: 짧은뜨기 21 [21코]
4단: 짧은뜨기 3, 늘리기, (짧은뜨기 6, 늘리기)×2, 짧은뜨기 3 [24코]
5-7단: 짧은뜨기 24 [24코]
8단: 이 단은 뒷고리에 뜹니다. 짧은뜨기 1, 줄이기, (짧은뜨기 2, 줄이기)×5, 짧은뜨기 1 [18코]
몸통에 솜을 채웁니다.
9단: (짧은뜨기 1, 줄이기)×6 [12코]
10단: (줄이기)×6 [6코]
몸통 아랫부분에 솜을 너무 가득 채우지 말고 최대한 평평하게 유지합니다. 실 꼬리를 남기고 실을 잘라 마무리합니다. 남긴 실을 돗바늘에 꿰어 남은 코의 앞고리에 통과시킨 뒤, 세게 잡아당겨 구멍을 닫아줍니다. 실 끝이 보이지 않게 마무리합니다. 몸통을 거꾸로 들고 7단에 남아있는 첫 번째 앞고리에 너트 브라운색 실을 연결합니다. 여기에서 다음 단의 첫 번째 코를 시작합니다.
11단: 앞고리 짧은뜨기 24 [24코]
실을 잘라 보이지 않게 마무리합니다.

발(2개, 크림색 실)
1단: 실 고리로 원형코 만들기, 짧은뜨기 6 [6코]
2-3단: 짧은뜨기 6 [6코]
발을 평평하게 접어 입구의 코를 맞춥니다.

4단: 짧은뜨기 2 (접힌 앞, 뒤 편물을 함께 떠서 입구를 닫습니다.) [2코]
바느질할 실 꼬리를 길게 남기고, 실을 잘라 마무리합니다.

귀(2개, 크림색 실 1개, 너트 브라운색 실 1개)
1단: 실 고리로 원형코 만들기, 짧은뜨기 6 [6코]
2단: (짧은뜨기 1, 늘리기)×3 [9코]
3단: 짧은뜨기 1, 늘리기, (짧은뜨기 2, 늘리기)×2, 짧은뜨기 1 [12코]
바느질할 실 꼬리를 길게 남기고 실을 잘라 마무리합니다.

꼬리(너트 브라운색 실로 시작)
1단: 실 고리로 원형코 만들기, 짧은뜨기 6 [6코]
2단: (짧은뜨기 1, 늘리기)×3 [9코]
크림색 실로 바꾸기
3-4단: 짧은뜨기 9 [9코]
5단: (짧은뜨기 1, 줄이기)×3 [6코]
6-10단: 짧은뜨기 6 [6코]
꼬리를 평평하게 접어 입구의 코를 맞춥니다.
11단: 짧은뜨기 2 (접힌 앞, 뒤 편물을 함께 떠서 입구를 닫습니다.) [2코]
바느질할 실 꼬리를 길게 남기고 실을 잘라 마무리합니다.

리본(밝은 핑크색 실)
사슬뜨기 60, 실을 잘라 마무리해줍니다.

연결하기
• 머리의 3단과 8단 사이에 귀를 놓고 바느질로 꿰매 연결합니다.
• 밝은 핑크색 실로 눈 사이에 코를 수놓아줍니다.
• 입, 수염, 눈썹은 검은색 재봉실로 수놓아줍니다.
• 발을 몸통 앞쪽에 놓고 꿰매줍니다.
• 몸통 뒤쪽에 꼬리 꿰매어 연결합니다.
• 목에 리본을 감아 묶어줍니다.

강아지

난이도: 🐾 🐾 🐾

키: 2.7인치 / 7㎝(제시된 실로 떴을 때)

재료:

스포트 웨이트 실(SMC 카타니아 오리지널)
- 크림(130)
- 옅은 옐로(206)
- 골드(249)
- 스모키 그레이 약간(254)
- 밝은 레드 약간(408)

B-1/2㎜ 코바늘
검은색 유리눈 혹은 나사형 인형눈(7㎜)
돗바늘
콧수링
시침핀
솜

아미구루미 갤러리:
동영상으로 연결되는 URL과 QR코드:
www.amigurumipatterns.net/3305

머리(골드색 실로 시작)

1단: 실 고리로 원형코 만들기, 짧은뜨기 6 [6코]

2단: (늘리기)×6 [12코]

3단: (짧은뜨기 1, 늘리기)×6 [18코]

4단: 짧은뜨기 1, 늘리기, (짧은뜨기 2, 늘리기)×5, 짧은뜨기 1 [24코]

5단: (짧은뜨기 3, 늘리기)×6 [30코]

6단: 짧은뜨기 2, 늘리기, (짧은뜨기 4, 늘리기)×5, 짧은뜨기 2 [36코]

7-8단: 짧은뜨기 36 [36코]

9단: (짧은뜨기 11, 늘리기)×3 [39코]

옅은 옐로색 실로 바꾸기

10-11단: 짧은뜨기 39 [39코]

12단: 짧은뜨기 6, 늘리기, (짧은뜨기 12, 늘리기)×2, 짧은뜨기 6 [42코]

크림색 실로 바꾸기

13단: 짧은뜨기 42 [42코]

14단: (짧은뜨기 5, 줄이기)×6 [36코]

12단과 13단 사이에, 10코 간격을 두고 눈을 달아줍니다. 콧수링으로 표시한 코가 뒤쪽 중앙에 제대로 위치했는지 확인합니다.

15단: 짧은뜨기 2, 줄이기 (짧은뜨기 4, 줄이기)×5, 짧은뜨기 2 [30코]

16단: (짧은뜨기 3, 줄이기)×6 [24코]

머리에 솜을 채웁니다.

17단: 짧은뜨기 1, 줄이기, (짧은뜨기 2, 줄이기)×5, 짧은뜨기 1 [18코]

18단: 이 단은 뒷고리에 뜹니다. (짧은뜨기 1, 줄이기)×6 [12코]

19단: (줄이기)×6 [6코]

실 꼬리를 남기고 실을 잘라 마무리합니다. 남긴 실을 돗바늘에 꿰어 남은 코의 앞고리에 통과시킨 뒤, 세게 잡아당겨 구멍을 닫아줍니다. 실 끝이 보이지 않게 마무리합니다.

몸통(크림색 실로 시작)

머리의 17단에 남아있는 첫 번째 앞고리에 크림색 실을
연결합니다. 여기에서 다음 단의 첫 번째 코를 시작합니다.

1단: 앞고리 짧은뜨기 18 [18코]
2단: (짧은뜨기 5, 늘리기)×3 [21코]
3단: 짧은뜨기 21 [21코]
4단: 짧은뜨기 3, 늘리기, (짧은뜨기 6, 늘리기)×2, 짧은뜨기 3
[24코]
5-6단: 짧은뜨기 24 [24코]
옅은 옐로색 실로 바꾸기
7단: 짧은뜨기 24 [24코]
8단: 이 단은 뒷고리에 뜹니다. 짧은뜨기 1, 줄이기, (짧은뜨기 2,
줄이기)×5, 짧은뜨기 1 [18코]
몸통에 솜을 채웁니다.
9단: (짧은뜨기 1, 줄이기)×6 [12코]
10단: (줄이기)×6 [6코]
몸통 아랫부분에 솜을 너무 가득 채우지 말고 최대한 평평하게
유지합니다. 실 꼬리를 남기고 실을 잘라 마무리합니다. 남긴 실을
돗바늘에 꿰어 남은 코의 앞고리에 통과시킨 뒤, 세게 잡아당겨
구멍을 닫아줍니다. 실 끝이 보이지 않게 마무리합니다. 몸통을
거꾸로 잡고 7단에 남아있는 첫 번째 앞고리에 골드색 실을
연결합니다. 여기에서 다음 단의 첫 번째 코를 시작합니다.
11단: 앞고리 짧은뜨기 24 [24코]
실을 잘라 보이지 않게 마무리합니다.

발(2개, 골드색 실)

1단: 실 고리로 원형코 만들기, 짧은뜨기 6 [6코]
2-3단: 짧은뜨기 6 [6코]
발을 평평하게 접어 입구의 코를 맞춥니다.
4단: 짧은뜨기 2 (접힌 앞, 뒤 편물을 함께 떠서 입구를 닫습니다.)
[2코]
바느질할 실 꼬리를 길게 남기고 실을 잘라 마무리합니다.

귀(2개, 골드색 실)

1단: 실 고리로 원형코 만들기, 짧은뜨기 6 [6코]
2단: (짧은뜨기 1, 늘리기)×3 [9코]
3단: 짧은뜨기 1, 늘리기, (짧은뜨기 2, 늘리기)×2, 짧은뜨기 1 [12코]
바느질할 실 꼬리를 길게 남기고 실을 잘라 마무리합니다.

꼬리(골드색 실)

1단: 실 고리로 원형코 만들기, 짧은뜨기 4 [4코]
2단: 늘리기, 짧은뜨기 3 [5코]
3단: 늘리기, 짧은뜨기 4 [6코]
4-13단: 짧은뜨기 6 [6코]
꼬리를 평평하게 접어 입구의 코를 맞춥니다.
14단: 짧은뜨기 2 (접힌 앞, 뒤 편물을 함께 떠서 입구를 닫습니다.)
[2코]
바느질할 실 꼬리를 길게 남기고 실을 잘라 마무리합니다.

주둥이(크림색 실로 시작)

1단: 실고리로 원형코 만들기, 크림색 실로 짧은뜨기 3, 스모키
그레이색 실로 짧은뜨기 3 [6코]
크림색 실로 바꾸기
2단: 늘리기, 짧은뜨기 1, (늘리기)×2, 짧은뜨기 1, 늘리기 [10코]
추가로 짧은뜨기 1, 빼뜨기 1
바느질할 실 꼬리를 길게 남기고 실을 잘라 마무리합니다.

연결하기

• 머리 위 3단과 8단 사이에 귀를 놓고 바느질합니다.
• 눈 사이에 주둥이를 두고 윗부분에 스모키 그레이색 부분이 오도록
   합니다. 스모키 그레이색 실로 입을 수놓아줍니다.
• 머리의 9단과 10단 사이에 크림색 실로 눈썹을 수놓아줍니다.
• 4단과 5단 사이 몸 앞쪽에 발을 놓고 꿰맵니다.
• 꼬리 끝을 말아주고 몸통 뒤에 꼬리를 꿰매줍니다.
• 밝은 레드색 실로 눈 밑의 볼을 붉게 수놓아줍니다.

핑크 공주

난이도: 👑 👑 👑

키: 4.7인치 / 12cm(제시된 실로 떴을 때)

재료:
스포트 웨이트 실(SMC 카타니아 오리지널)
- 크림(130)
- 밝은 핑크(246)
- 핑크(222)
- 옐로(403)
- 옅은 옐로(206)
- 그레이(434)
- 밝은 레드 약간(408)

B-1/2mm 코바늘
돗바늘
짙은 브라운 재봉실
콧수링
시침핀
솜

아미구루미 갤러리:
동영상으로 연결되는 URL과 QR코드:
www.amigurumipatterns.net/3306

머리(크림색 실)
웃는 얼굴(15쪽, 마스터 패턴 참조)

몸통(크림색 실)
머리 부분 4단에 남아있는 마지막 앞고리에 크림색 실을 연결합니다. 여기에서 다음 단의 첫 번째 코를 시작합니다.
1단: 앞고리 짧은뜨기 24 [24코]
핑크색 실로 바꾸기

2단: 이 단은 뒷고리에 뜹니다. (짧은뜨기 5, 늘리기)×4 [28코]
3단: 짧은뜨기 28 [28코]
4단: 짧은뜨기 3, 늘리기, (짧은뜨기 6, 늘리기)×3, 짧은뜨기 3 [32코]
5–7단: 짧은뜨기 32 [32코]
밝은 핑크색 실로 바꾸기
8단: 뒷고리 짧은뜨기 32 [32코]
9단: 이 단은 뒷고리에 뜹니다. 짧은뜨기 3, 줄이기, (짧은뜨기 6, 줄이기)×3, 짧은뜨기 3 [28코]
그레이색 실로 바꾸기
10단: 짧은뜨기 28 [28코]
11단: 이 단은 뒷고리에 뜹니다. (짧은뜨기 5, 줄이기)×4 [24코]
몸통에 솜을 채웁니다.
12단: 짧은뜨기 1, 줄이기, (짧은뜨기 2, 줄이기)×5, 짧은뜨기 1 [18코]
13단: (짧은뜨기 1, 줄이기)×6 [12코]
14단: (줄이기)×6 [6코]
몸통 아랫부분에 솜을 너무 가득 채우지 말고 최대한 평평하게 유지합니다. 실 꼬리를 남기고 실을 잘라 마무리합니다. 남긴 실을 돗바늘에 꿰어 남은 코의 앞고리에 통과시킨 뒤, 세게 잡아당겨 구멍을 닫아줍니다. 실 끝이 보이지 않게 마무리합니다. 몸통을 거꾸로 들고 10단에 남아있는 첫 앞고리에 그레이색 실을 연결합니다(그림 1). 여기에서 다음 단의 첫 번째 코를 시작합니다.
15단: 앞고리 짧은뜨기 28 [28코]
실을 잘라 보이지 않게 마무리합니다. 계속해서 몸통을 거꾸로 들고 8단에 남아있는 첫 번째 앞고리에 밝은 핑크색 실을 연결합니다.
사슬뜨기 2코를 뜬 후 여기에서 다음 단의 첫 번째 코를 시작합니다.
16단: 이 단은 앞고리에 뜹니다. (긴뜨기 7, 긴뜨기 늘리기)×4 [36코]
실을 잘라 보이지 않게 마무리합니다. 계속해서 몸통을 거꾸로 들고 7단에 남아있는 첫 번째 앞고리에 밝은 핑크색 실을 연결합니다.
17단: 이 단은 앞고리에 뜹니다. (사슬뜨기 1, 몸통에 빼뜨기 1)×32 [32코+사슬코 32]
첫 번째 앞고리에 빼뜨기를 합니다. 실을 잘라 보이지 않게 마무리합니다.

카라(핑크색 실)
사슬뜨기 26. 느슨하게 평면뜨기
1단: 코바늘에서 두 번째 사슬코에서 시작, 빼뜨기 1, 사슬뜨기 1, (기초 사슬코에 빼뜨기 1, 사슬뜨기 1)×24 [25코+사슬코 25]
바느질할 실 꼬리를 길게 남기고 실을 잘라 마무리합니다.

팔(2개, 크림색 실)
1단: 실 고리로 원형코 만들기, 짧은뜨기 7 [7코]

2-4단: 짧은뜨기 7 [7코]
핑크색 실로 바꾸기
5단: 짧은뜨기 7 [7코]
팔을 평평하게 접어 입구의 코를 맞춥니다.
6단: 짧은뜨기 3 (접힌 앞, 뒤 편물을 함께 떠서 입구를 닫습니다.)
[3코]
바느질할 실 꼬리를 길게 남기고 실을 잘라 마무리합니다.

머리카락

머리카락 베이스(옐로색 실)
1단: 실 고리로 원형 만들기, 짧은뜨기 6 [6코]
2단: (늘리기)×6 [12코]
3단: (짧은뜨기 1, 늘리기)×6 [18코]
4단: 짧은뜨기 1, 늘리기, (짧은뜨기 2, 늘리기)×5, 짧은뜨기 1
[24코]
5단: (짧은뜨기 3, 늘리기)×6 [30코]
6단: 짧은뜨기 2, 늘리기, (짧은뜨기 4, 늘리기)×5, 짧은뜨기 2
[36코]
7단: 이 단은 뒷고리에 뜹니다. (짧은뜨기 5, 늘리기)×6 [42코]
8단: 뒷고리 짧은뜨기 3, 앞뒤고리 함께 계속해서 뜹니다.
늘리기, (짧은뜨기 6, 늘리기)×5, 짧은뜨기 3 [48코]
9단: 뒷고리 짧은뜨기 5, 앞뒤고리 함께 계속해서 뜹니다.
짧은뜨기 2, 늘리기, (짧은뜨기 7, 늘리기)×5 [54코]
나중을 위하여 9단의 다섯 번째 코에 표시합니다.
10단: (짧은뜨기 17, 늘리기)×3 [57코]
11-14단: 짧은뜨기 57 [57코]
15단: 짧은뜨기 2, 뒷고리 짧은뜨기 1, (짧은뜨기 3, 뒷고리
짧은뜨기 1)×13, 짧은뜨기 2 [57코]

16-17단: 짧은뜨기 57 [57코]
18단: 뒷고리 짧은뜨기 57 [57코]
실을 잘라 보이지 않게 마무리합니다. 마지막 단이 아래로 향하도록
머리카락 베이스 부분을 잡고 마지막 코 앞고리에 옅은 옐로색 실을
연결합니다.
19단: 앞고리 빼뜨기 57 [57코]
실을 잘라 보이지 않게 마무리합니다. 마지막 단이 위를 향하도록
머리카락 베이스 부분을 잡고 17단에 남아있는 첫 번째 앞고리에
옐로색 실을 연결합니다(그림 1).
20단: {앞고리 하나 건너뛰고, 다음 앞고리 1코에 한길긴뜨기 5(그림
2), 앞고리 하나 건너뛰고, 다음 앞고리에 빼뜨기 1}×14 [14무늬]
실을 잘라 실 끝이 보이지 않게 마무리합니다.

곱슬머리(옐로색 실)
곱슬머리 부분을 뜨기 위해서는 마지막 단이 아래를 향하도록
머리카락 베이스를 잡고, 8단에 남아있는 다섯 번째 앞고리에 옐로색
실을 연결합니다(그림 3). 5개의 앞고리에 큰 컬 5개를 만듭니다.
컬 1: 사슬뜨기 35(그림 4), 코바늘에서 두 번째 사슬코에서 시작,
(늘리기, 짧은뜨기 1)×13(그림 5), 짧은뜨기 8(그림 6), 8단의 다섯
번째 앞고리(시작한 같은 코)에 빼뜨기 1 [48코]
컬 2: 사슬뜨기 35, 코바늘에서 두 번째 사슬코에서 시작, (늘리기,
짧은뜨기 1)×13, 짧은뜨기 8, 8단의 네 번째 앞고리에 빼뜨기 1
[48코]
컬 3: 사슬뜨기 35, 코바늘에서 두 번째 사슬코에서 시작, (늘리기,
짧은뜨기 1)×13, 짧은뜨기 8, 8단의 세 번째 앞고리에 빼뜨기 1
[48코]
컬 4: 사슬뜨기 35, 코바늘에서 두 번째 사슬코에서 시작, (늘리기,
짧은뜨기 1)×13, 짧은뜨기 8, 8단의 두 번째 앞고리에 빼뜨기 1
[48코]

(늘리기, 짧은뜨기 1)×11, 짧은뜨기 7, 7단의 두 번째 앞고리에
빼뜨기 1 [41코]

작은 컬 3: 사슬뜨기 30, 코바늘에서 두 번째 사슬코에서 시작,
(늘리기, 짧은뜨기 1)×11, 짧은뜨기 7, 7단의 첫 번째 앞고리에
빼뜨기 1 [41코]
실을 잘라 실 끝이 보이지 않게 마무리합니다. 핑크색 실을
사용하여 머리카락의 14단에 한길긴뜨기 5코 무늬 중에 가운데
코를 바느질로 연결해줍니다(그림 8). 14단에 남아있는 앞고리와
한길긴뜨기 5코 무늬의 가운데 코에 핑크색 실로 매듭수를
해줍니다(그림 9).

올림머리(옐로색 실)
1단: 실 고리로 원형코 만들기, 짧은뜨기 6 [6코]
2단: (늘리기)×6 [12코]
3단: (짧은뜨기 1, 늘리기)×6 [18코]
4단: 짧은뜨기 1, 늘리기, (짧은뜨기 2, 늘리기)×5, 짧은뜨기 1
[24코]
5단: (짧은뜨기 3, 늘리기)×6 [30코]
6단: 짧은뜨기 2, 늘리기, (짧은뜨기 4, 늘리기)×5, 짧은뜨기 2
[36코]
7-9단: 짧은뜨기 36 [36코]

컬 5: 사슬뜨기 35, 코바늘에서 두 번째 사슬코에서 시작, (늘리기,
짧은뜨기 1)×13, 짧은뜨기 8, 8단의 첫 번째 앞고리에 빼뜨기 1
[48코]
실을 잘라 실 끝이 보이지 않게 마무리합니다. 마지막 단이 아래를
향하도록 머리카락 베이스 부분을 잡고 7단에 남아있는 세 번째
앞고리에 옐로색 실을 연결합니다(그림 7).
이제 작은 컬 3개를 뜹니다.
작은 컬 1: 사슬뜨기 30, 코바늘에서 두 번째 사슬코에서 시작,
(늘리기, 짧은뜨기 1)×11, 짧은뜨기 7, 7단의 세 번째
앞고리(시작한 같은 코)에 빼뜨기 1 [41코]
작은 컬 2: 사슬뜨기 30, 코바늘에서 두 번째 사슬코에서 시작,

바느질할 실 꼬리를 길게 남기고 실을 잘라 마무리합니다. 올림머리 부분에 솜을 채웁니다.

왕관(밝은 핑크색 실)

사슬뜨기 41, 평면뜨기

1단: 코바늘에서 두 번째 사슬코에서 시작, (짧은뜨기 1, 한길긴뜨기 1, 두길긴뜨기+2코 피코뜨기 1, 한길긴뜨기 1, 짧은뜨기 1)×8 [40코]

실을 잘라 보이지 않게 가장자리를 꿰매어 마무리합니다(그림 11).

연결하기

• 팔을 바느질로 연결합니다(짧은 버전, 16쪽).

• 카라의 시작 사슬코를 몸통의 첫 번째 단에 놓아줍니다. 카라의 사슬코를 사용하여 1단의 앞고리에 카라를 바느질로 연결하고, 카라의 마지막 사슬코를 목의 첫 고리에 꿰매 연결합니다(그림 12).

• 머리 뒤쪽 중앙에 마무리 코(마지막 코)가 오도록 머리에 머리카락을 연결합니다. 머리카락의 뒷면은 앞면보다 약간 아래에 놓여야 합니다. 머리카락 베이스 6단에 남아있는 앞고리와 올림머리의 마지막 단의 앞고리로 올림머리와 머리카락 베이스를 바느질합니다(그림 10). 실을 잘라 실 끝이 보이지 않게 마무리합니다. 왕관을 씌웁니다.

• 밝은 레드색 실로 눈 밑의 볼을 붉게 수놓아줍니다.

퍼플 공주

난이도: ♕ ♕ ♔

키: 4.5인치 / 11.5cm(제시된 실로 떴을 때)

재료:

스포트 웨이트 실(SMC 카타니아 오리지널)

○ 크림(130)
● 너트 브라운(179)
● 퍼플(422)
● 라일락(226)
● 그레이(434)
● 밝은 레드 약간(408)

B-1/2mm 코바늘

돗바늘

짙은 브라운 재봉실

콧수링

시침핀

솜

아미구루미 갤러리:
동영상으로 연결되는 URL과 QR코드:
www.amigurumipatterns.net/3307

머리(크림색 실)

웃는 얼굴(15쪽, 마스터 패턴 참조)

몸통(크림색 실)

머리의 4단에 남아있는 마지막 앞고리에 크림색 실을 연결합니다. 여기에서 다음 단의 첫 번째 코를 시작합니다.

1단: 앞고리 짧은뜨기 24 [24코]

라일락색 실로 바꾸기

2단: 이 단은 뒷고리에 뜹니다. (짧은뜨기 5, 늘리기)×4 [28코]

3단: 짧은뜨기 28 [28코]

4단: 짧은뜨기 3, 늘리기, (짧은뜨기 6, 늘리기)×3, 짧은뜨기 3 [32코]

5단: 짧은뜨기 32 [32코]

퍼플색 실로 바꾸기

6단: 짧은뜨기 32 [32코]

7-8단: 뒷고리 짧은뜨기 32 [32코]

9단: 짧은뜨기 3, 줄이기, (짧은뜨기 6, 줄이기)×3, 짧은뜨기 3 [28코]

그레이색 실로 바꾸기

10단: 짧은뜨기 28 [28코]

11단: 이 단은 뒷고리에 뜹니다. (짧은뜨기 5, 줄이기)×4 [24코]

몸통에 솜을 채웁니다.

12단: 짧은뜨기 1, 줄이기, (짧은뜨기 2, 줄이기)×5, 짧은뜨기 1 [18코]

13단: (짧은뜨기 1, 줄이기)×6 [12코]

14단: (줄이기)×6 [6코]

몸통 아랫부분에 솜을 너무 가득 채우지 말고 최대한 평평하게

유지합니다. 실 꼬리를 남기고 실을 잘라 마무리합니다. 남긴 실을 돗바늘에 꿰어 남은 코의 앞고리에 통과시킨 뒤, 세게 잡아당겨 구멍을 닫아줍니다. 실 끝이 보이지 않게 마무리합니다. 몸통을 거꾸로 잡고 10단에 남아있는 첫 번째 앞고리에 그레이색 실을 연결합니다. 여기에서 다음 단의 첫 번째 코를 시작합니다.

15단: 앞고리 짧은뜨기 28 [28코]

실을 잘라 보이지 않게 마무리합니다. 계속해서 몸통을 거꾸로 잡고 7단의 첫 번째 앞고리에 퍼플색 실을 연결한 다음 사슬뜨기 2코를 뜹니다. 여기에서 다음 단의 첫 번째 코를 시작합니다.

16단: 이 단은 앞고리에 뜹니다. (한길긴뜨기 7, 한길긴뜨기 늘리기)×4 [36코]

17단: 빼뜨기 36 (그림 1)

실을 잘라 보이지 않게 마무리합니다. 계속해서 몸통을 거꾸로 잡고 6단에 남아있는 첫 번째 앞고리에 있는 라일락색 실을 연결합니다(그림 2). 여기에서 다음 단의 첫 번째 코를 시작합니다.

18단: 이 단은 앞고리에 뜹니다. 긴뜨기 늘리기, 긴뜨기 5, 긴뜨기 늘리기, 한길긴뜨기 3, 한길긴뜨기 늘리기, 한길긴뜨기 2, 긴뜨기 늘리기, 짧은뜨기 1, 빼뜨기 1, 짧은뜨기 1, 긴뜨기 늘리기, 한길긴뜨기 2, 한길긴뜨기 늘리기, 한길긴뜨기 3, 긴뜨기 늘리기, 긴뜨기 6, 긴뜨기 늘리기 [40코]

실을 잘라 보이지 않게 마무리합니다.

팔(2개, 크림색 실로 시작)

1단: 실 고리로 원형코 만들기, 짧은뜨기 7 [7코]

2-4단: 짧은뜨기 7 [7코]

라일락색 실로 바꾸기

5-6단: 짧은뜨기 7 [7코]

팔을 평평하게 접어 입구의 코를 맞춥니다. 가까운 코의 앞뒤 고리와 그 뒤에 있는 코의 뒷고리에만 바늘을 넣어줍니다.

7단: 짧은뜨기 3 (접힌 앞, 뒤 편물을 함께 떠서 입구를 닫습니다.) [3코]
바느질할 실 꼬리를 길게 남기고 실을 잘라 마무리합니다. 팔을 손바닥이 아래로 향하도록 잡고 7단의 마지막 코를 떴던 6단의 같은 코의 앞고리에 라일락색 실을 연결합니다(그림 3의 검은색 화살표 참조). <그림 3>의 파란색 실의 고리에 다음 단을 뜹니다.
8단: (사슬뜨기 2, 6단의 표시된 다음 고리에서 빼뜨기 1)×4, 마지막 빼뜨기 코는 6단의 마지막 코에서 떠야 합니다(그림 3의 하얀색 화살표 참조). 실을 잘라 실 끝이 보이지 않게 마무리합니다.

머리카락

머리카락 베이스(너트 브라운 실)
1단: 실 고리로 원형코 만들기, 짧은뜨기 6 [6코]
2단: (늘리기)×6 [12코]
3단: (짧은뜨기 1, 늘리기)×6 [18코]
4단: 짧은뜨기 1, 늘리기, (짧은뜨기 2, 늘리기)×5, 짧은뜨기 1 [24코]
5단: (짧은뜨기 3, 늘리기)×6 [30코]
6단: 짧은뜨기 2, 늘리기, (짧은뜨기 4, 늘리기)×5, 짧은뜨기 2 [36코]
7단: (짧은뜨기 5, 늘리기)×6 [42코]

8단: 짧은뜨기 3, 늘리기, (짧은뜨기 6, 늘리기)×5, 짧은뜨기 3 [48코]
9단: (짧은뜨기 7, 늘리기)×6 [54코]
10단: (짧은뜨기 17, 늘리기)×3 [57코]
11-14단: 짧은뜨기 57 [57코]
이어서 평면뜨기를 합니다.
15단: 짧은뜨기 30, 사슬뜨기 1, 방향 바꾸기 [30코]
남은 코들을 뜨지 않고 그대로 둡니다.
16단: 1코 건너뛰기, 짧은뜨기 55(단의 시작 부분 표시는 무시), 사슬뜨기 1, 방향 바꾸기 [55코]
17단: 1코 건너뛰기, 짧은뜨기 52, 사슬뜨기 1, 방향 바꾸기 [52코]
18단: 1코 건너뛰기, 짧은뜨기 50, 사슬뜨기 1, 방향 바꾸기 [50코]
19단: 1코 건너뛰기, 짧은뜨기 24 [24코]
이 단을 마무리하지 않고 이어서 원형뜨기를 합니다.
20단: 짧은뜨기 25, 다음 단의 가장자리를 따라 짧은뜨기 6(그림 4에 표시된 부분), 가운데 부분에 빼뜨기 1, 가장자리를 따라 계속 (베이스 코에 짧은뜨기 1, 사슬뜨기 3, 베이스 코에 짧은뜨기 1, 사슬뜨기 4(그림 5))×2, 마지막 단의 끝부분에 짧은뜨기 1, (사슬뜨기 3, 베이스 코에 짧은뜨기 1, 사슬뜨기 4, 베이스 코에 짧은뜨기 1)×3(그림 6), 짧은뜨기 17
실을 잘라 보이지 않게 마무리합니다.

헤어번(2개, 너트 브라운색 실)
1단: 실 고리로 원형코 만들기, 짧은뜨기 6 [6코]
2단: 이 단은 뒷고리에 뜹니다. (늘리기)×6 [12코]
3단: 이 단은 뒷고리에 뜹니다. (짧은뜨기 1, 늘리기)×6 [18코]
4-5단: 뒷고리 짧은뜨기 18 [18코]
바느질할 실 꼬리를 길게 남기고 실을 잘라 마무리합니다. 마지막 단이
아래를 향하도록 헤어번 부분을 잡고 4단의 마지막 앞고리에 너트
브라운색 실을 연결합니다.
컬의 첫 단: {사슬뜨기 3(그림 7), 다음 앞고리에 빼뜨기 1,
사슬뜨기 4(그림 8), 다음 앞고리에 빼뜨기 1} 4단의 끝까지 모든
앞고리에 반복합니다.
가장 상단에 있는 마지막 앞고리에 도달할 때까지 계속해서
나선형으로 곱슬곱슬하게 컬을 뜹니다. 사슬뜨기 4코를 뜨고 실
꼬리를 마지막 코 사이로 당겨줍니다. 헤어번 안쪽에서 보이지 않게
실을 마무리합니다(그림 9). 헤어번 부분에 솜을 채워줍니다.

왕관(퍼플색 실)
사슬뜨기 21, 평면뜨기
1단: 코바늘에서 두 번째 사슬코에서 시작, (빼뜨기 1, 짧은뜨기 1,
한길긴뜨기+2코 피코뜨기 1, 짧은뜨기 1)×5 [20코]
실을 잘라 보이지 않게 가장자리를 꿰매어 마무리합니다.

연결하기
- 주름 장식이 바깥쪽을 향하도록 팔을 몸통에 바느질합니다(표준
  버전, 16쪽).
- 머리 뒤쪽 중앙에 마무리 코(마지막 코)가 오도록 머리에 머리카락을
  연결합니다. 머리카락의 뒷면은 앞면보다 약간 아래에 놓여야
  합니다. 헤어번 부분을 머리카락 아랫부분의 측면에 놓고
  바느질합니다(그림 10). 왕관을 꿰매 연결합니다.
- 밝은 레드색 실로 눈 밑의 볼을 붉게 수놓아줍니다.

옐로 공주

난이도: ♕♕♕
키: 4.5인치 / 11.5㎝(제시된 실로 떴을 때)

재료:
스포트 웨이트 실(SMC 카타니아 오리지널)
- 크림(130)
- 옐로(403)
- 골드(249)
- 그레이(434)
- 밝은 브라운(437)
- 밝은 레드 약간(408)
B-1/2㎜ 코바늘
검은색 유리눈 혹은 나사형 인형눈(7㎜)
돗바늘
검은색 재봉실
콧수링
시침핀
솜

아미구루미 갤러리:
동영상으로 연결되는 URL과 QR코드:
www.amigurumipatterns.net/3308

머리(크림색 실)
나사형 인형눈 사용하기(15쪽, 마스터 패턴 참조)

몸통(크림색 실로 시작)
머리의 4단에 남아있는 마지막 앞고리에 크림색 실을
연결합니다. 여기에서 다음 단의 첫 번째 코를 시작합니다.
1단: 앞고리 짧은뜨기 24 [24코]
옐로색 실로 바꾸기

2단: 이 단은 뒷고리에 뜹니다. (짧은뜨기 5, 늘리기)×4 [28코]

3단: 짧은뜨기 28 [28코]

4단: 짧은뜨기 3, 늘리기, (짧은뜨기 6, 늘리기)×3, 짧은뜨기 3 [32코]

5-6단: 짧은뜨기 32 [32코]

7-8단: 뒷고리 짧은뜨기 32 [32코]

9단: 짧은뜨기 3, 줄이기, (짧은뜨기 6, 줄이기)×3, 짧은뜨기 3 [28코]

그레이색 실로 바꾸기

10단: 짧은뜨기 28 [28코]

11단: 이 단은 뒷고리에 뜹니다. (짧은뜨기 5, 줄이기)×4 [24코]
몸통에 솜을 채웁니다.

12단: 짧은뜨기 1, 줄이기, (짧은뜨기 2, 줄이기)×5, 짧은뜨기 1 [18코]

13단: (짧은뜨기 1, 줄이기)×6 [12코]

14단: (줄이기)×6 [6코]

몸통 아랫부분에 솜을 너무 가득 채우지 말고 최대한 평평하게 유지합니다. 실 꼬리를 남기고 실을 잘라 마무리합니다. 남긴 실을

돗바늘에 꿰어 남은 코의 앞고리에 통과시킨 뒤, 세게 잡아당겨 구멍을 닫아줍니다. 실 끝이 보이지 않게 마무리합니다. 몸통을 거꾸로 잡고 10단에 남아있는 첫 번째 앞고리에 그레이색 실을 연결합니다. 여기에서 다음 단의 첫 번째 코를 시작합니다.

15단: 앞고리 짧은뜨기 28 [28코]

실을 잘라 보이지 않게 마무리합니다. 계속해서 몸통을 거꾸로 잡고 7단에 남아있는 첫 번째 앞고리에 옐로색 실을 연결합니다. 여기에서 다음 단의 첫 번째 코를 시작합니다.

16단: 앞고리 짧은뜨기 32 [32코]

17단: (짧은뜨기 3, 늘리기)×8 [40코]

실을 잘라 보이지 않게 마무리합니다. 머리가 위를 향하도록 몸통을 잡고 17단 마무리 코 앞고리에 골드색 실을 연결합니다.

18단: 앞고리 빼뜨기 40 [40코] (그림 1)

실을 잘라 보이지 않게 마무리합니다. 머리가 위를 향하도록 몸통을 잡고 6단에 남아있는 마지막 앞고리에 골드색 실을 연결합니다.

19단: 앞고리 빼뜨기 1, (사슬뜨기 2, 몸통에 앞고리 빼뜨기 2)×15, 사슬뜨기 2, 첫 앞고리에 빼뜨기 1 (그림 2)

실을 잘라 보이지 않게 마무리합니다.

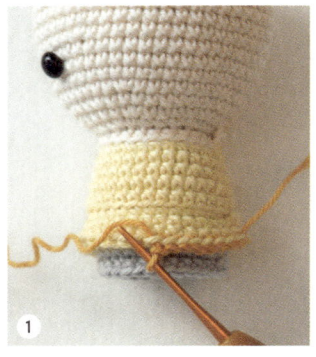
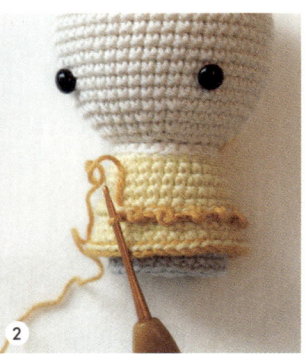

카라(옐로색 실)

사슬뜨기 3, 평면뜨기

1단: 코바늘의 두 번째 사슬에서 짧은뜨기 2, 사슬뜨기 1, 방향 바꾸기 [2코]

2-32단: 뒷고리 짧은뜨기 2, 사슬뜨기 1, 방향 바꾸기 [2코]

33단: 뒷고리 짧은뜨기 2 [2코]

33단 마지막 코에서 빼뜨기 후, 편물을 90도 방향으로 돌려 단의 옆면을 따라 빼뜨기 17코를 합니다(그림 3에 표시된 단 사이로 바늘을 넣는다). 바느질할 실 꼬리를 길게 남기고 실을 잘라 마무리합니다(그림 4).

팔(2개, 크림색 실)

1단: 실 고리로 원형코 만들기, 짧은뜨기 7 [7코]

2단: 짧은뜨기 7 [7코]

옐로색 실로 바꾸기

3-5단: 짧은뜨기 7 [7코]

팔을 평평하게 접어 입구의 코를 맞춥니다.

6단: 짧은뜨기 3 (접힌 앞, 뒤 편물을 함께 떠서 입구를 닫습니다.) [3코]

바느질할 실 꼬리를 길게 남기고 실을 잘라 마무리합니다.

머리카락

머리카락 베이스(밝은 브라운색 실)

1단: 실 고리로 원형코 만들기, 짧은뜨기 6 [6코]

2단: (늘리기)×6 [12코]

3단: (짧은뜨기 1, 늘리기)×6 [18코]

4단: 짧은뜨기 1, 늘리기, (짧은뜨기 2, 늘리기)×5, 짧은뜨기 1 [24코]

5단: (짧은뜨기 3, 늘리기)×6 [30코]

6단: 짧은뜨기 2, 늘리기, (짧은뜨기 4, 늘리기)×5, 짧은뜨기 2

[36코]

7단: (짧은뜨기 5, 늘리기)×6 [42코]

8단: 짧은뜨기 3, 늘리기, (짧은뜨기 6, 늘리기)×5, 짧은뜨기 3 [48코]

9단: (짧은뜨기 7, 늘리기)×6 [54코]

10단: (짧은뜨기 17, 늘리기)×3 [57코]

11-14단: 짧은뜨기 57 [57코]

이어서 평면뜨기를 합니다.

15단: 짧은뜨기 28, 사슬뜨기 1, 방향 바꾸기 [28코]

나머지 코들을 뜨지 않고 남겨둡니다.

16단: 1코 건너뛰기, 짧은뜨기 55(단의 시작 부분 표시는 무시), 사슬뜨기 1, 방향 바꾸기 [55코]

17단: 1코 건너뛰기, 짧은뜨기 51, 사슬뜨기 1, 방향 바꾸기 [51코]

18단: 1코 건너뛰기, 짧은뜨기 47, 사슬뜨기 1, 방향 바꾸기 [47코]

19단: 1코 건너뛰기, 짧은뜨기 23 [23코]

이 단을 마무리하지 않습니다.

이어서 원형뜨기를 합니다(그림 5).

20단: 짧은뜨기 18, 사슬뜨기 12, 코바늘에서 두 번째 사슬코에서 시작, (짧은뜨기 2, 늘리기)×3, 짧은뜨기 2, 베이스의 1코 건너뛰기, 짧은뜨기 4(그림 6), 단의 가장자리를 따라 짧은뜨기 7(그림 7), 가운데 부분에 빼뜨기 1, 단의 가장자리를 따라 짧은뜨기 7, 짧은뜨기 4, 사슬뜨기 12, 코바늘에서 두 번째 사슬코에서 시작, (짧은뜨기 2, 늘리기)×3, 짧은뜨기 2, 베이스의 1코 건너뛰기(그림 8), 짧은뜨기 18

실을 잘라 보이지 않게 마무리합니다.

큰 올림머리(2개, 밝은 브라운색 실)

1단: 실 고리로 원형코 만들기, 짧은뜨기 6 [6코]

2단: (늘리기)×6 [12코]

3단: (짧은뜨기 1, 늘리기)×6 [18코]

4단: 짧은뜨기 1, 늘리기, (짧은뜨기 2, 늘리기)×5, 짧은뜨기 1 [24코]

5단: 짧은뜨기 24 [24코]

6단: 짧은뜨기 1, 줄이기, (짧은뜨기 2, 줄이기)×5, 짧은뜨기 1 [18코]

5

6

7

8

7-8단: 뒷고리 짧은뜨기 18 [18코]

바느질할 실 꼬리를 길게 남기고 실을 잘라 마무리합니다. 마지막 단이 아래로 향하도록 올림머리를 잡고 7단의 마지막 앞고리에 밝은 브라운색 실을 연결합니다(그림 9). {사슬뜨기 3, 다음 앞고리에 빼뜨기 1, 사슬뜨기 4, 다음 앞고리에 빼뜨기 1}을 6단과 7단의 모든 앞고리에 반복합니다(그림 10).

실을 잘라 실 끝이 보이지 않게 마무리합니다. 큰 올림머리에 솜을 채웁니다.

작은 올림머리(2개, 밝은 브라운색 실)

1단: 실 고리로 원형코 만들기, 짧은뜨기 6 [6코]
2단: (늘리기)×6 [12코]
3단: (짧은뜨기 1, 늘리기)×6 [18코]
4단: 짧은뜨기 18 [18코]
5단: (짧은뜨기 1, 줄이기)×6 [12코]

바느질할 실 꼬리를 길게 남기고 실을 잘라 마무리합니다. 작은 올림머리에 솜을 채웁니다.

작은 왕관(옐로색 실)

사슬뜨기 9, 평면뜨기

1단: 코바늘에서 두 번째 사슬코에서 시작, 짧은뜨기 1, 긴뜨기 1, 한길긴뜨기 늘리기, 두길긴뜨기+2코 피코뜨기 1, 두길긴뜨기 1, 한길긴뜨기 늘리기, 긴뜨기 1, 짧은뜨기 1 [10코]

바느질할 실 꼬리를 길게 남기고 실을 잘라 마무리합니다.

연결하기

• 목 뒤쪽 중앙에서 양옆으로 9코를 세어 18코를 카라와 바느질로 연결해줍니다(목의 나머지 앞고리와 옷깃의 마지막 단에 있는 양쪽 고리를 모두 사용). 실 끝이 보이지 않게 마무리합니다. 옷깃을 평평하게 펴줍니다.

• 두 팔을 꿰맵니다(짧은 버전, 16쪽).
• 머리카락을 머리 뒤쪽 중앙에 마무리 코(마지막 코)가 오도록 연결하고 얼굴 측면에 대칭으로 곱슬곱슬한 머리카락 부분이 위치하도록 합니다. 머리카락 윗부분의 측면에 큰 올림머리를 붙이고 꿰맵니다. 큰 올림머리 바로 아래에 작은 올림머리를 놓고 약간 뒤로 이동시켜 꿰맵니다(그림 11). 12단과 13단 사이의 머리카락 중앙에 작은 왕관을 놓고 바느질합니다(그림 12).
• 검은색 재봉실로 눈 주변에 눈썹을, 밝은 레드색 실로 눈 밑의 볼을 붉게 수놓아줍니다.

블루 공주

난이도: ♟ ♟♟ ♟

키: 4.5인치 / 11.5cm(제시된 실로 떴을 때)

재료:
스포트 웨이트 실(SMC 카타니아 오리지널)
밀키 화이트(105)
크림(130)
블루(173)
스카이 블루(180)
너트 브라운(179)
그레이(434)
옅은 옐로(206)
밝은 레드 약간(408)
B-1/2mm 코바늘
돗바늘
짙은 브라운 재봉실
콧수링
시침핀
솜

아미구루미 갤러리:
동영상으로 연결되는 URL과 QR코드:
www.amigurumipatterns.net/3309

머리(크림색 실)
졸린 표정(15쪽, 마스터 패턴 참조)

몸통(크림색 실)
머리의 4단에 남아있는 마지막 앞고리에 크림색 실을 연결합니다. 다음 단의 첫 코를 계속 떠줍니다.
1단: 앞고리 짧은뜨기 24 [24코]

스카이 블루색 실로 바꾸기
2단: 이 단은 뒷고리에 뜹니다. (짧은뜨기 5, 늘리기)×4 [28코]
3단: 짧은뜨기 28 [28코]
4단: 짧은뜨기 3, 늘리기, (짧은뜨기 6, 늘리기)×3, 짧은뜨기 3 [32코]
5단: 짧은뜨기 32 [32코]
밀키 화이트색 실로 바꾸기
6단: 짧은뜨기 32 [32코]
블루색 실로 바꾸기
7-8단: 뒷고리 짧은뜨기 32 [32코]
9단: 짧은뜨기 3, 줄이기, (짧은뜨기 6, 줄이기)×3, 짧은뜨기 3 [28코]
그레이색 실로 바꾸기
10단: 짧은뜨기 28 [28코]
11단: 이 단은 뒷고리에 뜹니다. (짧은뜨기 5, 줄이기)×4 [24코]
몸통에 솜을 채웁니다.
12단: 짧은뜨기 1, 줄이기, (짧은뜨기 2, 줄이기)×5, 짧은뜨기 1 [18코]
13단: (짧은뜨기 1, 줄이기)×6 [12코]
14단: (줄이기)×6 [6코]
몸통 아랫부분에 솜을 너무 가득 채우지 말고 최대한 평평하게 유지합니다. 실 꼬리를 남기고 실을 잘라 마무리합니다. 남긴 실을 돗바늘에 꿰어 남은 코의 앞고리에 통과시킨 뒤, 세게 잡아당겨 구멍을 닫아줍니다. 실 끝이 보이지 않게 마무리합니다. 몸통을 거꾸로 잡고 10단에 남아있는 첫 번째 앞고리에 그레이색 실을 연결합니다. 여기에서 다음 단의 첫 번째 코를 시작합니다.
15단: 앞고리 짧은뜨기 28 [28코]
실을 잘라 보이지 않게 마무리합니다. 몸통을 머리가 위로 향하도록 잡고 7단에 남아있는 마지막 앞고리에 블루색 실을 연결합니다.
16단: 이 단은 앞고리에 뜹니다. (1코 건너뛰기, 다음 1코에 한길긴뜨기 5(그림 1), 1코 건너뛰기, 빼뜨기 1)×8 [48코] (그림 2). 실을 잘라 마무리합니다. 몸통을 거꾸로 잡고 16단의 마지막 코에 블루색 실을 연결합니다(그림 3).
17단: (16단의 5코의 한길긴뜨기에 짧은뜨기 5, 빼뜨기 건너뛰기)×8 [40코]
실을 잘라 보이지 않게 마무리합니다. 머리가 위를 향하도록 몸통을 잡고 6단에 남아있는 마지막 앞고리에 블루색 실을 연결합니다(그림 4).
18단: 앞고리 빼뜨기 32 [32코]
실을 잘라 보이지 않게 마무리합니다.

팔(2개, 크림색 실)
1단: 실 고리로 원형코 만들기, 짧은뜨기 7 [7코]
2-3단: 짧은뜨기 7 [7코]

스카이 블루색 실로 바꾸기
4단: 짧은뜨기 7 [7코]
5단: 뒷고리 짧은뜨기 7 [7코]
6단: 짧은뜨기 7 [7코]
팔을 평평하게 접어 입구의 코를 맞춥니다.
7단: 짧은뜨기 3 (접힌 앞, 뒤 편물을 함께 떠서 입구를 닫습니다.)
[3코]
바느질할 실 꼬리를 길게 남기고 실을 잘라 마무리합니다. 팔을
손바닥이 아래로 향하도록 들고 4단 첫 번째 앞고리에 스카이
블루색 실을 연결합니다(그림 5). 여기에서 다음 단의 첫 번째 코를
시작합니다.
8단: 이 단은 앞고리에 뜹니다. 짧은뜨기 6, 늘리기 [8코]
실을 잘라 보이지 않게 마무리합니다.

머리카락

머리카락 베이스(옅은 옐로색 실)
1단: 실 고리로 원형코 만들기, 짧은뜨기 6 [6코]

2단: (늘리기)×6 [12코]
3단: (짧은뜨기 1, 늘리기)×6 [18코]
4단: 짧은뜨기 1, 늘리기, (짧은뜨기 2, 늘리기)×5, 짧은뜨기 1 [24코]
5단: (짧은뜨기 3, 늘리기)×6 [30코]
6단: 짧은뜨기 2, 늘리기, (짧은뜨기 4, 늘리기)×5, 짧은뜨기 2 [36코]
7단: (짧은뜨기 5, 늘리기)×6 [42코]
8단: 짧은뜨기 3, 늘리기, (짧은뜨기 6, 늘리기)×5, 짧은뜨기 3 [48코]
9단: (짧은뜨기 7, 늘리기)×6 [54코]
10단: (짧은뜨기 17, 늘리기)×3 [57코]
11-14단: 짧은뜨기 57 [57코]
15단: 뒷고리 짧은뜨기 57 [57코]
16-17단: 짧은뜨기 57 [57코]
18단: 뒷고리 짧은뜨기 57 [57코]
실을 잘라 보이지 않게 마무리합니다. 마지막 단이 아래를 향하도록
머리카락 베이스 부분을 잡고 마무리 코(마지막 코) 앞고리에 너트
브라운색 실을 연결합니다.
19단: 앞고리 빼뜨기 57 [57코]
실을 잘라 보이지 않게 마무리합니다. 마지막 단이 위를 향하도록

머리카락 부분을 잡고 17단 첫 번째 앞고리에 옅은 옐로색 실을 연결합니다.

20단: 사슬뜨기 2, 같은 코에 앞고리 한길긴뜨기 2코 구슬뜨기 1, (사슬뜨기 1, 1코 건너뛰기, 앞고리 한길긴뜨기 3코 구슬뜨기 1 (그림 6))×28. 실을 잘라 보이지 않게 마무리합니다. [29 구슬코] 나중에 머리카락 베이스에 꿰맬 수 있도록 구슬코가 위를 향하도록 장식 단을 위로 접어줍니다.

큰 올림머리(옅은 옐로색 실)
1단: 실 고리로 원형코 만들기, 짧은뜨기 6 [6코]
2단: (늘리기)×6 [12코]
3단: (짧은뜨기 1, 늘리기)×6 [18코]
4단: 짧은뜨기 1, 늘리기, (짧은뜨기 2, 늘리기)×5, 짧은뜨기 1 [24코]
5단: (짧은뜨기 3, 늘리기)×6 [30코]
6-8단: 짧은뜨기 30 [30코]
9단: (짧은뜨기 3, 줄이기)×6 [24코]
바느질할 실 꼬리를 길게 남기고 실을 잘라 마무리합니다. 큰 올림머리에 솜을 채웁니다.

작은 올림머리(2개, 옅은 옐로색 실)
1단: 실 고리로 원형코 만들기, 짧은뜨기 6 [6코]
2단: (늘리기)×6 [12코]
3단: (짧은뜨기 3, 늘리기)×3 [15코]

4단: (짧은뜨기 3, 줄이기)×3 [12코]
바느질할 실 꼬리를 길게 남기고 실을 잘라 마무리합니다. 작은 올림머리에 솜을 채웁니다.

작은 왕관(블루색 실)
사슬뜨기 10, 평면뜨기
1단: 코바늘에서 두 번째 사슬코에서 시작, 짧은뜨기 2, 늘리기, 한길긴뜨기 1, 다음 1코에 두길긴뜨기+2코 피코뜨기 1+두길긴뜨기 1, 한길긴뜨기 1, 늘리기, 짧은뜨기 2 [12코]
바느질할 실 꼬리를 길게 남기고 실을 잘라 마무리합니다.

연결하기
• 팔을 꿰매 연결합니다(표준 버전, 16쪽).
• 머리 뒤쪽 중앙에 마무리 코(마지막 코)가 오도록 머리에 머리카락을 연결합니다. 머리카락의 뒷면은 앞면보다 약간 아래에 놓여야 합니다. 큰 올림머리는 머리카락 베이스 상단의 약간 옆에 두고 바느질로 연결합니다. 작은 올림머리를 큰 올림머리 옆에 놓고 꿰매줍니다.
• 스카이 블루색 실로 구슬뜨기 단에 수를 놓아 장식합니다. 14단에 남아있는 앞고리와 구슬뜨기 단의 앞고리에 바늘을 끼워 십자수를 놓습니다(그림 7-8).
• 11단과 12단 사이 머리카락 베이스 중앙에 왕관을 놓고 꿰매줍니다.
• 밝은 레드색 실로 눈 밑의 볼을 붉게 수놓아줍니다.

기사

난이도: 🐾🐾🐾

키: 5.3인치 / 13.5㎝(제시된 실로 떴을 때)

재료:
스포트 웨이트 실(SMC 카타니아 오리지널)
● 샌드베이지(404)
● 그레이(434)
● 진한 그레이(435)
● 옅은 레드(427)
● 밝은 레드 약간(408)
● 골드 약간(249)
B-1/2㎜ 코바늘
검은색 유리눈 혹은 나사형 인형눈(7㎜)
돗바늘
콧수링
시침핀
솜

아미구루미 갤러리:
동영상으로 연결되는 URL과 QR코드:
www.amigurumipatterns.net/3310

머리(샌드베이지색 실)
나사형 인형눈 사용하기(15쪽, 마스터 패턴 참조)

몸통(샌드베이지색 실)
머리 부분의 4단에 남아있는 마지막 앞고리에 샌드베이지색 실을 연결합니다. 여기에서 다음 단의 첫 번째 코를 시작합니다.

1단: 앞고리 짧은뜨기 24 [24코]
나중을 위해 1단의 13번째 코에 콧수링으로 표시해둡니다.
그레이색 실로 바꾸기

2단: 이 단은 뒷고리에 뜹니다. (짧은뜨기 5, 늘리기)×4 [28코]

3단: 짧은뜨기 28 [28코]

4단: 짧은뜨기 3, 늘리기, (짧은뜨기 6, 늘리기)×3, 짧은뜨기 3 [32코]

5-6단: 짧은뜨기 32 [32코]
진한 그레이색 실로 바꾸기

7단: 뒷고리 짧은뜨기 32 [32코]

8단: 짧은뜨기 32 [32코]

9단: 짧은뜨기 3, 줄이기, (짧은뜨기 6, 줄이기)×3, 짧은뜨기 3 [28코]
그레이색 실로 바꾸기

10단: 짧은뜨기 28 [28코]

11단: 이 단은 뒷고리에 뜹니다. (짧은뜨기 5, 줄이기)×4 [24코]
몸통에 솜을 채웁니다.

12단: 짧은뜨기 1, 줄이기, (짧은뜨기 2, 줄이기)×5, 짧은뜨기 1 [18코]

13단: (짧은뜨기 1, 줄이기)×6 [12코]

14단: (줄이기)×6 [6코]
몸통 아랫부분에 솜을 너무 가득 채우지 말고 최대한 평평하게 유지합니다. 실 꼬리를 남기고 실을 잘라 마무리합니다. 남긴 실을 돗바늘에 꿰어 남은 코의 앞고리에 통과시킨 뒤, 세게 잡아당겨 구멍을 닫아줍니다. 실 끝이 보이지 않게 마무리합니다.
몸통을 거꾸로 들고 10단에 남아있는 첫 번째 앞고리에 그레이색 실을 연결합니다. 여기에서 다음 단의 첫 번째 코를 시작합니다.

15단: 앞고리 짧은뜨기 28 [28코]
실을 잘라 보이지 않게 마무리합니다. 몸통을 머리 부분이 위로 향하도록 들고 6단에 남아있는 마지막 앞고리에 그레이색 실을 연결합니다.

16단: 이 단은 앞고리에 뜹니다. 빼뜨기 1, (짧은뜨기 1, 사슬뜨기 1, 몸통에 빼뜨기 4)×5, 짧은뜨기 1, 사슬뜨기 1, 몸통에 빼뜨기 1, 첫 앞고리에 빼뜨기 1
실을 잘라 보이지 않게 마무리합니다. 몸통의 1단 앞고리에 표시되어 있는 코를 찾아봅니다.
몸통을 거꾸로 들고 표시된 앞고리에 그레이색 실을 연결합니다. 여기에서 다음 단의 첫 번째 코를 시작합니다.

17단: 앞고리 짧은뜨기 23 [23코]
실을 잘라 실 끝이 보이지 않게 마무리합니다. 카라의 가장자리 사이에 뜨지 않은 한 개의 코가 남아있어야 합니다. 카라를 평평하게 펴줍니다.

팔(2개, 진한 그레이색 실)
1단: 실 고리로 원형코 만들기, 짧은뜨기 7 [7코]

2단: 짧은뜨기 7 [7코]
그레이색 실로 바꾸기

3-5단: 짧은뜨기 7 [7코]
팔을 평평하게 접어 입구의 코를 맞춥니다.
6단: 짧은뜨기 3 (접힌 앞, 뒤 편물을 함께 떠서 입구를 닫습니다.)
[3코]
바느질할 실 꼬리를 길게 남기고 실을 잘라 마무리합니다.

헬멧

헬멧 베이스(진한 그레이색 실)
1단: 실 고리로 원형코 만들기, 짧은뜨기 6 [6코]
2단: (늘리기)×6 [12코]
3단: (짧은뜨기 1, 늘리기)×6 [18코]
4단: 짧은뜨기 1, 늘리기, (짧은뜨기 2, 늘리기)×5, 짧은뜨기 1
[24코]
5단: (짧은뜨기 3, 늘리기)×6 [30코]
6단: 짧은뜨기 2, 늘리기, (짧은뜨기 4, 늘리기)×5, 짧은뜨기 2
[36코]
7단: (짧은뜨기 5, 늘리기)×6 [42코]
8단: 짧은뜨기 3, 늘리기, (짧은뜨기 6, 늘리기)×5, 짧은뜨기 3
[48코]
9단: (짧은뜨기 7, 늘리기)×6 [54코]

10단: (짧은뜨기 17, 늘리기)×3 [57코]
11-19단: 짧은뜨기 57 [57코]
실을 잘라 보이지 않게 마무리합니다. 마지막 단이 위로 향하도록
헬멧을 돌리고 마무리 코의 양쪽에서 14코를 세어 표시합니다(그림
1). 맨 오른쪽에 표시된 앞고리에 바늘을 끼우고 진한 그레이색 실을
연결합니다(그림 2). 여기에서 다음 단의 첫 번째 코를 시작합니다.
20단: 이 단은 앞고리에 뜹니다. 짧은뜨기 1, 긴뜨기 1,
한길긴뜨기 24, 긴뜨기 1, 짧은뜨기 1 [28코]
실을 잘라 실 끝이 보이지 않게 마무리합니다.

헬멧 바이저(그레이색 실)
사슬뜨기 4, 평면뜨기
1단: 코바늘에서 두 번째 코에서 시작, 짧은뜨기 3, 사슬뜨기 2, 방향
바꾸기 [3코]
2-35단은 뒷고리에 뜹니다.
2단: 두 번째 사슬코에 짧은뜨기 1, 짧은뜨기 3, 사슬뜨기 1, 방향
바꾸기 [4코]
3단: 짧은뜨기 4, 사슬뜨기 2, 방향 바꾸기 [4코]
4단: 두 번째 사슬코에 짧은뜨기 1, 짧은뜨기 4, 사슬뜨기 1, 방향
바꾸기 [5코]
5단: 짧은뜨기 5, 사슬뜨기 2, 방향 바꾸기 [5코]
6단: 두 번째 사슬코에 짧은뜨기 1, 짧은뜨기 5, 사슬뜨기 1, 방향
바꾸기 [6코]
7단: 짧은뜨기 6, 사슬뜨기 2, 방향 바꾸기 [6코]
8단: 두 번째 사슬코에 짧은뜨기 1, 짧은뜨기 6, 사슬뜨기 1, 방향
바꾸기 [7코]
9단: 짧은뜨기 7, 사슬뜨기 2, 방향 바꾸기 [7코]
10단: 두 번째 사슬코에 짧은뜨기 1, 짧은뜨기 7, 사슬뜨기 1, 방향
바꾸기 [8코]
11단: 짧은뜨기 8, 사슬뜨기 2, 방향 바꾸기 [8코]
12단: 두 번째 사슬코에 짧은뜨기 1, 짧은뜨기 8, 사슬뜨기 1, 방향

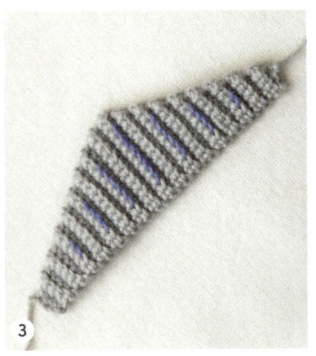

바꾸기 [9코]

13단: 짧은뜨기 9, 사슬뜨기 2, 방향 바꾸기 [9코]

14단: 두 번째 사슬코에 짧은뜨기 1, 짧은뜨기 9, 사슬뜨기 1, 방향 바꾸기 [10코]

15단: 짧은뜨기 10, 사슬뜨기 2, 방향 바꾸기 [10코]

16단: 두 번째 사슬코에 짧은뜨기 1, 짧은뜨기 10, 사슬뜨기 1, 방향 바꾸기 [11코]

17단: 짧은뜨기 11, 사슬뜨기 2, 방향 바꾸기 [11코]

18단: 두 번째 사슬코에 짧은뜨기 1, 짧은뜨기 11, 사슬뜨기 1, 방향 바꾸기 [12코]

19-20단: 짧은뜨기 11, 사슬뜨기 1, 방향 바꾸기 [11코]

21-22단: 짧은뜨기 10, 사슬뜨기 1, 방향 바꾸기 [10코]

23-24단: 짧은뜨기 9, 사슬뜨기 1, 방향 바꾸기 [9코]

25-26단: 짧은뜨기 8, 사슬뜨기 1, 방향 바꾸기 [8코]

27-28단: 짧은뜨기 7, 사슬뜨기 1, 방향 바꾸기 [7코]

29-30단: 짧은뜨기 6, 사슬뜨기 1, 방향 바꾸기 [6코]

31-32단: 짧은뜨기 5, 사슬뜨기 1, 방향 바꾸기 [5코]

33-34단: 짧은뜨기 4, 사슬뜨기 1, 방향 바꾸기 [4코]

35단: 짧은뜨기 3 [3코]

바느질할 실 꼬리를 길게 남기고 실을 잘라 마무리합니다. 헬멧 바이저에 선을 만들려면 진한 그레이색 실로 위로 솟아있는 모든 단의 남아있는 앞고리에 아래쪽에서 위쪽으로 빼뜨기를 합니다(그림 3에 표시되어 있는 부분). 각 라인마다 새로운 실을 연결합니다(그림 4). 중간의 선은 빼뜨기 8코, 그 옆에 있는 2개의 선은 각각 빼뜨기 6코, 이 옆에 있는 2개의 선은 각각 빼뜨기 4코, 나머지 선은 각각 빼뜨기 2코씩 뜹니다(그림 5). 실을 잘라 실 끝이 보이지 않게 마무리합니다.

리벳(2개, 골드색 실)

1단: 실 고리로 원형코 만들기, 긴뜨기 8 [8코]

바느질할 실 꼬리를 길게 남기고 실을 잘라 마무리합니다.

깃털 장식(옅은 레드색 실로 시작)

1단: 실 고리로 원형코 만들기, 짧은뜨기 4 [4코]

2단: (짧은뜨기 1, 늘리기)×2 [6코]

3단: 짧은뜨기 2, (늘리기)×2, 짧은뜨기 2 [8코]

4단: 짧은뜨기 3, (늘리기)×2, 짧은뜨기 3 [10코]

5단: 짧은뜨기 4, (늘리기)×2, 짧은뜨기 4 [12코]

6단: 줄이기, 짧은뜨기 3, (늘리기)×2, 짧은뜨기 3, 줄이기 [12코]

7단: 짧은뜨기 12 [12코]

8단: (줄이기)×6 [6코]

진한 그레이색 실로 바꾸기

9단: 짧은뜨기 6 [6코]

바느질할 실 꼬리를 길게 남기고 실을 잘라 마무리합니다.

십자 문양(골드색 실) (그림 6)

사슬뜨기 4, 코바늘에서 두 번째 사슬코에서 시작, 빼뜨기 1, 사슬뜨기 2, 코바늘에서 두 번째 사슬코에서 시작, 빼뜨기 1, 사슬뜨기 2, 코바늘에서 두 번째 사슬코에서 시작, 빼뜨기 1, 시작코에서 첫 번째 사슬코에서 빼뜨기 1

바느질할 실 꼬리를 길게 남기고 실을 잘라 마무리합니다.

연결하기

• 팔을 바느질로 연결합니다(짧은 버전, 16쪽).

• 헬멧을 머리 뒤쪽 중앙에 마무리 코(마지막 코)가 오도록 놓고 고정시킵니다. 헬멧의 뒷면은 앞면보다 약간 아래에 놓여야 합니다.

• 깃털 장식은 헬멧 상단에 바느질합니다.

• 중간선이 얼굴 중앙에 일직선으로 놓인 상태에서 헬멧 위에 바이저를 놓고 측면에 바이저를 꿰맵니다.

• 리벳 주변에 솔기를 만들며 재봉 지점에 리벳을 바느질합니다.

• 몸통의 정 중앙에 십자 문양을 놓고 꿰매 연결합니다.

• 밝은 레드색 실로 눈 밑의 볼을 붉게 수놓아줍니다.

5

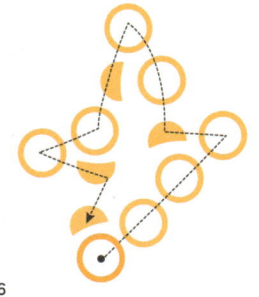

6

말

난이도: 👑👑🐾

키: 4.3인치 / 11㎝(제시된 실로 떴을 때)

재료:
스포트 웨이트 실(SMC 카타니아 오리지널)
- 샌드베이지(404)
- 너트 브라운(179)
- 브라운(438)
- 스틸 블루 약간(421)
- 옅은 레드 약간(427)
- 그레이 약간(434)

B-1/2㎜ 코바늘
검은색 유리눈 혹은 나사형 인형눈(7㎜)
돗바늘
검은색 재봉실
콧수링
시침핀
솜

아미구루미 갤러리:
동영상으로 연결되는 URL과 QR코드:
www.amigurumipatterns.net/3311

머리(너트 브라운색 실)

나사형 인형눈(15쪽, 마스터 패턴 참조)을 11단과 12단 사이에 달아줍니다. 눈 사이의 간격은 11코가 적당합니다. 콧수링으로 표시한 코가 뒤쪽 중앙에 제대로 위치했는지 확인합니다.

몸통(너트 브라운색 실로 시작)

머리 부분 4단에 남아있는 마지막 앞고리에 너트 브라운색 실을 연결합니다. 여기에서 다음 단의 첫 번째 코를 시작합니다.
1단: 앞고리 짧은뜨기 24 [24코]

2단: (짧은뜨기 5, 늘리기)×4 [28코]
3단: 짧은뜨기 28 [28코]
4단: 짧은뜨기 3, 늘리기, (짧은뜨기 6, 늘리기)×3, 짧은뜨기 3 [32코]
5-8단: 짧은뜨기 32 [32코]
샌드베이지색 실로 바꾸기
9단: 짧은뜨기 3, 줄이기 (짧은뜨기 6, 줄이기)×3, 짧은뜨기 3 [28코]
브라운색 실로 바꾸기
10단: 짧은뜨기 28 [28코]
11단: 이 단은 뒷고리에 뜹니다. (짧은뜨기 5, 줄이기)×4 [24코]
몸통에 솜을 채웁니다.
12단: 짧은뜨기 1, 줄이기, (짧은뜨기 2, 줄이기)×5, 짧은뜨기 1 [18코]
13단: (짧은뜨기 1, 줄이기)×6 [12코]
14단: (줄이기)×6 [6코]
몸통 아랫부분에 솜을 너무 가득 채우지 말고 최대한 평평하게 유지합니다. 실 꼬리를 남기고 실을 잘라 마무리합니다. 남긴 실을 돗바늘에 꿰어 남은 코의 앞고리에 통과시킨 뒤, 세게 잡아당겨 구멍을 닫아줍니다. 실 끝이 보이지 않게 마무리합니다. 몸통을 거꾸로 들고 10단에 남아있는 첫 번째 앞고리에 브라운색 실을 연결합니다. 여기에서 다음 단의 첫 번째 코를 시작합니다.
15단: 앞고리 짧은뜨기 28 [28코]
실을 잘라 보이지 않게 마무리합니다.

팔(2개, 브라운색 실)

1단: 실 고리로 원형코 만들기, 짧은뜨기 7 [7코]
2단: 짧은뜨기 7 [7코]
너트 브라운색 실로 바꾸기
3-6단: 짧은뜨기 7 [7코]
팔을 평평하게 접어 입구의 코를 맞춥니다.
7단: 짧은뜨기 3 (접힌 앞, 뒤 편물을 함께 떠서 입구를 닫습니다.) [3코]
바느질할 실 꼬리를 길게 남기고 실을 잘라 마무리합니다.

주둥이(브라운색 실)

사슬뜨기 5, 기초 사슬코의 양쪽 주변을 따라 뜹니다.
1단: 코바늘에서 두 번째 사슬코에서 시작, 짧은뜨기 3, 마지막 사슬코에 짧은뜨기 3, 기초 사슬코의 다른 쪽 면에서도 계속 뜹니다. 짧은뜨기 2, 늘리기 [10코]
2단: 늘리기, 짧은뜨기 2, (늘리기)×3, 짧은뜨기 2, (늘리기)×2 [16코]
3단: 짧은뜨기 1, 늘리기, 짧은뜨기 2, (짧은뜨기 1, 늘리기)×3, 짧은뜨기 2, (짧은뜨기 1, 늘리기)×2 [22코]
4단: 짧은뜨기 2, 늘리기, 짧은뜨기 2, (짧은뜨기 2, 늘리기)×3,

짧은뜨기 2, (짧은뜨기 2, 늘리기)×2 [28코]
5단: 짧은뜨기 5, 사슬뜨기 7, 코바늘에서 두 번째 사슬코에서 시작,
짧은뜨기 2, 긴뜨기 2, 한길긴뜨기로 연결, 짧은뜨기 10
바느질할 실 꼬리를 길게 남기고 실을 잘라 마무리합니다.

주의사항: 한길긴뜨기로 연결하는 법
실을 감고, 바늘을 첫 번째 사슬코에 넣고 실을 감아 고리 하나를
당깁니다(바늘에 고리 3개). 주둥이 코에 바늘을 넣어 실을 감아
고리를 당깁니다(바늘에 고리 4개, 그림 1). 실을 감아 처음 3개의
고리를 통과해 당겨줍니다(바늘에 고리 2개, 그림 2). 주둥이의
다음 코에 바늘을 넣어 실을 감고 고리를 당겨줍니다(바늘에 고리
3개, 그림 3). 실을 감아 3개의 고리를 한 번에 모두 당겨
줍니다(그림 4).

귀(2개, 브라운색 실로 시작)
1단: 실 고리로 원형코 만들기, 짧은뜨기 6 [6코]
2단: 짧은뜨기 6 [6코]
3단: (늘리기)×6 [12코]

4단: 짧은뜨기 12 [12코]
너트 브라운색 실로 변경합니다.
5단: (짧은뜨기 2, 줄이기)×3 [9코]
6단: (짧은뜨기 1, 줄이기)×3 [6코]
바느질할 실 꼬리를 길게 남기고 실을 잘라 마무리합니다. 귀는 솜을
채우지 않습니다.

앞머리 1(브라운색 실)
1단: 실 고리로 원형코 만들기, 짧은뜨기 4 [4코]
2단: (짧은뜨기 1, 늘리기)×2 [6코]
3단: 짧은뜨기 2, (늘리기)×2, 짧은뜨기 2 [8코]
4단: 짧은뜨기 8 [8코]
5단: 짧은뜨기 3, (늘리기)×2, 짧은뜨기 3 [10코]
6단: 짧은뜨기 4, (늘리기)×2, 짧은뜨기 4 [12코]
7단: 짧은뜨기 5, (늘리기)×2, 짧은뜨기 5 [14코]
8단: 짧은뜨기 14 [14코]
9단: (짧은뜨기 5, 줄이기)×2 [12코]
10단: 짧은뜨기 2, 줄이기, 짧은뜨기 4, 줄이기, 짧은뜨기 2 [10코]

11단: (짧은뜨기 3, 줄이기)×2 [8코]
12단: 짧은뜨기 1, 줄이기, 짧은뜨기 2, 줄이기, 짧은뜨기 1 [6코]
바느질할 실 꼬리를 길게 남기고 잘라 마무리합니다. 앞머리에는
솜을 채우지 않습니다.

앞머리 2(브라운색 실)

1단: 실 고리로 원형코 만들기, 짧은뜨기 4 [4코]
2단: 짧은뜨기 1, (늘리기)×2, 짧은뜨기 1 [6코]
3단: 짧은뜨기 2, (늘리기)×2, 짧은뜨기 2 [8코]
4단: 짧은뜨기 3, (늘리기)×2, 짧은뜨기 3 [10코]
5단: 짧은뜨기 10 [10코]
6단: 늘리기, 짧은뜨기 8, 늘리기 [12코]
7단: 짧은뜨기 4, (줄이기)×2, 짧은뜨기 4 [10코]
8-9단: 짧은뜨기 10 [10코]
10단: 짧은뜨기 4, 줄이기, 짧은뜨기 4 [9코]
11단: 짧은뜨기 4, 줄이기, 짧은뜨기 3 [8코]
12단: (짧은뜨기 2, 줄이기)×2 [6코]
바느질할 실 꼬리를 길게 남기고 실을 잘라 마무리합니다. 앞머리는
솜을 채우지 않습니다.

앞머리 3(브라운색 실)

1단: 실 고리로 원형코 만들기, 짧은뜨기 6 [6코]
2단: 짧은뜨기 2, (늘리기)×2, 짧은뜨기 2 [8코]
3단: 짧은뜨기 3, (늘리기)×2, 짧은뜨기 3 [10코]
4-7단: 짧은뜨기 10 [10코]
8단: 짧은뜨기 3, 줄이기, 짧은뜨기 3, 줄이기 [8코]
9단: 짧은뜨기 2, 줄이기, 짧은뜨기 2, 줄이기 [6코]
바느질할 실 꼬리를 길게 남기고 실을 잘라 마무리합니다. 앞머리는
솜을 채우지 않습니다.

갈기 1(브라운색 실)

1단: 실 고리로 원형코 만들기, 짧은뜨기 6 [6코]
2단: (짧은뜨기2, 늘리기)×2 [8코]
3단: 짧은뜨기 8 [8코]
4단: (짧은뜨기 3, 늘리기)×2 [10코]
5단: 짧은뜨기 10 [10코]
6단: (짧은뜨기 4, 늘리기)×2 [12코]
7단: 짧은뜨기 12 [12코]
8단: (짧은뜨기 5, 늘리기)×2 [14코]
9단: 짧은뜨기 14 [14코]
10단: (짧은뜨기 6, 늘리기)×2 [16코]
11단: 짧은뜨기 16 [16코]

12단: (짧은뜨기 7, 늘리기)×2 [18코]
13단: 짧은뜨기 18 [18코]
14단: (짧은뜨기 8, 늘리기)×2 [20코]
15단: 짧은뜨기 20 [20코]
16단: (짧은뜨기 9, 늘리기)×2 [22코]
17-20단: 짧은뜨기 22 [22코]
21단: (짧은뜨기 9, 줄이기)×2 [20코]
22단: 짧은뜨기 4, 줄이기, 짧은뜨기 8, 줄이기, 짧은뜨기 4 [18코]
23단: (짧은뜨기 7, 줄이기)×2 [16코]
24단: 짧은뜨기 3, 줄이기, 짧은뜨기 6, 줄이기, 짧은뜨기 3 [14코]
25단: (짧은뜨기 5, 줄이기)×2 [12코]
26단: 짧은뜨기 2, 줄이기, 짧은뜨기 4, 줄이기, 짧은뜨기 2 [10코]
27단: (짧은뜨기 3, 줄이기)×2 [8코]
28단: 짧은뜨기 1, 줄이기, 짧은뜨기 2, 줄이기, 짧은뜨기 1 [6코]
바느질할 실 꼬리를 길게 남기고 실을 잘라 마무리합니다. 갈기는 솜을
채우지 않습니다.

갈기 2(브라운 실)

갈기 1의 1-16단을 반복합니다.
17-22단: 짧은뜨기 22 [22코]
23단: (짧은뜨기 9, 줄이기)×2 [20코]
24단: 짧은뜨기 20 [20코]
25단: 짧은뜨기 4, 줄이기, 짧은뜨기 8, 줄이기, 짧은뜨기 4 [18코]
26단: (짧은뜨기 7, 줄이기)×2 [16코]
27단: 짧은뜨기 3, 줄이기, 짧은뜨기 6, 줄이기, 짧은뜨기 3 [14코]
28단: (짧은뜨기 5, 줄이기)×2 [12코]
29단: 짧은뜨기 2, 줄이기, 짧은뜨기 4, 줄이기, 짧은뜨기 2 [10코]
30단: 짧은뜨기 10 [10코]
31단: (짧은뜨기 3, 줄이기)×2 [8코]
32단: 짧은뜨기 1, 줄이기, 짧은뜨기 2, 줄이기, 짧은뜨기 1 [6코]
바느질할 실 꼬리를 길게 남기고 실을 잘라 마무리합니다. 갈기는 솜을
채우지 않습니다.

갈기 3(브라운색 실)

1단: 실 고리로 원형코 만들기, 짧은뜨기 6 [6코]
2단: 짧은뜨기 6 [6코]
3단: (짧은뜨기 2, 늘리기)×2 [8코]
4단: 짧은뜨기 8 [8코]
5단: (짧은뜨기 3, 늘리기)×2 [10코]
6-29단: 짧은뜨기 10 [10코]
30단: (짧은뜨기 3, 줄이기)×2 [8코]
31단: 짧은뜨기 1, 줄이기, 짧은뜨기 2, 줄이기, 짧은뜨기 1 [6코]

바느질할 실 꼬리를 길게 남기고 실을 잘라 마무리합니다. 갈기는 솜을 채우지 않습니다.

굴레(샌드베이지색 실)
굴레는 3부분으로 나누어 뜹니다.
큰 부분: 사슬뜨기 32, 바느질할 실 꼬리를 길게 남기고 실을 잘라 마무리합니다.
작은 부분 (2개): 사슬뜨기 12, 바느질할 실 꼬리를 길게 남기고 실을 잘라 마무리합니다.

연결하기
• 상단의 끝부분은 11단과 12단 사이에, 하단 가장자리는 몸통에 닿은 상태로 눈 사이에 주둥이를 둡니다(그림 5). 가장자리를 따라 주둥이를 매트리스 스티치로 꿰매고, 솜을 채웁니다.
• 귀를 머리의 22단 안쪽에 바느질합니다(그림 6).
• 래더스티치로 귀 사이 앞머리 부분의 점선을 따라 바느질합니다(그림 7 참조).

• 점선을 따라 래더스티치로 갈기를 꿰맵니다(그림 8-9 참조). 한 번에 여러 코를 통과해 실을 당기면서 더 긴 땀들을 떠줍니다. 실을 잘라 실 끝이 보이지 않게 마무리합니다.
• 팔을 꿰매 연결합니다(표준 버전, 16쪽).
• 굴레의 큰 부분은 주둥이 주위에 두고 작은 부분은 머리 옆에 놓아줍니다(그림 10). 그들이 만나는 주둥이 지점에 굴레를 꿰매고 작은

부분의 끝을 머리에 바느질로 연결합니다.

- 박음질로 7단과 8단 사이의 몸통에 스틸 블루색 실로 수놓아줍니다.
- 몸통에 옅은 레드색과 그레이색 실로 돛단배를 수놓아줍니다(그림 10과 16쪽 튜토리얼).
- 머리의 14단에 검은색 재봉실로 작은 눈썹을 수놓아줍니다.

유니콘

난이도: 🌱🌱🌱

키: 4.7인치 / 12cm(제시된 실로 떴을 때)

재료:

스포트 웨이트 실(SMC 카타니아 오리지널)
- 크림(130)
- 블루(173)
- 옐로(403)
- 핑크(222)
- 라일락(226)
- 피치(401)
- 밝은 레드 약간(408)
- B-1/2mm 코바늘
- 검은색 유리눈 혹은 나사형 인형눈(7mm)
- 돗바늘
- 검은색 재봉실
- 콧수링
- 시침핀
- 솜

 아미구루미 갤러리:
동영상으로 연결되는 URL과 QR코드:
www.amigurumipatterns.net/3312

머리(크림색 실)

나사형 인형눈 사용하기(15쪽, 마스터 패턴 참조)
11단과 12단 사이에 눈을 달아줍니다. 눈 사이의 간격은 11코가 적당합니다. 콧수링으로 표시한 코가 뒤쪽 중앙에 제대로 위치했는지 확인합니다.

몸통(크림색 실)

머리 부분의 4단에 남아있는 마지막 앞고리에 크림색 실을

연결합니다. 여기에서 다음 단의 첫 번째 코를 시작합니다.

1단: 앞고리 짧은뜨기 24 [24코]

2단: (짧은뜨기 5, 늘리기)×4 [28코]

3단: 짧은뜨기 28 [28코]

4단: 짧은뜨기 3, 늘리기, (짧은뜨기 6, 늘리기)×3, 짧은뜨기 3 [32코]

5단: 짧은뜨기 32 [32코]

크림색과 블루색 실을 교차하며 자카드 기법으로 3단을 뜹니다.

6단: ([크림] 짧은뜨기 1, [블루] 짧은뜨기 2)×10, [크림] 짧은뜨기 1, [블루] 짧은뜨기 1 [32코]

7단: ([크림] 짧은뜨기 1, [블루] 짧은뜨기 1, [크림] 짧은뜨기 1)×10, [크림] 짧은뜨기 1, [블루] 짧은뜨기 1 [32코]

8단: ([블루] 짧은뜨기 2, [크림] 짧은뜨기 1)×10, [블루] 짧은뜨기 2 [32코]

크림색 실로 바꾸기

9단: 짧은뜨기 3, 줄이기, (짧은뜨기 6, 줄이기)×3, 짧은뜨기 3 [28코]

10단: 짧은뜨기 28 [28코]

11단: 이 단은 뒷고리에 뜹니다. (짧은뜨기 5, 줄이기)×4 [24코]

몸통에 솜을 채웁니다.

12단: 짧은뜨기 1, 줄이기, (짧은뜨기 2, 줄이기)×5, 짧은뜨기 1 [18코]

13단: (짧은뜨기 1, 줄이기)×6 [12코]

14단: (줄이기)×6 [6코]

몸통 아랫부분에 솜을 너무 가득 채우지 말고 최대한 평평하게 유지합니다. 실 꼬리를 남기고 실을 잘라 마무리합니다. 남긴 실을 돗바늘에 꿰어 남은 코의 앞고리에 통과시킨 뒤, 세게 잡아당겨 구멍을 닫아줍니다. 실 끝이 보이지 않게 마무리합니다. 몸통을

거꾸로 잡고 10단에 남아있는 첫 번째 앞고리에 크림색 실을 연결합니다. 여기에서 다음 단의 첫 번째 코를 시작합니다.

15단: 앞고리 짧은뜨기 28 [28코]

실을 잘라 보이지 않게 마무리합니다.

팔(2개, 블루색 실)

1단: 실 고리로 원형코 만들기, 짧은뜨기 7 [7코]

2단: 짧은뜨기 7 [7코]

크림색 실로 바꾸기

3-6단: 짧은뜨기 7 [7코]

팔을 평평하게 접어 입구의 코를 맞춥니다.

7단: 짧은뜨기 3 (접힌 앞, 뒤 편물을 함께 떠서 입구를 닫습니다.) [3코]

두 번째 팔은 좀 더 다채로운 색상을 사용합니다.

옐로색 실로 3단을, 피치색 실로 4단을 뜹니다.

바느질할 실 꼬리를 길게 남기고 실을 잘라 마무리합니다.

주둥이(크림색 실)

사슬뜨기 5, 기초 사슬코의 양면을 따라 뜨개질을 합니다.

1단: 코바늘에서 두 번째 사슬코에서 시작, 짧은뜨기 3, 마지막 사슬코에 짧은뜨기 3, 기초 사슬코의 다른 쪽 면에서도 계속 뜹니다. 짧은뜨기 2, 늘리기 [10코]

2단: 늘리기, 짧은뜨기 2, (늘리기)×3, 짧은뜨기 2, (늘리기)×2 [16코]

3단: 짧은뜨기 1, 늘리기, 짧은뜨기 2, (짧은뜨기 1, 늘리기)×3, 짧은뜨기 2, (짧은뜨기 1, 늘리기)×2 [22코]

4단: 짧은뜨기 2, 늘리기, 짧은뜨기 2, (짧은뜨기 2, 늘리기)×3, 짧은뜨기 2, (짧은뜨기 2, 늘리기)×2 [28코]

5단: 짧은뜨기 28 [28코]

바느질할 실 꼬리를 길게 남기고 실을 잘라 마무리합니다.

귀(2개, 크림색 실)
1단: 실 고리로 원형코 만들기, 짧은뜨기 6 [6코]
2단: 짧은뜨기 6 [6코]
3단: (늘리기)×6 [12코]
4단: 짧은뜨기 12 [12코]
5단: (짧은뜨기 2, 줄이기)×3 [9코]
6단: (짧은뜨기 1, 줄이기)×3 [6코]
바느질할 실 꼬리를 길게 남기고 실을 잘라 마무리합니다. 귀에는 솜을 채우지 않습니다.

뿔(블루색 실)
1단: 실 고리로 원형코 만들기, 짧은뜨기 4 [4코]
2단: (짧은뜨기 1, 늘리기)×2 [6코]
3단: (짧은뜨기 2, 늘리기)×2 [8코]
4단: (짧은뜨기 3, 늘리기)×2 [10코]
5단: 빼뜨기 10 [10코]
6단: 이 단은 앞고리에 뜹니다. (짧은뜨기 4, 늘리기)×2 [12코]
7단: (긴뜨기 5, 긴뜨기 늘리기)×2 [14코]
8단: 빼뜨기 14 [14코]
바느질할 실 꼬리를 길게 남기고 실을 잘라 마무리합니다. 뿔에 솜을 채웁니다.

앞머리 1(핑크색 실)
55쪽의 말 앞머리 1 패턴을 참조하여 그대로 뜹니다.

앞머리 2(피치색 실)
1단: 실 고리로 원형코 만들기, 짧은뜨기 4 [4코]
2단: 짧은뜨기 1, (늘리기)×2, 짧은뜨기 1 [6코]
3단: 짧은뜨기 2, (늘리기)×2, 짧은뜨기 2 [8코]
4단: 짧은뜨기 3, (늘리기)×2, 짧은뜨기 3 [10코]
5단: 짧은뜨기 10 [10코]

6단: 늘리기, 짧은뜨기 8, 늘리기 [12코]
7단: 짧은뜨기 4, (줄이기)×2, 짧은뜨기 4 [10코]
앞머리를 평평하게 접어 입구의 코를 맞춥니다.
8단: 짧은뜨기 4 (접힌 앞, 뒤 편물을 함께 떠서 입구를 닫습니다.) [4코]
바느질할 실 꼬리를 길게 남기고 실을 잘라 마무리합니다.

앞머리 3(옐로색 실)
56쪽의 말 앞머리 3 패턴을 참조하여 그대로 뜹니다.

갈기 1(라일락색 실)
56쪽의 말 갈기 1 패턴을 참조하여 그대로 뜹니다.

갈기 2(핑크색 실)
56쪽의 말 갈기 2 패턴을 참조하여 그대로 뜹니다.

갈기 3(옐로색 실)
56쪽의 말 갈기 3 패턴을 참조하여 그대로 뜹니다.

연결하기
- 눈과 눈 사이에 주둥이를 두고 상단 가장자리는 11단과 12단 사이, 하단 가장자리는 몸통에 닿게 위치합니다. 가장자리를 따라 주둥이를 매트리스 스티치로 꿰매고, 솜을 채웁니다.
- 하단 가장자리가 머리의 25단에 닿도록 뿔을 이마 중앙에 두고 바느질합니다.
- 귀를 머리에 놓고 머리 중앙에서 약간 뒤로 위치하게 한 다음 꿰매줍니다.
- 점선을 따라 래더스티치로 뿔 주변에 앞머리 부분을 바느질합니다(그림 1 참조).
- 점선을 따라 래더스티치로 갈기를 꿰맵니다(그림 2-4 참조). 한 번에 여러 코를 통과시켜 실을 당기면서 긴 땀들을 만들어줍니다(그림 3).

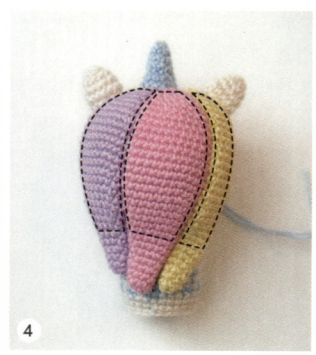

실을 잘라 실 끝이 보이지 않게 마무리합니다.
• 블루색 실로 주둥이의 3단에 콧구멍을 수놓아줍니다.
• 팔을 꿰매 연결합니다(표준 버전, 16쪽).

• 핑크색 실로 몸통에 하트를 수놓아줍니다(튜토리얼 16쪽).
• 눈 위의 머리 14단에 검은색 재봉실로 작은 눈썹을, 밝은 레드색 실로 눈 밑의 볼을 붉게 수놓아줍니다.

난이도: 🌱🌱🌱

키: 4.3인치 / 11cm(제시된 실로 떴을 때)

재료:
스포트 웨이트 실(SMC 카타니아 오리지널)
- 크림(130)
- 피치(401)
- 밝은 그린(392)
- 그린(418)
- 밝은 레드 약간(408)

B-1/2mm 코바늘
검은색 유리눈 혹은 나사형 인형눈(7mm)
돗바늘
검은색 재봉실
콧수링
시침핀
솜

아미구루미 갤러리:
동영상으로 연결되는 URL과 QR코드:
www.amigurumipatterns.net/3313

머리(밝은 그린색 실)
나사형 인형눈(15쪽, 마스터 패턴 참조)을 11단과 12단 사이에 달아줍니다. 눈 사이의 간격은 11코가 적당합니다. 콧수링으로 표시한 코가 뒤쪽 중앙에 제대로 위치했는지 확인합니다.

몸통(밝은 그린색 실)
머리 부분 4단에 남아있는 마지막 앞고리에 밝은 그린 실을 연결합니다. 여기에서 다음 단의 첫 번째 코를 시작합니다.
1단: 앞고리 짧은뜨기 24 [24코]
2단: (짧은뜨기 5, 늘리기)×4 [28코]

3단: 짧은뜨기 28 [28코]
4단: 짧은뜨기 3, 늘리기, (짧은뜨기 6, 늘리기)×3, 짧은뜨기 3 [32코]
5-8단: 짧은뜨기 32 [32코]
9단: 짧은뜨기 3, 줄이기, (짧은뜨기 6, 줄이기)×3, 짧은뜨기 3 [28코]
10단: 짧은뜨기 28 [28코]
11단: 이 단은 뒷고리에 뜹니다. (짧은뜨기 5, 줄이기)×4 [24코]
몸통에 솜을 채웁니다.
12단: 짧은뜨기 1, 줄이기, (짧은뜨기 2, 줄이기)×5, 짧은뜨기 1 [18코]
13단: (짧은뜨기 1, 줄이기)×6 [12코]
14단: (줄이기)×6 [6코]
몸통 아랫부분에 솜을 너무 가득 채우지 말고 최대한 평평하게 유지합니다. 실 꼬리를 남기고 실을 잘라 마무리합니다. 남긴 실을 돗바늘에 꿰어 남은 코의 앞고리에 통과시킨 뒤, 세게 잡아당겨 구멍을 닫아줍니다. 실 끝이 보이지 않게 마무리합니다.
몸통을 거꾸로 들고 10단에 남아있는 첫 번째 앞고리에 밝은 그린색 실을 연결합니다. 여기에서 다음 단의 첫 번째 코를 시작합니다.
15단: 앞고리 짧은뜨기 28 [28코]
실을 잘라 보이지 않게 마무리합니다.

팔(2개 만들기, 밝은 그린색 실)
1단: 실 고리로 원형코 만들기, 짧은뜨기 7 [7코]
2-6단: 짧은뜨기 7 [7코]
팔을 평평하게 접어 입구의 코를 맞춥니다.
7단: 짧은뜨기 3 (접힌 앞, 뒤 편물을 함께 떠서 입구를 닫습니다.) [3코]
바느질할 실 꼬리를 길게 남기고 실을 잘라 마무리합니다.

주둥이(밝은 그린색 실)
59쪽의 유니콘 주둥이 패턴을 참고하여 그대로 뜹니다.

오른쪽 날개(그린색 실)
주의: 패턴에서 '방향 바꾸기'를 하라고 하면, 남은 코들을 뜨지 않고 편물의 방향을 돌려줍니다.
사슬뜨기 7, 평면뜨기를 합니다.
1단: 코바늘에서 두 번째 사슬코에서 시작, 빼뜨기 1, 짧은뜨기 1, 긴뜨기 1, 한길긴뜨기 2, 두길긴뜨기 1, 사슬뜨기 3, 방향 바꾸기 [6코]
2-8단은 뒷고리에 뜹니다.
2단: 코바늘에서 두 번째 사슬코에서 시작, 빼뜨기 2, 날개 코에 빼뜨기 6, 사슬뜨기 2, 방향 바꾸기 [8코] (그림 1)
3단: 코바늘에서 두 번째 사슬코에서 시작, 빼뜨기 1, 날개 코에 짧은뜨기 1, 긴뜨기 1, 한길긴뜨기 3, 두길긴뜨기 2, 사슬뜨기 2, 방향

바꾸기 [8코]

4단: 코바늘에서 두 번째 사슬코에서 시작, 빼뜨기 1, 날개 코에 빼뜨기 8, 사슬뜨기 2, 방향 바꾸기 [9코]

5단: 코바늘에서 두 번째 사슬코에서 시작, 빼뜨기 1, 날개 코에 짧은뜨기 1, 긴뜨기 1, 한길긴뜨기 2, 두길긴뜨기 2, 세길긴뜨기 1, 사슬뜨기 2, 방향 바꾸기 [8코]

6단: 코바늘에서 두 번째 사슬코에서 시작, 빼뜨기 1, 날개 코에 빼뜨기 8, 사슬뜨기 2, 방향 바꾸기 [9코]

7단: 코바늘에서 두 번째 사슬코에서 시작, 빼뜨기 1, 날개 코에 짧은뜨기 1, 긴뜨기 1, 한길긴뜨기 2, 두길긴뜨기 2, 세길긴뜨기 1, 피치색 실로 바꾸기, 사슬뜨기 2(그림 2), 방향 바꾸기 [8코]

8단: 코바늘에서 두 번째 사슬코에서 시작, 빼뜨기 1, 날개 코에 빼뜨기 7, (1코에 빼뜨기 1+사슬뜨기 2+빼뜨기 1) (그림 3) [10코+사슬코 2]

편물을 90도 방향으로 돌려 <그림 4>에 표시된 곳에 빼뜨기 3, 시작 사슬코에 빼뜨기 6을 합니다.

실을 잘라 보이지 않게 마무리합니다(그림 5는 오른쪽 날개의 안쪽 면을 보여줍니다. 빨간 화살표는 상단 날개를, 검은색 화살표는 하단 날개를 표시합니다).

왼쪽 날개(그린색 실)

주의: 패턴에서 '방향 바꾸기'를 하라고 하면, 남은 코들을 뜨지 않고 편물의 방향을 돌려줍니다.

사슬뜨기 10, 평면뜨기를 합니다.

1단: 코바늘에서 두 번째 사슬코에서 시작, 빼뜨기 1, 짧은뜨기 1, 긴뜨기 1, 한길긴뜨기 2, 두길긴뜨기 2, 세길긴뜨기 1, 사슬뜨기 3, 방향 바꾸기 [8코]

2-8단은 뒷고리에 뜹니다.

2단: 코바늘에서 두 번째 사슬코에서 시작, 빼뜨기 2, 날개 코에 빼뜨기 7, 사슬뜨기 1, 방향 바꾸기 [9코]

3단: 빼뜨기 1, 짧은뜨기 1, 긴뜨기 1, 한길긴뜨기 2, 두길긴뜨기 2, 세길긴뜨기 1, 사슬뜨기 3, 방향 바꾸기 [8코]

4단: 코바늘에서 두 번째 사슬코에서 시작, 빼뜨기 2, 날개 코에 빼뜨기 7, 사슬뜨기 1, 방향 바꾸기 [9코]

5단: 빼뜨기 1, 짧은뜨기 1, 긴뜨기 1, 한길긴뜨기 3, 두길긴뜨기 2, 사슬뜨기 2, 방향 바꾸기 [8코]

6단: 코바늘에서 두 번째 사슬코에서 시작, 빼뜨기 1, 날개 코에 빼뜨기 7, 사슬뜨기 1, 방향 바꾸기 [8코]

7단: 빼뜨기 1, 짧은뜨기 1, 긴뜨기 1, 한길긴뜨기 2, 두길긴뜨기 1, 피치색 실로 바꾸기, 사슬뜨기 2, 방향 바꾸기 [6코]

8단: 코바늘에서 두 번째 사슬코에서 시작, 빼뜨기 1, 날개 코에 빼뜨기 6, [7코]

<그림 6>에 표시된 코에 빼뜨기 3, <그림 7-8>에 표시된 시작코에 '빼뜨기 1+사슬뜨기 2+빼뜨기 1'을 뜹니다. 편물을 90도 방향으로 돌려 시작 사슬코에 빼뜨기 9코를 뜹니다. 실을 잘라 실 끝이 보이지 않게 마무리합니다.

스파이크

3쌍의 스파이크를 각각 떠서 나중에 함께 연결해줍니다.

큰 스파이크(2개, 그린색 1개, 피치색 1개)

1단: 실 고리로 원형코 만들기, 짧은뜨기 4 [4코]
2단: (늘리기)×4 [8코]
3단: (짧은뜨기 1, 늘리기)×4 [12코]
4단: 짧은뜨기 12 [12코]
5단: (짧은뜨기 2, 늘리기)×4 [16코]
실을 잘라 보이지 않게 마무리합니다.

중간 크기 스파이크(2개, 그린색 실)

1단: 실 고리로 원형코 만들기, 짧은뜨기 4 [4코]
2단: (늘리기)×4 [8코]
3단: (짧은뜨기 1, 늘리기)×4 [12코]
4단: 짧은뜨기 12 [12코]
실을 잘라 보이지 않게 마무리합니다.

작은 스파이크(2개, 그린색 실)

1단: 실 고리로 원형코 만들기, 짧은뜨기 4 [4코]
2단: (늘리기)×4 [8코]
3단: (짧은뜨기 1, 늘리기)×4 [12코]

한 개의 스파이크만 실을 잘라 보이지 않게 마무리하고 두 번째 스파이크는 마무리하지 않습니다. 다음 단에서 두 스파이크를 같이 떠줄 것입니다. 밝은 그린색 실로 바꿔줍니다.

4단: 첫 번째 작은 스파이크에서 짧은뜨기 6, 첫 중간 스파이크에서 짧은뜨기 6, 큰 그린색 스파이크에서 짧은뜨기 8, 큰 피치색 스파이크에서 짧은뜨기 8, 두 번째 중간 스파이크에서 짧은뜨기 6, 두 번째 작은 스파이크에서 짧은뜨기 12, 두 번째 중간 스파이크에서 짧은뜨기 6, 큰 피치색 스파이크에서 짧은뜨기 8, 큰 그린색 스파이크에서 짧은뜨기 8, 첫 중간 스파이크에서 짧은뜨기 6, 첫 작은 스파이크에서 짧은뜨기 6 [80코]

바느질할 실 꼬리를 길게 남기고 실을 잘라 마무리합니다.

배(피치색 실)

사슬뜨기 8, 평면뜨기를 합니다.

1단: 코바늘에서 두 번째 사슬코에서 시작, 긴뜨기 늘리기, 긴뜨기 5, 긴뜨기 늘리기, 사슬뜨기 1, 방향 바꾸기 [9코]
2단: 뒷고리 빼뜨기 9, 사슬뜨기 1, 방향 바꾸기 [9코]
3단: 뒷고리 긴뜨기 9, 사슬뜨기 1, 방향 바꾸기 [9코]
4단: 뒷고리 빼뜨기 9, 사슬뜨기 1, 방향 바꾸기 [9코]
5단: 이 단은 뒷고리에 뜹니다. 긴뜨기 줄이기, 긴뜨기 5, 긴뜨기 줄이기, 사슬뜨기 1, 방향 바꾸기 [7코]
6단: 뒷고리 빼뜨기 7 [7코]

바느질할 실 꼬리를 길게 남기고 실을 잘라 마무리합니다.

귀(2개, 밝은 그린색 실)

실고리로 원형코 만들기, 짧은뜨기 1+긴뜨기 1+한길긴뜨기 1+

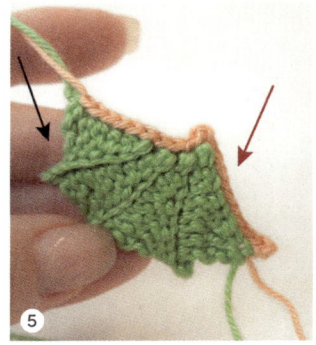

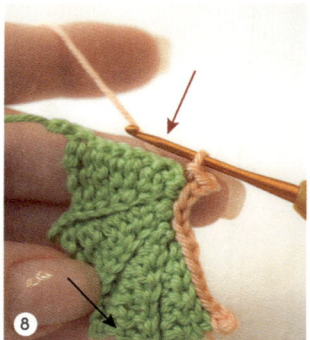

두길긴뜨기 1+두길긴뜨기 1+한길긴뜨기 1+긴뜨기 1+짧은뜨기 1,
첫 번째 짧은뜨기 코에 빼뜨기 1
원형코를 닫고 바느질할 실 꼬리를 길게 남기고 실을 잘라
마무리합니다.

뿔(2개, 크림색 실)
1단: 실 고리로 원형코 만들기, 짧은뜨기 5 [5코]
2단: 짧은뜨기 5 [5코]
3단: 늘리기, 짧은뜨기 4 [6코]
4단: 늘리기, 짧은뜨기 5 [7코]
바느질할 실 꼬리를 길게 남기고 실을 잘라 마무리합니다.

꼬리(밝은 그린색 실)
1단: 실 고리로 원형코 만들기, 짧은뜨기 4 [4코]
2단: 짧은뜨기 4 [4코]
3단: 늘리기, 짧은뜨기 3 [5코]
4단: 짧은뜨기 5 [5코]
5단: 짧은뜨기 2, 늘리기, 짧은뜨기 2 [6코]
6단: 늘리기, 짧은뜨기 5 [7코]
7단: 짧은뜨기 3, 늘리기, 짧은뜨기 3 [8코]
8단: 늘리기, 짧은뜨기 7 [9코]
9단: 짧은뜨기 4, 늘리기, 짧은뜨기 4 [10코]
10단: 늘리기, 짧은뜨기 9 [11코]
11단: 짧은뜨기 5, 늘리기, 짧은뜨기 5 [12코]
12단: 늘리기, 짧은뜨기 11 [13코]
꼬리에 약간의 솜을 넣어줍니다.
꼬리를 평평하게 접어 입구의 코를 맞춥니다.
13단: 짧은뜨기 6 (접힌 앞, 뒤 편물을 함께 떠서 입구를 닫습니다.)
[6코]
바느질할 실 꼬리를 길게 남기고 실을 잘라 마무리합니다.

꼬리 상단 부분(피치색 실)
사슬뜨기 4, 평면뜨기를 합니다.
1단: 코바늘에서 두 번째 사슬코에서 시작, 짧은뜨기 1, 한길긴뜨기 1,
두길긴뜨기 1 [3코]
시작과 마지막 실 꼬리를 함께 매듭지어 줍니다. 꼬리 끝에 상단
부분을 꿰매 연결합니다.

연결하기
- 주둥이는 눈과 눈 사이에 위치하고 상단 가장자리는 11단과 12단
  사이, 하단 부분 가장자리는 몸통에 닿게 합니다. 가장자리를 따라
  주둥이를 매트리스 스티치로 꿰매고, 솜을 채웁니다.
- 실 꼬리를 뒤에 두고 스파이크를 머리에 바느질로 연결해줍니다.
  스파이크는 솜을 채우지 않아도 됩니다.
- 18단과 21단 사이 머리 앞쪽에 뿔을 놓고 바느질합니다.
- 뒤쪽으로 약간 이동시켜 뿔 아래에 귀를 놓고 꿰맵니다.
- 팔을 바느질합니다(표준 버전, 16쪽).
- 2단과 9단 사이의 몸 앞쪽에 배를 놓고 바느질해줍니다.
- 4단과 15단 사이 몸통 뒤쪽 중앙에 꼬리를 수직으로 놓고
  꿰맵니다(그림 9).
- 날개를 뒤에 놓고 점선을 따라 바느질합니다(그림 10).
- 주둥이의 3단의 위치에 그린색 실로 콧구멍을 수놓아줍니다.
- 작은(화난) 눈썹을 눈 위 14단에 검은색 재봉실로, 눈 밑의 볼을
  밝은 레드색 실로 붉게 수놓아줍니다.

드럼 치는 소년

난이도: ♛ ♛ ♛

키: 4인치 / 10㎝(제시된 실로 떴을 때)

재료:

스포트 웨이트 실(SMC 카타니아 오리지널)
- 샌드베이지(404)
- 너트 브라운(179)
- 밝은 옐로(208)
- 레드(252)
- 브론즈(383)
- 브라운(438)
- 밝은 레드 약간(408)

B-1/2㎜ 코바늘
검은색 유리눈 혹은 나사형 인형눈(7㎜)
돗바늘
콧수링
시침핀
솜

아미구루미 갤러리:
동영상으로 연결되는 URL과 QR코드:
www.amigurumipatterns.net/3314

머리(샌드베이지색 실)

나사형 인형눈 사용하기(15쪽, 마스터 패턴 참조)

몸통(샌드베이지색 실)

머리 부분의 4단에 남아있는 마지막 앞고리에 샌드베이지색
실을 연결합니다. 여기에서 다음 단의 첫 번째 코를 시작합니다.
1단: 앞고리 짧은뜨기 24 [24코]
레드색 실로 바꾸기
2단: 이 단은 뒷고리에 뜹니다. (짧은뜨기 5, 늘리기)×4 [28코]

3단: 짧은뜨기 28 [28코]
4단: 짧은뜨기 3, 늘리기, (짧은뜨기 6, 늘리기)×3, 짧은뜨기 3 [32코]
5단: 짧은뜨기 32 [32코]
너트 브라운색 실로 바꾸기
6단: 짧은뜨기 32 [32코]
레드색 실로 바꾸기
7단: 뒷고리 짧은뜨기 32 [32코]
샌드베이지색 실로 바꾸기
8단: 뒷고리 짧은뜨기 32 [32코]
9단: 짧은뜨기 3, 줄이기, (짧은뜨기 6, 줄이기)×3, 짧은뜨기 3 [28코]
브라운색 실로 바꾸기
10단: 짧은뜨기 28 [28코]
11단: 이 단은 뒷고리에 뜹니다. (짧은뜨기 5, 줄이기)×4 [24코]
몸통에 솜을 채웁니다.
12단: 짧은뜨기 1, 줄이기, (짧은뜨기 2, 줄이기)×5, 짧은뜨기 1 [18코]
13단: (짧은뜨기 1, 줄이기)×6 [12코]
14단: (줄이기)×6 [6코]
몸통 아랫부분에 솜을 너무 가득 채우지 말고 최대한 평평하게
유지합니다. 실 꼬리를 남기고 실을 잘라 마무리합니다. 남긴 실을
돗바늘에 꿰어 남은 코의 앞고리에 통과시킨 뒤, 세게 잡아당겨
구멍을 닫아줍니다. 실 끝이 보이지 않게 마무리합니다.
몸통을 거꾸로 들고 10단에 남아있는 첫 번째 앞고리에 브라운색
실을 연결합니다. 여기에서 다음 단의 첫 번째 코를 시작합니다.
15단: 앞고리 짧은뜨기 28 [28코]
실을 잘라 보이지 않게 마무리합니다. 몸통을 거꾸로 들고 1단 첫 번째
앞고리에 브론즈색 실을 연결합니다. 여기에서 다음 단의 첫 번째 코를
시작합니다.
16단: 이 단은 앞고리에 뜹니다. 1코에 사슬뜨기 2+한길긴뜨기 1,
한길긴뜨기 1, 다음 1코에 한길긴뜨기 1+사슬뜨기 2+빼뜨기 1, 다음
코에 빼뜨기 1, (1코에 빼뜨기 1+사슬뜨기 2+한길긴뜨기 1, 다음 코에
한길긴뜨기 1, 다음 1코에 한길긴뜨기 1+사슬뜨기 2+빼뜨기 1, 다음

코에 빼뜨기 1)×5, 첫 앞고리에 빼뜨기 1(그림 1)
실을 잘라 실 끝이 보이지 않게 마무리합니다. 몸통을 머리가 위를
향하도록 들고 7단에 남아있는 마지막 앞고리에 브론즈색 실을
연결합니다.
17단: 앞고리 빼뜨기 32 [32코] (그림 2)
실을 잘라 보이지 않게 마무리합니다.

팔(2개, 샌드베이지색 실)
1단: 실 고리로 원형코 만들기, 짧은뜨기 7 [7코]
2단: 짧은뜨기 7 [7코]
레드색 실로 바꾸기
3-5단: 짧은뜨기 7 [7코]
팔을 평평하게 접어 입구의 코를 맞춥니다.
6단: 짧은뜨기 3 (접힌 앞, 뒤 편물을 함께 떠서 입구를 닫습니다.)
[3코]
바느질할 실 꼬리를 길게 남기고 실을 잘라 마무리합니다.

머리카락(너트 브라운색 실)
1단: 실 고리로 원형코 만들기, 짧은뜨기 6 [6코]
2단: (늘리기)×6 [12코]
3단: (짧은뜨기 1, 늘리기)×6 [18코]
4단: 짧은뜨기 1, 늘리기, (짧은뜨기 2, 늘리기)×5, 짧은뜨기 1
[24코]
5단: (짧은뜨기 3, 늘리기)×6 [30코]
6단: 짧은뜨기 2, 늘리기, (짧은뜨기 4, 늘리기)×5, 짧은뜨기 2
[36코]
7단: (짧은뜨기 5, 늘리기)×6 [42코]
8단: 짧은뜨기 3, 늘리기, (짧은뜨기 6, 늘리기)×5, 짧은뜨기 3 [48코]
9단: (짧은뜨기 7, 늘리기)×6 [54코]

10단: (짧은뜨기 17, 늘리기)×3 [57코]
11-14단: 짧은뜨기 57 [57코]
이어서 평면뜨기를 합니다.
15단: 짧은뜨기 37, 사슬뜨기 1, 방향 바꾸기 [37코]
남은 코들은 뜨지 않고 둡니다.
16단: 1코 건너뛰기, 짧은뜨기 55(평면뜨기 시작 표시는 무시),
사슬뜨기 1, 방향 바꾸기 [55코]
17단: 짧은뜨기 53, 사슬뜨기 1, 방향 바꾸기 [53코]
18단: 1코 건너뛰기, 짧은뜨기 51, 사슬뜨기 1, 방향 바꾸기 [51코]
19단: 1코 건너뛰기, 짧은뜨기 17 [17코]
이어서 원형뜨기를 합니다.
20단: (사슬뜨기 3, 머리카락 코에 짧은뜨기 1, 사슬뜨기 4, 머리카락
코에 짧은뜨기 1)×7, (사슬뜨기 2, 머리카락 코에 짧은뜨기 1)×2,
짧은뜨기 17, 단의 가장자리를 따라 짧은뜨기 6(그림 3에 표시된
부분), 가운데 부분에 빼뜨기 1, 단의 가장자리를 따라 이어뜨기,
(머리카락 코에 짧은뜨기 1, 사슬뜨기 3)×4, 마지막 단의 끝 부분에
짧은뜨기 1, (사슬뜨기 3, 머리카락 코에 짧은뜨기 1, 사슬뜨기 4,
머리카락 코에 짧은뜨기 1)×8
실을 잘라 보이지 않게 마무리합니다(그림 4).

코(샌드베이지색 실)
1단: 실 고리로 원형코 만들기, 짧은뜨기 6 [6코]
첫 코에 빼뜨기, 바느질할 실 꼬리를 길게 남기고 실을 잘라
마무리합니다.

콧수염(2개, 너트 브라운색 실)
사슬뜨기 4, 평면뜨기를 합니다.
1단: 두 번째 사슬코에서 시작하여, 짧은뜨기 1, 한길긴뜨기 1, 긴뜨기 1
[3코]

바느질할 실 꼬리를 길게 남기고 실을 잘라 마무리합니다.

연결하기

- 팔을 바느질로 연결합니다(짧은 버전, 16쪽).
- 밝은 옐로색 실로 버클을 수놓아줍니다.
- 얼굴의 중앙, 9단과 10단 사이에 콧수염 부분을 놓고 바느질합니다.
- 콧수염의 중앙에 코를 꿰매고 주위에 솔기를 만듭니다.
- 머리 뒤쪽 중앙에 마무리 코(마지막 코)가 오도록 머리에 머리카락을 연결합니다. 머리카락의 뒷면은 앞면보다 약간 아래에 놓여야 합니다.
- 밝은 레드색 실로 눈 밑의 볼을 붉게 수놓아줍니다.

드럼(샌드베이지색 실로 시작)

1단: 실 고리로 원형코 만들기, 짧은뜨기 6 [6코]
2단: (늘리기)×6 [12코]
3단: (짧은뜨기 1, 늘리기)×6 [18코]
4단: 짧은뜨기 1, 늘리기, (짧은뜨기 2, 늘리기)×5, 짧은뜨기 1 [24코]
5단: (짧은뜨기 3, 늘리기)×6 [30코]
6단: 뒷고리 짧은뜨기 30 [30코]
샌드베이지색과 밝은 옐로색 실을 교차하며 자카드 기법으로 3단을 뜹니다.
7단: ([샌드베이지] 짧은뜨기 5, [밝은 옐로] 짧은뜨기 1)×5 [30코]
8단: ([밝은 옐로] 짧은뜨기 1, [샌드베이지] 짧은뜨기 3, [밝은 옐로] 짧은뜨기 3)×5 [30코]
9단: ([밝은 옐로] 짧은뜨기 2, [샌드베이지] 짧은뜨기 1, [밝은 옐로] 짧은뜨기 3)×5 [30코]

밝은 옐로색 실로 바꾸기
10단: 짧은뜨기 30 [30코]
샌드베이지색 실로 바꾸기
11단: 이 단은 뒷고리에 뜹니다. (짧은뜨기 3, 줄이기)×6 [24코]
12단: 짧은뜨기 1, 줄이기, (짧은뜨기 2, 줄이기)×5, 짧은뜨기 1 [18코]
13단: (줄이기)×9 [9코]
드럼에 솜을 채웁니다. 드럼 아랫부분에 솜을 너무 가득 채우지 말고 최대한 평평하게 유지합니다. 실 꼬리를 남기고 실을 잘라 마무리합니다. 남긴 실을 돗바늘에 꿰어 남은 코의 앞고리에 통과시킨 뒤, 세게 잡아당겨 구멍을 닫아줍니다. 실 끝이 보이지 않게 마무리합니다. 드럼의 마지막 단이 위로 향하게 잡고 5단에 남아있는 첫 번째 앞고리에 브론즈색 실을 연결합니다.
14단: 앞고리 빼뜨기 30 [30코]
실을 잘라 보이지 않게 마무리합니다. 마지막 단이 아래로 향하도록 드럼 부분을 잡아들고 10단의 남아있는 마지막 앞고리에 코바늘을 넣어 브론즈색 실을 연결합니다.
15단: 앞고리 빼뜨기 30 [30코]
실을 잘라 보이지 않게 마무리합니다. 자카드 무늬를 반영하는 패턴으로 브론즈색 실로 드럼을 장식합니다(그림 5).

드럼 스틱(2개, 브론즈색 실)

1단: 실 고리로 원형코 만들기, 짧은뜨기 4 [4코]
2단: 빼뜨기 1, 사슬뜨기 8, 코바늘에서 두 번째 사슬코에서 시작, 빼뜨기 7
1단의 두 번째 코에서 실을 잘라 보이지 않게 마무리합니다. 스틱을 드럼에 꿰맵니다(그림 6).

조커

난이도: ♛ ♛ ♛

키: 5.3인치 / 13.5㎝(제시된 실로 떴을 때)

재료:

스포트 웨이트 실(SMC 카타니아 오리지널)

- 샌드베이지(404)
- 옅은 옐로(206)
- 블루(173)
- 퍼플(422)
- 옅은 레드(427)
- 밝은 브라운(437)
- 밝은 레드 약간(408)

B-1/2㎜ 코바늘

검은색 유리눈 혹은 나사형 인형눈(7㎜)

돗바늘

콧수링

시침핀

솜

아미구루미 갤러리:
동영상으로 연결되는 URL과 QR코드:
www.amigurumipatterns.net/3315

머리(샌드베이지색 실)

나사형 인형눈 사용하기(15쪽, 마스터 패턴 참조)

몸통(샌드베이지색 실)

머리 부분 4단에 남아있는 마지막 앞고리에 샌드베이지색 실을 연결합니다. 여기에서 다음 단의 첫 번째 코를 시작합니다.

1단: 앞고리 짧은뜨기 24 [24코]

퍼플색 실로 바꾸기

2단: 이 단은 뒷고리에 뜹니다. (짧은뜨기 5, 늘리기)×4 [28코]

3단: 짧은뜨기 28 [28코]

4단: 짧은뜨기 3, 늘리기, (짧은뜨기 6, 늘리기)×3, 짧은뜨기 3 [32코]

5단: 짧은뜨기 32 [32코]

옅은 옐로색 실로 바꾸기

6단: 짧은뜨기 32 [32코]

퍼플색 실로 바꾸기

7단: 뒷고리 짧은뜨기 32 [32코]

샌드베이지색 실로 바꾸기

8단: 뒷고리 짧은뜨기 32 [32코]

9단: 짧은뜨기 3, 줄이기 (짧은뜨기 6, 줄이기)×3, 짧은뜨기 3 [28코]

밝은 브라운색 실로 바꾸기

10단: 짧은뜨기 28 [28코]

11단: 이 단은 뒷고리에 뜹니다. (짧은뜨기 5, 줄이기)×4 [24코]

몸통에 솜을 채웁니다.

12단: 짧은뜨기 1, 줄이기, (짧은뜨기 2, 줄이기)×5, 짧은뜨기 1 [18코]

13단: (짧은뜨기 1, 줄이기)×6 [12코]

14단: (줄이기)×6 [6코]

몸통 아랫부분에 솜을 너무 가득 채우지 말고 최대한 평평하게 유지합니다. 실 꼬리를 남기고 실을 잘라 마무리합니다. 남긴 실을 돗바늘에 꿰어 남은 코의 앞고리에 통과시킨 뒤, 세게 잡아당겨 구멍을 닫아줍니다. 실 끝이 보이지 않게 마무리합니다.

몸통을 거꾸로 들고 10단의 첫 번째 앞고리에 밝은 브라운색 실을 연결합니다. 여기에서 다음 단의 첫 번째 코를 시작합니다.

15단: 앞고리 짧은뜨기 28 [28코]

실을 잘라 보이지 않게 마무리합니다. 몸통을 거꾸로 잡고 7단에 남아있는 첫 번째 앞고리에 퍼플색 실을 연결합니다. 여기에서 다음 단의 첫 번째 코를 시작합니다.

16단: 앞고리 짧은뜨기 32 [32코]

실을 잘라 보이지 않게 마무리합니다. 몸통을 거꾸로 잡고 1단에 남아있는 첫 번째 앞고리에 옅은 레드색 실을 연결합니다. 여기에서 다음 단의 첫 번째 코를 시작합니다.

17단: 이 단은 앞고리에 뜹니다. (짧은뜨기 1, 다음 1코에 긴뜨기+2코 피코뜨기 1(그림 1-2)+긴뜨기 1, 짧은뜨기 1, 빼뜨기 1(그림 3))×6

실을 잘라 보이지 않게 마무리합니다. 카라를 평평하게 합니다.

팔(2개, 샌드베이지색 실)

1단: 실 고리로 원형코 만들기, 짧은뜨기 7 [7코]

2단: 짧은뜨기 7 [7코]

옅은 옐로색 실로 바꾸기

3단: 짧은뜨기 7 [7코]

4단: 뒷고리 짧은뜨기 7 [7코]
퍼플색 실로 바꾸기
5단: 짧은뜨기 7 [7코]
팔을 평평하게 접어 입구의 코를 맞춥니다.
6단: 짧은뜨기 3 (접힌 앞, 뒤 편물을 함께 떠서 입구를 닫습니다.) [3코]
바느질할 실 꼬리를 길게 남기고 실을 잘라 마무리합니다. 손바닥이 위로 향하게 팔을 잡고 3단의 마지막 앞고리에 옅은 레드색 실을 연결합니다. 여기에서 다음 단의 첫 번째 코를 시작합니다.
7단: 이 단은 앞고리에 뜹니다. 짧은뜨기 6, 늘리기 [8코]
첫 앞고리에 짧은뜨기 1
실을 잘라 보이지 않게 마무리합니다.

머리카락(밝은 브라운색 실)
1단: 실 고리로 원형코 만들기, 짧은뜨기 6 [6코]
2단: (늘리기)×6 [12코]
3단: (짧은뜨기 1, 늘리기)×6 [18코]
4단: 짧은뜨기 1, 늘리기, (짧은뜨기 2, 늘리기)×5, 짧은뜨기 1 [24코]

5단: (짧은뜨기 3, 늘리기)×6 [30코]
6단: 짧은뜨기 2, 늘리기, (짧은뜨기 4, 늘리기)×5, 짧은뜨기 2 [36코]
7단: (짧은뜨기 5, 늘리기)×6 [42코]
8단: 짧은뜨기 3, 늘리기, (짧은뜨기 6, 늘리기)×5, 짧은뜨기 3 [48코]
9단: (짧은뜨기 7, 늘리기)×6 [54코]
10단: (짧은뜨기 17, 늘리기)×3 [57코]
11-16단: 짧은뜨기 57 [57코]
이어서 평면뜨기를 합니다.
17단: 짧은뜨기 24, 사슬뜨기 1, 방향 바꾸기 [24코]
나머지 코들은 뜨지 않고 남겨둡니다.
18단: 1코 건너뛰기, 짧은뜨기 55(시작단의 콧수링 표시는 무시), 사슬뜨기 1, 방향 바꾸기 [55코]
19단: 1코 건너뛰기, 짧은뜨기 31 [31코]
이 단을 마무리하지 않고 이어서 원형뜨기를 합니다.
20단: 짧은뜨기 13, (사슬뜨기 3, 코바늘에서 두 번째 사슬코에서 시작, 빼뜨기 2, 머리카락 코에 빼뜨기 1, 사슬뜨기 4, 코바늘에서 두 번째 사슬코에서 시작, 빼뜨기 3, 머리카락 코에 빼뜨기 1)×4, 사슬뜨기 3, 코바늘에서 두 번째 사슬코에서 시작, 빼뜨기 2,

① ② ③ ④

머리카락 코에 빼뜨기 1, 단의 가장자리를 따라 짧은뜨기 2, 가운데 부분에 빼뜨기 1, 단의 가장자리를 따라 짧은뜨기 2, 짧은뜨기 6, (사슬뜨기 3, 코바늘에서 두 번째 사슬코에서 시작, 빼뜨기 2, 머리카락 코에 빼뜨기 1, 사슬뜨기 4, 코바늘에서 두 번째 사슬코에서 시작, 빼뜨기 3, 머리카락 코에 빼뜨기 1)×5, 사슬뜨기 3, 코바늘에서 두 번째 사슬코에서 시작, 빼뜨기 2, 머리카락 코에 빼뜨기 1, 짧은뜨기 14, 실을 잘라 보이지 않게 마무리합니다(그림 4).

모자(4개, 블루색, 옅은 레드색, 퍼플색, 옅은 옐로색 실)
4개를 각각 떠서 나중에 한꺼번에 연결합니다.
1단: 실 고리로 원형코 뜨기, 짧은뜨기 4 [4코]
2단: (늘리기)×4 [8코]
3단: 긴뜨기 1, 짧은뜨기 4, 긴뜨기 1, (긴뜨기 늘리기)×2 [10코]
4단: 짧은뜨기 1, 빼뜨기 4, 짧은뜨기 1, (긴뜨기 1, 긴뜨기 늘리기)×2 [12코]
5단: 짧은뜨기 6, (긴뜨기 2, 긴뜨기 늘리기)×2 [14코]
6단: 긴뜨기 1, 짧은뜨기 5, (긴뜨기 3, 긴뜨기 늘리기)×2 [16코]
7단: 짧은뜨기 1, 빼뜨기 4, 짧은뜨기 1, (긴뜨기 4, 긴뜨기 늘리기)×2 [18코]
8단: 긴뜨기 1, 짧은뜨기 5, (긴뜨기 5, 긴뜨기 늘리기)×2 [20코]
9단: 짧은뜨기 1, 빼뜨기 5, 짧은뜨기 1, 긴뜨기 13 [20코]

10단: 긴뜨기 1, 짧은뜨기 6, 긴뜨기 4, 긴뜨기 늘리기, (긴뜨기 3, 긴뜨기 늘리기)×2 [23코]
11단: 짧은뜨기 8, 긴뜨기 14, 긴뜨기 늘리기 [24코]
12단: 짧은뜨기 9, 늘리기, 짧은뜨기 11, 빼뜨기 1(남은 2코는 뜨지 않습니다.) [23코]
모자의 블루색, 옅은 레드색, 퍼플색 부분의 실을 잘라 마무리합니다. 옅은 옐로색 부분의 실은 자르지 않고 다음 단에서 나머지 편물 4조각을 연결하는 데 사용합니다.
13단: 옅은 옐로색 부분에 짧은뜨기 13, 옅은 레드색 부분의 마지막 빼뜨기 옆 코에 바늘을 넣어(그림 5) 짧은뜨기 13, 블루색 부분의 마지막 빼뜨기 옆 코에 바늘을 넣고(그림 6) 짧은뜨기 13, 퍼플색 부분의 마지막 빼뜨기 옆에 바늘을 넣어, 짧은뜨기 13 [52코]
14단: 옅은 옐로색 부분 13단의 첫 코에 바늘을 넣어(그림 7), 주변에 모두 짧은뜨기 52 [52코]
15단: 이 단은 뒷고리에 뜹니다. (짧은뜨기 12, 늘리기)×4 [56코]
실을 잘라 보이지 않게 마무리합니다. 이제 모자 안쪽의 코들을 꿰매야 합니다. 그러기 위해서는 각 부분의 12단의 6번째 코를 표시해야 합니다(어느 쪽에서든 빼뜨기 코를 제외하고 5코를 셉니다). 표시된 스티치는 모자의 중앙에 있어야 합니다(그림 8). 서로 닿아있는 부분의 측면을 꿰매고(그림 9) 중앙의 구멍을 마무리합니다(그림 10-11).

마지막 단이 아래를 향하도록 모자를 잡고 15단의 마무리 코 앞고리에 퍼플색 실을 연결합니다.
16단: 앞고리 빼뜨기 56 [56코]
실을 잘라 보이지 않게 마무리합니다. 마지막 단이 아래를 향하도록 모자 부분을 잡고 14단의 마지막 앞고리에 옅은 옐로색 실을 연결합니다. 사슬뜨기 1
17단: 이 단은 앞고리에 뜹니다. (1코 건너뛰기, 1코에 짧은뜨기 1+긴뜨기+2코 피코뜨기 1+긴뜨기 1+짧은뜨기 1, 1코 건너뛰기, 빼뜨기 1 (그림 12))×13, 실을 잘라 보이지 않게 마무리합니다.

방울(4개, 블루색, 옅은 레드색, 퍼플색 & 옅은 옐로색 실)
1단: 실 고리로 원형코 만들기, 짧은뜨기 4 [4코]
2단: (늘리기)×4 [8코]
3단: 짧은뜨기 8 [8코]
실 꼬리를 남기고 실을 잘라 마무리합니다. 남긴 실을 돗바늘에 꿰어 남은 코의 앞고리에 통과시킨 뒤, 세게 잡아당겨 구멍을 닫아줍니다. 실 끝을 중앙으로 통과시켜 방울 뒤쪽으로 보냅니다.

연결하기

• 몸통의 6단과 7단 사이에 블루색 실로 박음질로 수놓아줍니다(6단에 남아있는 고리 바로 아래). 벨트에 매듭을 만들려면 옅은 옐로색 실을 6단의 연이은 두 코의 앞쪽 고리를 통과시켜 매듭을 짓습니다.
• 팔을 꿰맵니다(짧은 버전, 16쪽).
• 머리 뒤쪽 중앙에 마무리 코(마지막 코)가 오도록 머리에 머리카락을 연결합니다. 머리카락의 뒷면은 앞면보다 약간 아래에 놓여야 합니다.
• 방울을 모자 끝에 연결해 모자를 씌웁니다.
• 밝은 레드색 실로 눈 밑의 볼을 붉게 수놓아줍니다.

천문학자

난이도: ♟♟♙

키: 6인치 / 15㎝(제시된 실로 떴을 때)

재료:

스포트 웨이트 실(SMC 카타니아 오리지널)

밀키 화이트(105)

아이보리(436)

네이비 블루(247)

짙은 블루(261)

골드(249)

그레이 약간(434)

브론즈(383)

B-1/2㎜ 코바늘

검은색 유리눈 혹은 나사형 인형눈(7㎜)

돗바늘

콧수링

시침핀

솜

아미구루미 갤러리:
동영상으로 연결되는 URL과 QR코드:
www.amigurumipatterns.net/3316

머리(아이보리색 실)

나사형 인형눈 사용하기(15쪽, 마스터 패턴 참조)

몸통(아이보리색 실로 시작)

머리의 4단에 남아있는 마지막 앞고리에 아이보리색 실을 연결합니다. 여기에서 다음 단의 첫 번째 코를 시작합니다.

1단: 앞고리 짧은뜨기 24 [24코]

네이비 블루색 실로 바꾸기

2단: 이 단은 뒷고리에 뜹니다. (짧은뜨기 5, 늘리기)×4 [28코]

3단: 짧은뜨기 28 [28코]

4단: 짧은뜨기 3, 늘리기, (짧은뜨기 6, 늘리기)×3, 짧은뜨기 3 [32코]

5단: 짧은뜨기 32 [32코]

골드색 실로 바꾸기

6단: 짧은뜨기 32 [32코]

네이비 블루색 실로 바꾸기

7-8단: 짧은뜨기 32 [32코]

9단: 이 단은 뒷고리에 뜹니다. 짧은뜨기 3, 줄이기, (짧은뜨기 6, 줄이기)×3, 짧은뜨기 3 [28코]

브론즈색 실로 바꾸기

10단: 짧은뜨기 28 [28코]

11단: 이 단은 뒷고리에 뜹니다. (짧은뜨기 5, 줄이기)×4 [24코]

몸통에 솜을 채웁니다.

12단: 짧은뜨기 1, 줄이기 (짧은뜨기 2, 줄이기)×5, 짧은뜨기 1 [18코]

13단: (짧은뜨기 1, 줄이기)×6 [12코]

14단: (줄이기)×6 [6코]

몸통 아랫부분에 솜을 너무 가득 채우지 말고 최대한 평평하게 유지합니다. 실 꼬리를 남기고 실을 잘라 마무리합니다. 남긴 실을 돗바늘에 꿰어 남은 코의 앞고리에 통과시킨 뒤, 세게 잡아당겨 구멍을 닫아줍니다. 실 끝이 보이지 않게 마무리합니다. 몸통을 거꾸로 잡고 10단에 남아있는 첫 번째 앞고리에 브론즈색 실을 연결합니다. 여기에서 다음 단의 첫 번째 코를 시작합니다.

15단: 앞고리 짧은뜨기 28 [28코]

실을 잘라 보이지 않게 마무리합니다. 계속해서 몸통을 거꾸로 잡고 8단에 남아있는 첫 번째 앞고리에 네이비 블루색 실을 연결합니다. 여기에서 다음 단의 첫 번째 코를 시작합니다.

16단: 앞고리 짧은뜨기 32 [32코]

실을 잘라 보이지 않게 마무리합니다.

팔(2개, 아이보리색 실로 시작)

1단: 실 고리로 원형코 만들기, 짧은뜨기 7 [7코]

2단: 짧은뜨기 7 [7코]

네이비 블루색 실로 바꾸기

3-5단: 짧은뜨기 7 [7코]

팔을 평평하게 접어 입구의 코를 맞춥니다.

6단: 짧은뜨기 3 (접힌 앞, 뒤 편물을 함께 떠서 입구를 닫습니다.) [3코]

바느질할 실 꼬리를 길게 남기고 실을 잘라 마무리합니다.

머리카락(밀키 화이트색 실)

1단: 실 고리로 원형코 만들기, 짧은뜨기 6 [6코]

2단: (늘리기)×6 [12코]

3단: (짧은뜨기 1, 늘리기)×6 [18코]

4단: 짧은뜨기 1, 늘리기, (짧은뜨기 2, 늘리기)×5, 짧은뜨기 1 [24코]

5단: (짧은뜨기 3, 늘리기)×6 [30코]

6단: 짧은뜨기 2, 늘리기, (짧은뜨기 4, 늘리기)×5, 짧은뜨기 2 [36코]

7단: (짧은뜨기 5, 늘리기)×6 [42코]

8단: 짧은뜨기 3, 늘리기, (짧은뜨기 6, 늘리기)×5, 짧은뜨기 3 [48코]

9단: (짧은뜨기 7, 늘리기)×6 [54코]

10단: (짧은뜨기 17, 늘리기)×3 [57코]

11-16단: 짧은뜨기 57 [57코]

이어서 평면뜨기를 합니다.

17단: 짧은뜨기 22, 사슬뜨기 1, 방향 바꾸기 [22코]

남은 코들은 뜨지 않고 그대로 둡니다.

18단: 1코 건너뛰기, 짧은뜨기 55(단의 첫 부분 표시는 무시), 사슬뜨기 1, 방향 바꾸기 [55코]

19단: 1코 건너뛰기, 짧은뜨기 33 [33코]

이 단을 마무리하지 않고 이어서 원형뜨기를 합니다.

20단: 짧은뜨기 1, (사슬뜨기 7, 코바늘에서 두 번째 사슬코에서 시작, 짧은뜨기 6(그림 1), 머리카락 코에 짧은뜨기 1(그림 2))×8, 짧은뜨기 12(그림 3), 단의 가장자리를 따라 짧은뜨기 2, 가운데 부분에 빼뜨기 1, 단의 가장자리를 따라 짧은뜨기 2, 짧은뜨기 1, (사슬뜨기 7, 코바늘에서 두 번째 시작, 짧은뜨기 6, 머리카락 코에 짧은뜨기 1)×3, 짧은뜨기 17(그림 4), (사슬뜨기 7, 코바늘에서 두 번째 사슬코에서 시작, 짧은뜨기 6, 머리카락 코에 짧은뜨기 1)×12

실을 잘라 실 끝이 보이지 않게 마무리합니다.

턱수염(밀키 화이트색 실)

1단: 실 고리로 원형코 만들기, 짧은뜨기 6 [6코]

2단: 짧은뜨기 2, (늘리기)×2, 짧은뜨기 2 [8코]

콧수링을 제거하고 짧은뜨기 2코를 뜹니다. 방금 뜬 마지막 코에 표시를 합니다. 다음 코가 다음 단의 새로운 시작 코가 됩니다.

① ② ③ ④

3단: 긴뜨기 2, 짧은뜨기 1, (늘리기)×2, 짧은뜨기 1, 긴뜨기 2 [10코]

4단: 긴뜨기 늘리기, 긴뜨기 2, 짧은뜨기 2, (늘리기)×2, 짧은뜨기 2, 긴뜨기 1 [13코]

5단: (긴뜨기 1, 긴뜨기 늘리기)×3, (짧은뜨기 1, 늘리기)×3, 짧은뜨기 1 [19코]

6단: 짧은뜨기 1, 늘리기, (짧은뜨기 2, 늘리기)×5, 짧은뜨기 2 [25코]

7단: 짧은뜨기 25 [25코]

8단: (짧은뜨기 4, 늘리기)×5 [30코]

9단: (짧은뜨기 9, 늘리기)×3 [33코]

10단: 짧은뜨기 5, 늘리기, (짧은뜨기 10, 늘리기)×2, 짧은뜨기 5 [36코]

콧수링을 제거하고 짧은뜨기 9코를 뜹니다. 턱수염을 평평하게 접어 입구의 코를 맞춥니다.

11단: 짧은뜨기 17 (접힌 앞, 뒤 편물을 함께 떠서 입구를 닫습니다.) [17코] (그림 5)

바느질할 실 꼬리를 길게 남기고 실을 잘라 마무리합니다.

코(아이보리색 실)

1단: 실 고리로 원형코 만들기, 짧은뜨기 6 [6코]

다음 코에 빼뜨기 1, 바느질할 실을 길게 남기고 잘라 마무리합니다.

눈썹(2개, 그레이색 실)

사슬뜨기 4, 평면뜨기를 합니다.

1단: 코바늘에서 두 번째 사슬코에서 시작, 짧은뜨기 3 [3코]

바느질할 실 꼬리를 길게 남기고 실을 잘라 마무리합니다.

콧수염(오른쪽, 왼쪽 각각 1개)

오른쪽(밀키 화이트색 실)

사슬뜨기 7, 평면뜨기를 합니다.

1단: 코바늘에서 두 번째 사슬코에서 시작, 빼뜨기 1, 늘리기, 긴뜨기 1, 한길긴뜨기 1, 긴뜨기 1, 짧은뜨기 1 [7코]

바느질할 실 꼬리를 길게 남기고 실을 잘라 마무리합니다.

왼쪽 부분(밀키 화이트색 실)

사슬뜨기 7, 평면뜨기를 합니다.

1단: 코바늘에서 두 번째 사슬코에서 시작, 짧은뜨기 1, 긴뜨기 1, 한길긴뜨기 1, 긴뜨기 1, 늘리기, 빼뜨기 1 [7코]

바느질할 실 꼬리를 길게 남기고 실을 잘라 마무리합니다.

실 꼬리의 시작과 끝부분에 매듭을 묶습니다. 시작 쪽 실 꼬리는

안쪽 면에 보이지 않게 정리하고, 긴 실 끝 꼬리는 바느질을 위해 남겨둡니다.

모자(네이비 블루색 실로 시작)

1단: 실 고리로 원형코 만들기, 짧은뜨기 6 [6코]

2단: (짧은뜨기 1, 늘리기)×3 [9코]

3단: 짧은뜨기 1, 늘리기, (짧은뜨기 2, 늘리기)×2, 짧은뜨기 1 [12코]

4단: (짧은뜨기 3, 늘리기)×3 [15코]

5단: 짧은뜨기 2, 늘리기, (짧은뜨기 4, 늘리기)×2, 짧은뜨기 2 [18코]

6단: (짧은뜨기 5, 늘리기)×3 [21코]

7단: 짧은뜨기 3, 늘리기, (짧은뜨기 6, 늘리기)×2, 짧은뜨기 3 [24코]

8단: (짧은뜨기 7, 늘리기)×3 [27코]

9단: 짧은뜨기 27 [27코]

10단: 짧은뜨기 4, 늘리기, (짧은뜨기 8, 늘리기)×2, 짧은뜨기 4 [30코]

11단: (짧은뜨기 9, 늘리기)×3 [33코]

12단: 짧은뜨기 33 [33코]

13단: 짧은뜨기 5, 늘리기, (짧은뜨기 10, 늘리기)×2, 짧은뜨기 5 [36코]

14단: 짧은뜨기 36 [36코]

15단: (짧은뜨기 11, 늘리기)×3 [39코]

16단: 짧은뜨기 6, 늘리기, (짧은뜨기 12, 늘리기)×2, 짧은뜨기 6 [42코]

17단: 짧은뜨기 42 [42코]

18단: (짧은뜨기 13, 늘리기)×3 [45코]

19단: 짧은뜨기 7, 늘리기, (짧은뜨기 14, 늘리기)×2, 짧은뜨기 7 [48코]

20단: 짧은뜨기 48 [48코]

21단: (짧은뜨기 15, 늘리기)×3 [51코]

22단: 짧은뜨기 8, 늘리기, (짧은뜨기 16, 늘리기)×2, 짧은뜨기 8 [54코]

23단: 짧은뜨기 54 [54코]

24단: (짧은뜨기 17, 늘리기)×3 [57코]

25단: 짧은뜨기 9, 늘리기, (짧은뜨기 18, 늘리기)×2, 짧은뜨기 9 [60코]

26단: (짧은뜨기 19, 늘리기)×3 [63코]

27단: 짧은뜨기 10, 늘리기, (짧은뜨기 20, 늘리기)×2, 짧은뜨기 10 [66코]

짙은 블루색 실로 바꾸기

28단: 이 단은 앞고리에 뜹니다. (짧은뜨기 5, 늘리기)×11 [77코]

29단: 짧은뜨기 3, 늘리기, (짧은뜨기 6, 늘리기)×10, 짧은뜨기 3 [88코]

30단: (짧은뜨기 7, 늘리기)×11 [99코]

실을 잘라 보이지 않게 마무리합니다. 마지막 단이 아래를 향하도록
모자 부분을 잡고 마무리 코 앞고리에 골드색 실을 연결합니다.
31단: 앞고리 빼뜨기 99 [99코]
실을 잘라 보이지 않게 마무리합니다.

망토(진한 블루색 실)

사슬뜨기 9, 평면뜨기를 합니다.
1단: 코바늘에서 두 번째 사슬코에서 시작, 짧은뜨기 1, 긴뜨기 7,
사슬뜨기 1, 방향 바꾸기 [8코]
2단: 뒷고리 긴뜨기 7, 짧은뜨기 1, 사슬뜨기 1, 방향 바꾸기 [8코]
3단: 짧은뜨기 1, 뒷고리 긴뜨기 7, 사슬뜨기 1, 방향 바꾸기 [8코]
4단: 뒷고리 긴뜨기 7, 짧은뜨기 1, 사슬뜨기 1, 방향 바꾸기 [8코]
5-20단: 3-4단을 8번 더 반복해서 뜹니다 (총 20단). 20단의 끝에는
사슬뜨기 1코를 뜨지 않습니다.
편물을 90도 돌려 단 사이에 바늘을 넣고 가장자리에 표시된 부분에
계속 뜹니다(그림 6).
21단: 짧은뜨기 17, 줄이기, 사슬뜨기 1, 방향 바꾸기 [18코]
22단: 이 단은 뒷고리에 뜹니다. (긴뜨기 2, 긴뜨기 늘리기)×6 [24코]
다음 코에 빼뜨기(그림 7)
바느질할 실 꼬리를 길게 남기고 실을 잘라 마무리합니다. 시작 실

끝이 보이지 않게 마무리합니다.

연결하기

- 팔은 바느질로 연결합니다(짧은 버전, 16쪽).
- 목 뒷부분 중앙에서 양쪽으로 각각 9코를 세어 망토와 18코를
  바느질합니다(망토의 앞고리를 사용, 그림 8-9). 실 끝이 보이지
  않게 마무리합니다. 망토의 상단 부분을 곧게 펴줍니다.
- 얼굴의 중앙 8단과 9단 사이에 수염을 놓고 블루색 점선을 따라
  바느질합니다(그림 10). 하단 가장자리는 바느질하지 않아도
  됩니다.
- 콧수염 부분을 턱수염 위에 놓고 검은색 점선을 따라
  꿰매줍니다(그림 10).
- 콧수염의 중앙에 코를 꿰매면서 솔기를 만듭니다.
- 안쪽 면이 바깥쪽을 향하도록 눈 위에 눈썹을 바느질해줍니다.
- 머리 뒤쪽 중앙에 마무리 코(마지막 코)가 오도록 머리에
  머리카락을 연결합니다. 머리카락의 뒷면은 앞면보다 약간
  아래에 놓여야 합니다.
- 골드색 실로 모자에 별들을 수놓아줍니다(튜토리얼 16쪽).
  모자를 씌워줍니다.

요리사

난이도: 🌱🌱🌱
키: 5.1인치 / 13㎝(제시된 실로 떴을 때)

재료:
스포트 웨이트 실(SMC 카타니아 오리지널)
○ 밀키 화이트(105)
○ 샌드베이지(404)
● 골드 약간(249)
● 그레이(434)
● 브라운(438)
● 밝은 레드 약간(408)
B-1/2㎜ 코바늘
검은색 유리눈 혹은 나사형 인형눈(7㎜)
돗바늘
검은색 재봉실
콧수링
시침핀
솜

아미구루미 갤러리:
동영상으로 연결되는 URL과 QR코드:
www.amigurumipatterns.net/3317

머리(샌드베이지색 실)
나사형 인형눈 사용하기(15쪽, 마스터 패턴 참조)

몸통(샌드베이지색 실로 시작)
머리 부분의 4단에 남아있는 마지막 앞고리에 샌드베이지색 실을 연결합니다. 여기에서 다음 단의 첫 번째 코를 시작합니다.
1단: 앞고리 짧은뜨기 24 [24코]
1단의 11번째 코에 콧수링으로 표시해둡니다.
밀키 화이트색 실로 바꾸기
2단: 이 단은 뒷고리에 뜹니다. (짧은뜨기 5, 늘리기)×4 [28코]

3단: 짧은뜨기 28 [28코]
4단: 짧은뜨기 3, 늘리기, (짧은뜨기 6, 늘리기)×3, 짧은뜨기 3 [32코]
5-6단: 짧은뜨기 32 [32코]
골드색 실로 바꾸기
7단: 짧은뜨기 32 [32코]
브라운색 실로 바꾸기
8단: 뒷고리 짧은뜨기 32 [32코]
9단: 짧은뜨기 3, 줄이기, (짧은뜨기 6, 줄이기)×3, 짧은뜨기 3 [28코]
그레이색 실로 바꾸기
10단: 짧은뜨기 28 [28코]
11단: 이 단은 뒷고리에 뜹니다. (짧은뜨기 5, 줄이기)×4 [24코]
몸통에 솜을 채웁니다.
12단: 짧은뜨기 1, 줄이기, (짧은뜨기 2, 줄이기)×5, 짧은뜨기 1 [18코]
13단: (짧은뜨기 1, 줄이기)×6 [12코]
14단: (줄이기)×6 [6코]
몸통 아랫부분에 솜을 너무 가득 채우지 말고 최대한 평평하게 유지합니다. 실 꼬리를 남기고 실을 잘라 마무리합니다. 남긴 실을 돗바늘에 꿰어 남은 코의 앞고리에 통과시킨 뒤, 세게 잡아당겨 구멍을 닫아줍니다. 실 끝이 보이지 않게 마무리합니다.
몸통을 거꾸로 들고 10단에 남아있는 첫 번째 앞고리에 그레이색 실을 연결합니다. 여기에서 다음 단의 첫 번째 코를 시작합니다.
15단: 앞고리 짧은뜨기 28 [28코]
실을 잘라 보이지 않게 마무리합니다. 몸통을 거꾸로 들고 7단에 남아있는 첫 번째 앞고리에 밀키 화이트색 실을 연결합니다. 여기에서 다음 단의 첫 번째 코를 시작합니다.
16단: 앞고리 짧은뜨기 32 [32코]
실을 잘라 보이지 않게 마무리합니다. 몸통의 1단 앞고리에 표시되어 있는 코를 찾아봅니다.
몸통을 머리 부분이 위로 향하도록 들고 표시된 앞고리에 밀키 화이트색 실을 연결합니다. 여기에서 다음 단의 첫 번째 코를 시작합니다.
17단: 짧은뜨기 22 [22코]
실을 잘라 실 끝이 보이지 않게 마무리합니다. 카라의 가장자리 사이에 뜨지 않은 두 개의 코가 남아있어야 합니다. 카라를 평평하게 펴줍니다.

팔(2개, 샌드베이지색 실로 시작)
1단: 실 고리로 원형코 만들기, 짧은뜨기 7 [7코]
2단: 짧은뜨기 7 [7코]
밀키 화이트색 실로 바꾸기
3-5단: 짧은뜨기 7 [7코]

팔을 평평하게 접어 입구의 코를 맞춥니다.
6단: 짧은뜨기 3(접힌 앞, 뒤 편물을 함께 떠서 입구를 닫습니다.)
[3코]
바느질할 실 꼬리를 길게 남기고 실을 잘라 마무리합니다.

머리카락(브라운색 실)
1단: 실 고리로 원형코 만들기, 짧은뜨기 6 [6코]
2단: (늘리기)×6 [12코]
3단: (짧은뜨기 1, 늘리기)×6 [18코]
4단: 짧은뜨기 1, 늘리기, (짧은뜨기 2, 늘리기)×5, 짧은뜨기 1
[24코]
5단: (짧은뜨기 3, 늘리기)×6 [30코]
6단: 짧은뜨기 2, 늘리기, (짧은뜨기 4, 늘리기)×5, 짧은뜨기 2
[36코]
7단: (짧은뜨기 5, 늘리기)×6 [42코]
8단: 짧은뜨기 3, 늘리기, (짧은뜨기 6, 늘리기)×5, 짧은뜨기 3
[48코]
9단: (짧은뜨기 7, 늘리기)×6 [54코]
10단: (짧은뜨기 17, 늘리기)×3 [57코]
11-16단: 짧은뜨기 57 [57코]
이어서 평면뜨기를 합니다.
17단: 짧은뜨기 30, 사슬뜨기 1, 방향 바꾸기 [30코]
나머지 코들은 뜨지 않고 그대로 둡니다.
18단: 1코 건너뛰기, 짧은뜨기 55(평면뜨기단 시작 부분의 표시는
무시), 사슬뜨기 1, 방향 바꾸기 [55코]
19단: 1코 건너뛰기, 짧은뜨기 25 [25코]
이 단을 마무리하지 않습니다.
이어서 원형뜨기를 합니다.
20단: (사슬뜨기 3, 머리카락 코에 짧은뜨기 1, 사슬뜨기 4,

머리카락 코에 짧은뜨기 1)×6, 사슬뜨기 3, 머리카락 코에
짧은뜨기 17, 단의 가장자리를 따라 짧은뜨기 2, 가운데 부분에
빼뜨기 1, 단의 가장자리를 따라 짧은뜨기 2, 짧은뜨기 11,
(사슬뜨기 3, 머리카락 코에 짧은뜨기 1, 사슬뜨기 4, 머리카락 코에
짧은뜨기 1)×7
실을 잘라 보이지 않게 마무리합니다(그림 1).

모자(밀키 화이트색 실)
1단: 실 고리로 원형코 만들기, 짧은뜨기 6 [6코]
2단: (늘리기)×6 [12코]
3단: (짧은뜨기 1, 늘리기)×6 [18코]
4단: 짧은뜨기 1, 늘리기, (짧은뜨기 2, 늘리기)×5, 짧은뜨기 1 [24코]
5단: (짧은뜨기 3, 늘리기)×6 [30코]
6단: 짧은뜨기 2, 늘리기, (짧은뜨기 4, 늘리기)×5, 짧은뜨기 2 [36코]
7단: (짧은뜨기 5, 늘리기)×6 [42코]
8단: 짧은뜨기 3, 늘리기, (짧은뜨기 6, 늘리기)×5, 짧은뜨기 3 [48코]
9단: (짧은뜨기 1, 늘리기)×24 [72코]
10단: (짧은뜨기 1, 늘리기)×36 [108코]
콧수링을 제거하고 (짧은뜨기 1, 늘리기)×2
다음 코부터 새로운 단이 시작됩니다. 방금 뜬 마지막 코에
콧수링으로 표시합니다.
11단: 한길긴뜨기 110 [110코]
12단: (1, 4, 7번째 코에 바늘을 동시에 넣고(지그재그 만들기, 그림
2), 지금 바늘 사이의 코들을 건너뜁니다. 편물을 코들이 일직선이
되도록 접어주고(그림 3) 함께 짧은뜨기를 합니다(그림 4). 이전에
건너뛴 2번째, 3번째 코와 8번째 코에 바늘을 동시에 넣고(그림 5)
함께 짧은뜨기를 합니다(그림 6). 짧은뜨기 3)×10 [50코] (그림 7)
13단: 빼뜨기 50 [50코]
14단: 뒷고리 짧은뜨기 50 [50코]

15-16단: 짧은뜨기 50 [50코]
실을 잘라 보이지 않게 마무리합니다.

코(샌드베이지색 실)
1단: 실 고리로 원형코 만들기, 짧은뜨기 6 [6코]
첫 코에 빼뜨기를 뜨고, 바느질할 실 꼬리를 길게 남기고 실을 잘라
마무리합니다.

콧수염(오른쪽, 왼쪽 부분 각각)

오른쪽 부분(브라운색 실)
사슬뜨기 7, 평면뜨기를 합니다.
1단: 코바늘에서 두 번째 사슬코에서 시작, 빼뜨기 1, 늘리기,
긴뜨기 1, 한길긴뜨기 1, 긴뜨기 1, 짧은뜨기 1 [7코]
바느질할 실 꼬리를 길게 남기고 실을 잘라 마무리합니다.

왼쪽 부분(브라운색 실)
사슬뜨기 7, 평면뜨기를 합니다.

1단: 코바늘에서 두 번째 사슬코에서 시작, 짧은뜨기 1, 긴뜨기 1,
한길긴뜨기 1, 긴뜨기 1, 늘리기, 빼뜨기 1 [7코]
바느질할 실 꼬리를 길게 남기고 실을 잘라 마무리합니다. 실 꼬리의
시작과 끝부분에 매듭을 묶습니다. 시작 쪽 실 꼬리는 안쪽 면에
보이지 않게 정리하고, 긴 실 꼬리는 바느질을 위해 남겨둡니다.

연결하기
• 골드색 실을 사용하여 매듭수로 몸통 앞쪽에 장식 단추 4개를
  수놓아줍니다. 모자에도 장식 단추 2개를 수놓아줍니다.
• 팔을 바느질로 연결합니다(짧은 버전, 16쪽).
• 콧수염 부분을 9단과 10단 사이, 얼굴 중앙에 놓고 점선을 따라
  꿰매줍니다(그림 8).
• 콧수염의 중앙에 코를 꿰매면서 솔기를 만듭니다.
• 머리 뒤쪽 중앙에 마무리 코(마지막 코)가 오도록 머리에 머리카락을
  연결합니다. 머리카락의 뒷면은 앞면보다 약간 아래에 놓여야
  합니다. 모자를 씌워줍니다.
• 밝은 레드색 실로 눈 밑의 볼을 붉게 수놓아줍니다.

양치기 소녀

난이도: 🖐🖐🖐

키: 4.1인치 / 10.5㎝(제시된 실로 떴을 때)

재료:
스포트 웨이트 실(SMC 카타니아 오리지널)
- 밀키 화이트(105)
- 아이보리(436)
- 블루(173)
- 옅은 옐로(206)
- 브라운(438)
- 밝은 레드 약간(408)
- B-1/2㎜ 코바늘
- 돗바늘
- 짙은 브라운 재봉실
- 콧수링
- 시침핀
- 솜

아미구루미 갤러리:
동영상으로 연결되는 URL과 QR코드:
www.amigurumipatterns.net/3318

머리(아이보리색 실)
웃는 얼굴(15쪽, 마스터 패턴 참조)

몸통(아이보리색 실로 시작)
머리의 4단에 남아있는 마지막 앞고리에 아이보리색 실을 연결합니다. 여기에서 다음 단의 첫 번째 코를 시작합니다.
1단: 앞고리 짧은뜨기 24 [24코]
블루색 실로 바꾸기
2단: 이 단은 뒷고리에 뜹니다. (짧은뜨기 5, 늘리기)×4 [28코]

밀키 화이트색 실로 바꾸기
3단: 뒷고리 짧은뜨기 28 [28코]
4단: 짧은뜨기 3, 늘리기, (짧은뜨기 6, 늘리기)×3, 짧은뜨기 3 [32코]
5-6단: 짧은뜨기 32 [32코]
블루색 실로 바꾸기
7-8단: 뒷고리 짧은뜨기 32 [32코]
9단: 짧은뜨기 3, 줄이기, (짧은뜨기 6, 줄이기)×3, 짧은뜨기 3 [28코]
브라운색 실로 바꾸기
10단: 짧은뜨기 28 [28코]
11단: 이 단은 뒷고리에 뜹니다. (짧은뜨기 5, 줄이기)×4 [24코]
몸통에 솜을 채웁니다.
12단: 짧은뜨기 1, 줄이기, (짧은뜨기 2, 줄이기)×5, 짧은뜨기 1 [18코]
13단: (짧은뜨기 1, 줄이기)×6 [12코]
14단: (줄이기)×6 [6코]
몸통 아랫부분에 솜을 너무 가득 채우지 말고 최대한 평평하게 유지합니다. 실 꼬리를 남기고 실을 잘라 마무리합니다. 남긴 실을 돗바늘에 꿰어 남은 코의 앞고리에 통과시킨 뒤, 세게 잡아당겨 구멍을 닫아줍니다. 실 끝이 보이지 않게 마무리합니다. 몸통을 거꾸로 잡고 10단에 남아있는 첫 번째 앞고리에 브라운색 실을 연결합니다. 여기에서 다음 단의 첫 번째 코를 시작합니다.
15단: 앞고리 짧은뜨기 28 [28코]
실을 잘라 보이지 않게 마무리합니다. 계속해서 몸통을 거꾸로 잡고 7단에 남아있는 첫 번째 앞고리에 블루색 실을 연결합니다. 여기에서 다음 단의 첫 번째 코를 시작합니다.
16단: 앞고리 짧은뜨기 32 [32코]
17단: (빼뜨기 1, 사슬뜨기 2)×32 [32코]
첫 번째 앞고리에서 빼뜨기를 합니다. 실을 잘라 보이지 않게 마무리합니다. 머리가 위를 향하도록 몸통을 잡고 6단에 남아있는 마지막 앞고리에 옅은 옐로색 실을 연결합니다.
18단: 앞고리 빼뜨기 32 [32코]
실을 잘라 보이지 않게 마무리합니다.

팔(2개, 아이보리색 실로 시작)
1단: 실 고리로 원형코 만들기, 짧은뜨기 7 [7코]
2-4단: 짧은뜨기 7 [7코]
블루색 실로 바꾸기
5-6단: 짧은뜨기 7 [7코]
팔을 평평하게 접어 입구의 코를 맞춥니다.
7단: 짧은뜨기 3 (접힌 앞, 뒤 편물을 함께 떠서 입구를 닫습니다.) [3코]
바느질할 실 꼬리를 길게 남기고 실을 잘라 마무리합니다.

머리카락(브라운색 실)

1단: 실 고리로 원형코 만들기, 짧은뜨기 6 [6코]

2단: (늘리기)×6 [12코]

3단: (짧은뜨기 1, 늘리기)×6 [18코]

4단: 짧은뜨기 1, 늘리기, (짧은뜨기 2, 늘리기)×5, 짧은뜨기 1 [24코]

5단: (짧은뜨기 3, 늘리기)×6 [30코]

6단: 짧은뜨기 2, 늘리기, (짧은뜨기 4, 늘리기)×5, 짧은뜨기 2 [36코]

7단: (짧은뜨기 5, 늘리기)×6 [42코]

8단: 짧은뜨기 3, 늘리기, (짧은뜨기 6, 늘리기)×5, 짧은뜨기 3 [48코]

9단: (짧은뜨기 7, 늘리기)×6 [54코]

10단: (짧은뜨기 17, 늘리기)×3 [57코]

11–14단: 짧은뜨기 57 [57코]

이어서 평면뜨기를 합니다.

15단: 짧은뜨기 30, 사슬뜨기 1, 방향 바꾸기 [30코]

남은 코들은 뜨지 않고 둡니다.

16단: 1코 건너뛰기, 짧은뜨기 55 (평면뜨기 시작 부분의 콧수링은 무시), 사슬뜨기 1, 방향 바꾸기 [55코]

17단: 짧은뜨기 52, 사슬뜨기 1, 방향 바꾸기 [52코]

18단: 1코 건너뛰기, 짧은뜨기 50, 사슬뜨기 1, 방향 바꾸기 [50코]

19단: 1코 건너뛰기, 짧은뜨기 24 [24코]

이 단을 마무리하지 않습니다.

이어서 원형뜨기를 합니다.

20단: 짧은뜨기 25, 단의 가장자리를 따라 짧은뜨기 7, 가운데 부분에 빼뜨기 1, 단의 가장자리를 따라 짧은뜨기 4, 짧은뜨기 24 [61코]

실을 잘라 보이지 않게 마무리합니다.

헤어번(2개, 브라운색 실)

1단: 실 고리로 원형코 만들기, 짧은뜨기 6 [6코]

2단: (늘리기)×6 [12코]

3단: (짧은뜨기 1, 늘리기)×6 [18코]

4단: 짧은뜨기 1, 늘리기, (짧은뜨기 2, 늘리기)×5, 짧은뜨기 1 [24코]

5-6단: 짧은뜨기 24 [24코]

바느질할 실 꼬리를 길게 남기고 실을 잘라 마무리합니다.

헤어번에 솜을 채웁니다.

모자(옅은 옐로색 실)

1단: 실 고리로 원형코 만들기, 짧은뜨기 6 [6코]

2단: (늘리기)×6 [12코]

3단: (짧은뜨기 1, 늘리기)×6 [18코]

4단: (짧은뜨기 1, 늘리기)×9 [27코]

5단: 짧은뜨기 1, 늘리기, (짧은뜨기 2, 늘리기)×8, 짧은뜨기 1 [36코]

6단: (짧은뜨기 3, 늘리기)×9 [45코]

7단: 짧은뜨기 2, 늘리기, (짧은뜨기 4, 늘리기)×8, 짧은뜨기 2 [54코]

8단: 뒷고리 짧은뜨기 54 [54코]

9-10단: 짧은뜨기 54 [54코]

11단: (짧은뜨기 17, 늘리기)×3 [57코]

12-14단: 짧은뜨기 57 [57코]

15단: 짧은뜨기 9, 늘리기, (짧은뜨기 18, 늘리기)×2, 짧은뜨기 9 [60코]

16단: (짧은뜨기 3, 늘리기)×15 [75코]

17단: 짧은뜨기 2, 늘리기, (짧은뜨기 4, 늘리기)×14, 짧은뜨기 2 [90코]

실을 잘라 보이지 않게 마무리합니다. 마지막 단이 아래를 향하도록 모자를 잡고 마무리 코 앞고리에 옅은 옐로색 실을 연결합니다.

18단: 앞고리 빼뜨기 90 [90코]

실을 잘라 보이지 않게 마무리합니다.

리본(블루색 실)

사슬뜨기 81, 기초 사슬코의 양면에서 뜹니다.

1단: 코바늘에서 두 번째 사슬코에서 시작, 늘리기, 짧은뜨기 78, 마지막 사슬코에 짧은뜨기 4, 기초 사슬코의 다른 면에서 계속 뜹니다. 짧은뜨기 78, 늘리기 [164코]

연결하기

- 팔을 바느질로 연결합니다(표준 버전, 16쪽).
- 블루색 실을 사용하여 매듭수로 드레스를 수놓아줍니다.
- 머리 뒤쪽 중앙에 마무리 코(마지막 코)가 오도록 머리에 머리카락을 연결합니다. 머리카락의 뒷면은 앞면보다 약간 아래에 놓여야 합니다. 머리카락 하단 부분에 헤어번을 놓고 꿰매줍니다(그림 1).
- 밀키 화이트색 실로 16단과 17단 사이에 박음질로 드레스 하단을 수놓아줍니다.
- 리본은 끝부분이 다른 끝부분을 위로 향하게 하여 모자에 꿰맵니다(그림 2, 핑크색으로 표시된 부분). 모자를 씌워줍니다.
- 밝은 레드색 실로 눈 밑의 볼을 붉게 수놓아줍니다.

양

난이도: 🌱 🌱 🌱

키: 4.1인치 / 10.5㎝(제시된 실로 떴을 때)

재료:
스포트 웨이트 실(SMC 카타니아 오리지널)
○ 크림(130)
● 샌드베이지(404)
● 밝은 브라운(437)
● 브라운 약간(438)
● 밝은 레드 약간(408)
B-1/2㎜ 코바늘
검은색 유리눈 혹은 나사형 인형눈(7㎜)
돗바늘
검은색 재봉실
콧수링
시침핀
솜

아미구루미 갤러리:
동영상으로 연결되는 URL과 QR코드:
www.amigurumipatterns.net/3319

머리(샌드베이지색 실)

나사형 인형눈 사용하기(15쪽, 마스터 패턴 참조)
10단과 11단 사이에 눈을 달아줍니다. 눈 사이의 간격은 12코가 적당합니다. 콧수링으로 표시한 코가 뒤쪽 중앙에 제대로 위치했는지 확인합니다.

몸통(샌드베이지색 실)

머리 부분의 4단에 남아있는 마지막 앞고리에 샌드베이지색 실을 연결합니다. 여기에서 다음 단의 첫 번째 코를 시작합니다.

1단: 앞고리 짧은뜨기 24 [24코]
크림색 실로 바꾸기
2단: 짧은뜨기 24 [24코]
3단: (한길긴뜨기 3코 구슬뜨기 1, 짧은뜨기 1)×12 [24코]
4단: 짧은뜨기 24 [24코]
5단: (한길긴뜨기 3코 구슬뜨기 1, 짧은뜨기 1)×12 [24코]
6단: 짧은뜨기 24 [24코]
7단: (한길긴뜨기 3코 구슬뜨기 1, 짧은뜨기 1)×12 [24코]
8단: 빼뜨기 24 [24코]
샌드베이지색 실로 바꾸기
9단: 뒷고리 짧은뜨기 24 [24코]
몸통에 솜을 채웁니다.
10단: 짧은뜨기 1, 줄이기, (짧은뜨기 2, 줄이기)×5, 짧은뜨기 1 [18코]
11단: (짧은뜨기 1, 줄이기)×6 [12코]
12단: (줄이기)×6 [6코]
몸통 아랫부분에 솜을 너무 가득 채우지 말고 최대한 평평하게 유지합니다. 실 꼬리를 남기고 실을 잘라 마무리합니다. 남긴 실을 돗바늘에 꿰어 남은 코의 앞고리에 통과시킨 뒤, 세게 잡아당겨 구멍을 닫아줍니다(그림 1). 실 끝이 보이지 않게 마무리합니다. 몸통을 거꾸로 잡고 8단에 남아있는 첫 번째 앞고리에 밝은 브라운색 실을 연결합니다. 여기에서 다음 단의 첫 번째 코를 시작합니다.
13단: 앞고리 짧은뜨기 24 [24코]
실을 잘라 보이지 않게 마무리합니다.

팔(2개, 샌드베이지색 실)
1단: 실 고리로 원형코 만들기, 짧은뜨기 7 [7코]
2-5단: 짧은뜨기 7 [7코]

팔을 평평하게 접어 입구의 코를 맞춥니다.
6단: 짧은뜨기 3 (접힌 앞, 뒤 편물을 함께 떠서 입구를 닫습니다.) [3코]
바느질할 실 꼬리를 길게 남기고 실을 잘라 마무리합니다.

양모 모자(크림색 실)
1단: 실 고리로 원형코 만들기, 짧은뜨기 6 [6코]
2단: (한길긴뜨기 3코 구슬뜨기 1, 같은 코에 짧은뜨기 1)×6 [12코]
3단: (늘리기)×12 [24코]
4단: (한길긴뜨기 4코 구슬뜨기 1, 짧은뜨기 1)×12 [24코]
5단: (짧은뜨기 1, 늘리기)×12 [36코]
6단: (한길긴뜨기 4코 구슬뜨기 1, 짧은뜨기 1)×18 [36코]
7단: (짧은뜨기 5, 늘리기)×6 [42코]
8단: (한길긴뜨기 4코 구슬뜨기 1, 짧은뜨기 1)×21 [42코]
9단: 짧은뜨기 42 [42코]
10단: (한길긴뜨기 4코 구슬뜨기 1, 짧은뜨기 1)×21 [42코]
11단: 짧은뜨기 42 [42코]
12단: (한길긴뜨기 4코 구슬뜨기 1, 짧은뜨기 1)×21 [42코]
실을 잘라 보이지 않게 마무리합니다. 마지막 단이 아래를 향하도록 양모 모자를 잡고 마무리 코 앞고리에 밝은 브라운색 실을 연결합니다(그림 2).
13단: 앞고리 빼뜨기 42 [42코]
실을 잘라 보이지 않게 마무리합니다.

안쪽 귀(2개, 밝은 레드색 실)
사슬뜨기 6, 기초 사슬코의 양쪽에서 뜹니다.
1단: 코바늘에서 두 번째 사슬코에서 시작, 빼뜨기 1, 짧은뜨기 1, 긴뜨기 1, 한길긴뜨기 1, 마지막 사슬코에 한길긴뜨기 6, 기초 사슬코의 다른 쪽 면에서 계속 뜹니다. 한길긴뜨기 1, 긴뜨기 1,

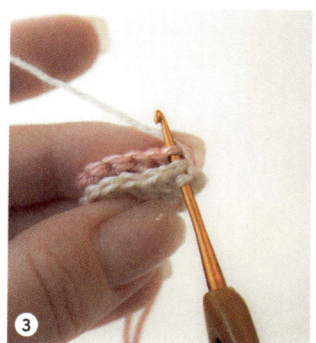

짧은뜨기 1, 빼뜨기 1 [14코]
실을 잘라 실 끝이 보이지 않게 마무리합니다.

바깥 귀(2개, 크림색 실)

1단: 안쪽 귀의 패턴을 그대로 반복합니다.
단을 마무리하지 않습니다. 다음 단에서 안쪽과 바깥쪽 귀를 함께
연결할 것입니다.
안쪽 귀와 바깥쪽 귀의 뒷면을 함께 포개어 코를 맞춥니다.
바깥쪽 귀가 여러분을 향하게 하고 사슬뜨기 1코를 뜹니다.
다음 단에서 바깥쪽 귀의 앞뒤 고리와 안쪽 귀의 앞고리에 바늘을
넣어줍니다(그림 3).
2단: 짧은뜨기 4, 늘리기, 짧은뜨기 1, (늘리기)×2, 짧은뜨기 1,
늘리기, 짧은뜨기 4, 첫 사슬코에 짧은뜨기 1 [19코]
이제 귀를 반으로 접어줍니다.
3단: 양쪽을 접어 빼뜨기 3 [3코] (그림 4)
바느질할 실 꼬리를 길게 남기고 실을 잘라 마무리합니다.

뿔(2개, 샌드베이지색 실)

1단: 실 고리로 원형코 만들기, 짧은뜨기 4 [4코]
2단: 늘리기, 짧은뜨기 3 [5코]
3단: 늘리기, 짧은뜨기 4 [6코]
4-12단은 뒷고리에 뜹니다.
4단: 늘리기, 짧은뜨기 5 [7코]
5단: 늘리기, 짧은뜨기 6 [8코]
6단: 늘리기, 짧은뜨기 7 [9코]
7단: 늘리기, 짧은뜨기 8 [10코]
8단: 늘리기, 짧은뜨기 9 [11코]
9단: 짧은뜨기 11 [11코]
10단: 늘리기, 짧은뜨기 10 [12코]
11단: 짧은뜨기 12 [12코]
12단: 늘리기, 짧은뜨기 11 [13코]

바느질할 실 꼬리를 길게 남기고 실을 잘라 마무리합니다.
뿔에 솜을 채웁니다.

연결하기

- 뿔은 샌드베이지색 실로 각 앞고리를 통과시켜 뿔의 솟은 부분을
  수놓아줍니다(그림 5). 뿔의 끝을 접어 꿰매줍니다(그림 6).
- 얼굴 중앙 9단과 10단 사이에 코를 브라운색 실로 수놓아줍니다.
- 양모 모자를 머리 뒤쪽 중앙에 마무리 코(마지막 코)가 오도록 하여
  고정시킵니다. 모자의 뒷면은 앞면보다 약간 아래에 놓여야 합니다.
- 뿔과 귀를 양모 모자 위에 놓고 후드의 중앙 지점에서 약간 앞으로
  이동하여 꿰매줍니다.
- 팔을 바느질합니다(짧은 버전, 16쪽).
- 눈 위의 눈썹은 검은색 재봉실로, 밝은 레드색 실로 눈 밑의 볼을
  붉게 수놓아줍니다.

꽃 파는 소녀

난이도: 🌱🌱🌱

키: 4.5인치 / 11.5㎝(제시된 실로 떴을 때)

재료:

스포트 웨이트 실(SMC 카타니아 오리지널)

밀키 화이트(105)

샌드베이지(404)

피치(401)

옅은 레드(427)

밝은 브라운(437)

밝은 레드 약간(408)

B-1/2mm 코바늘

돗바늘

짙은 브라운 재봉실

콧수링

시침핀

솜

아미구루미 갤러리:

동영상으로 연결되는 URL과 QR코드:

www.amigurumipatterns.net/3320

머리(샌드베이지색 실)

웃는 얼굴(15쪽, 마스터 패턴 참조)

몸통(샌드베이지색 실로 시작)

머리 부분 4단에 남아있는 마지막 앞고리에 샌드베이지색 실을 연결합니다. 여기에서 다음 단의 첫 번째 코를 시작합니다.

1단: 앞고리 짧은뜨기 24 [24코]

밀키 화이트색 실로 바꾸기

2단: 이 단은 뒷고리에 뜹니다. (짧은뜨기 5, 늘리기)×4 [28코]

옅은 레드색 실로 바꾸기

3단: 뒷고리 짧은뜨기 28 [28코]

4단: 짧은뜨기 3, 늘리기, (짧은뜨기 6, 늘리기)×3, 짧은뜨기 3 [32코]

5-6단: 짧은뜨기 32 [32코]

나중을 위하여 6단의 19번째 코에 콧수링으로 표시합니다.

피치색 실로 바꾸기

7-8단: 뒷고리 짧은뜨기 32 [32코]

9단: 짧은뜨기 3, 줄이기, (짧은뜨기 6, 줄이기)×3, 짧은뜨기 3 [28코]

밝은 브라운색 실로 바꾸기

10단: 짧은뜨기 28 [28코]

11단: 이 단은 뒷고리에 뜹니다. (짧은뜨기 5, 줄이기)×4 [24코]

몸통에 솜을 채웁니다.

12단: 짧은뜨기 1, 줄이기 (짧은뜨기 2, 줄이기)×5, 짧은뜨기 1 [18코]

13단: (짧은뜨기 1, 줄이기)×6 [12코]

14단: (줄이기)×6 [6코]

몸통 아랫부분에 솜을 너무 가득 채우지 말고 최대한 평평하게 유지합니다. 실 꼬리를 남기고 실을 잘라 마무리합니다. 남긴 실을 돗바늘에 꿰어 남은 코의 앞고리에 통과시킨 뒤, 세게 잡아당겨 구멍을 닫아줍니다. 실 끝이 보이지 않게 마무리합니다. 몸통을 거꾸로 잡고 10단에 남아있는 첫 번째 앞고리에 밝은 브라운색 실을 연결합니다. 여기에서 다음 단의 첫 번째 코를 시작합니다.

15단: 앞고리 짧은뜨기 28 [28코]

실을 잘라 보이지 않게 마무리합니다. 계속해서 몸통을 거꾸로 잡고 7단에 남아있는 첫 번째 앞고리에 피치색 실을 연결합니다. 여기에서 다음 단의 첫 번째 코를 시작합니다.

16단: 앞고리 짧은뜨기 32 [32코]

17단: (짧은뜨기 7, 늘리기)×4 [36코]

실을 잘라 보이지 않게 마무리합니다. 몸통을 머리가 위를 향하도록 잡고 17단의 마무리 코 앞고리에 밀키 화이트색 실을 연결합니다.

18단: 앞고리 빼뜨기 36 [36코]

실을 잘라 보이지 않게 마무리합니다. 몸통 6단의 앞고리에 표시된 콧수링을 찾아봅니다. 머리를 위로 향하게 하여 몸통을 잡고 이 앞고리에 밀키 화이트색 실을 연결하여 앞치마를 만듭니다(그림 1). 여기에서 다음 단의 첫 번째 코를 시작합니다.

19단: 이 단은 앞고리에 뜹니다. (몸통 코에 짧은뜨기 1, 사슬뜨기 3 (그림 2))×5, 몸통 코에 짧은뜨기 1 [6코+사슬코 15]

실을 잘라 실 끝이 보이지 않게 마무리합니다.

팔(2개, 샌드베이지색 실로 시작)

1단: 실 고리로 원형코 만들기, 짧은뜨기 7 [7코]

2-4단: 짧은뜨기 7 [7코]

밀키 화이트색 실로 바꾸기

5단: 뒷고리 짧은뜨기 7 [7코]

6단: 짧은뜨기 7 [7코]
팔을 평평하게 접어 입구의 코를 맞춥니다.
7단: 짧은뜨기 3(접힌 앞, 뒤 편물을 함께 떠서 입구를 닫습니다.)
[3코]
바느질할 실 꼬리를 길게 남기고 실을 잘라 마무리합니다.
손바닥이 아래로 향하게 팔을 잡고 4단의 첫 번째 앞고리에 밀키
화이트색 실을 연결합니다.
8단: (사슬뜨기 2, 다음 앞고리에 짧은뜨기 1)×7
마지막 짧은뜨기 코는 첫 앞고리에서 떠야 합니다. 실을 잘라
보이지 않게 마무리합니다.

스트랩 끈(2개, 옅은 레드색 실)
시작 실 꼬리를 길게 남기고 사슬뜨기 5
바느질할 실 꼬리를 길게 남기고 실을 잘라 마무리합니다.

머리카락(밝은 브라운색 실)
1단: 실 고리로 원형코 만들기, 짧은뜨기 6 [6코]
2단: (늘리기)×6 [12코]

3단: (짧은뜨기 1, 늘리기)×6 [18코]
4단: 짧은뜨기 1, 늘리기, (짧은뜨기 2, 늘리기)×5, 짧은뜨기 1 [24코]
5단: (짧은뜨기 3, 늘리기)×6 [30코]
6단: 짧은뜨기 2, 늘리기, (짧은뜨기 4, 늘리기)×5, 짧은뜨기 2 [36코]
7단: (짧은뜨기 5, 늘리기)×6 [42코]
8단: 짧은뜨기 3, 늘리기, (짧은뜨기 6, 늘리기)×5, 짧은뜨기 3 [48코]
9단: (짧은뜨기 7, 늘리기)×6 [54코]
10단: (짧은뜨기 17, 늘리기)×3 [57코]
11-14단: 짧은뜨기 57 [57코]
이어서 평면뜨기를 합니다.
15단: 짧은뜨기 30, 사슬뜨기 1, 방향 바꾸기 [30코]
나머지 코들은 뜨지 않고 남겨둡니다.
16단: 1코 건너뛰기, 짧은뜨기 55(시작 단의 콧수링 표시는 무시),
사슬뜨기 1, 방향 바꾸기 [55코]
17단: 1코 건너뛰기, 짧은뜨기 52, 사슬뜨기 1, 방향 바꾸기 [52코]
18단: 1코 건너뛰기, 짧은뜨기 50, 사슬뜨기 1, 방향 바꾸기 [50코]
19단: 1코 건너뛰기, 짧은뜨기 24 [24코]
이 단을 마무리하지 않고 이어서 원형뜨기를 합니다.

20단: 짧은뜨기 25, 단의 가장자리를 따라 짧은뜨기 6(그림 3에 표시된 부분), 가운데 부분에 빼뜨기 1, 단의 가장자리를 따라 계속 뜨기, (머리카락 코에 짧은뜨기 1, 사슬뜨기 3, 머리카락 코에 짧은뜨기 1, 사슬뜨기 4)×2, 마지막 단 끝에서 짧은뜨기 1, (사슬뜨기 3, 머리카락 코에 짧은뜨기 1, 사슬뜨기 4, 머리카락 코에 짧은뜨기 1) ×3(그림 4), 짧은뜨기 17
실을 잘라 보이지 않게 마무리합니다.

보닛 모자(밀키 화이트색 실)

사슬뜨기 7, 기초 사슬코의 양쪽에서 뜹니다.

1단: 코바늘에서 두 번째 사슬코에서 시작, 짧은뜨기 5, 마지막 사슬코에 짧은뜨기 4, 기초 사슬코의 다른 쪽 면에서 계속 뜹니다. 짧은뜨기 5, 사슬뜨기 1, 방향 바꾸기 [14코] (그림 5)
계속해서 평면뜨기를 합니다.

2단: 짧은뜨기 2, 긴뜨기 1, 한길긴뜨기 2, (한길긴뜨기 늘리기)×4, 한길긴뜨기 2, 긴뜨기 1, 짧은뜨기 2, 사슬뜨기 1, 방향 바꾸기 [18코]

3단: 짧은뜨기 1, 긴뜨기 3, 한길긴뜨기 2, (한길긴뜨기 늘리기)×6, 한길긴뜨기 2, 긴뜨기 3, 짧은뜨기 1, 사슬뜨기 1, 방향 바꾸기 [24코]

4단: 짧은뜨기 4, (늘리기, 짧은뜨기 1)×4, (짧은뜨기 1, 늘리기)×4, 짧은뜨기 4, 사슬뜨기 1, 방향 바꾸기 [32코] (그림 6, 화살표는 다음 단의 방향을 알려줍니다.)
화살표를 따라 다음 단을 뜹니다.

5단: 뒷고리 짧은뜨기 32, 앞뒤 고리에 계속 뜨기, 단의 가장자리를 따라 짧은뜨기 7(그림 7, 다른 방향에서 본 표시) [39코]
이어 다시 원형뜨기 단을 뜹니다(그림 8).

6단: (짧은뜨기 3, 늘리기)×8, 바닥 부분에 짧은뜨기 7 [47코]

7단: 짧은뜨기 40, 바닥 부분에 짧은뜨기 7 [47코]
콧수링을 제거한 후 다음 코에 짧은뜨기를 합니다. 방금 뜬 마지막 코에 콧수링으로 표시하고 다음 코가 다음 단의 새로운 시작 코가 됩니다.
이어 평면뜨기를 뜹니다.

8단: 짧은뜨기 2, 긴뜨기 2, 한길긴뜨기 3, 한길긴뜨기 늘리기, 한길긴뜨기 8, 한길긴뜨기 늘리기, 한길긴뜨기 7, 한길긴뜨기 늘리기, 한길긴뜨기 8, 한길긴뜨기 늘리기, 한길긴뜨기 2, 긴뜨기 2, 짧은뜨기 2, 사슬뜨기 1, 방향 바꾸기 [44코]

9단: 앞고리 짧은뜨기 44, 사슬뜨기 2, 방향 바꾸기 [44코] (그림 9)

10단: 한길긴뜨기 9, 한길긴뜨기 늘리기, 한길긴뜨기 8, 한길긴뜨기 늘리기, 한길긴뜨기 6, 한길긴뜨기 늘리기, 한길긴뜨기 8, 한길긴뜨기 늘리기, 한길긴뜨기 9, 사슬뜨기 1, 방향 바꾸기 [48코]

11단: 앞고리 짧은뜨기 48, 사슬뜨기 2, 방향 바꾸기 [48코]

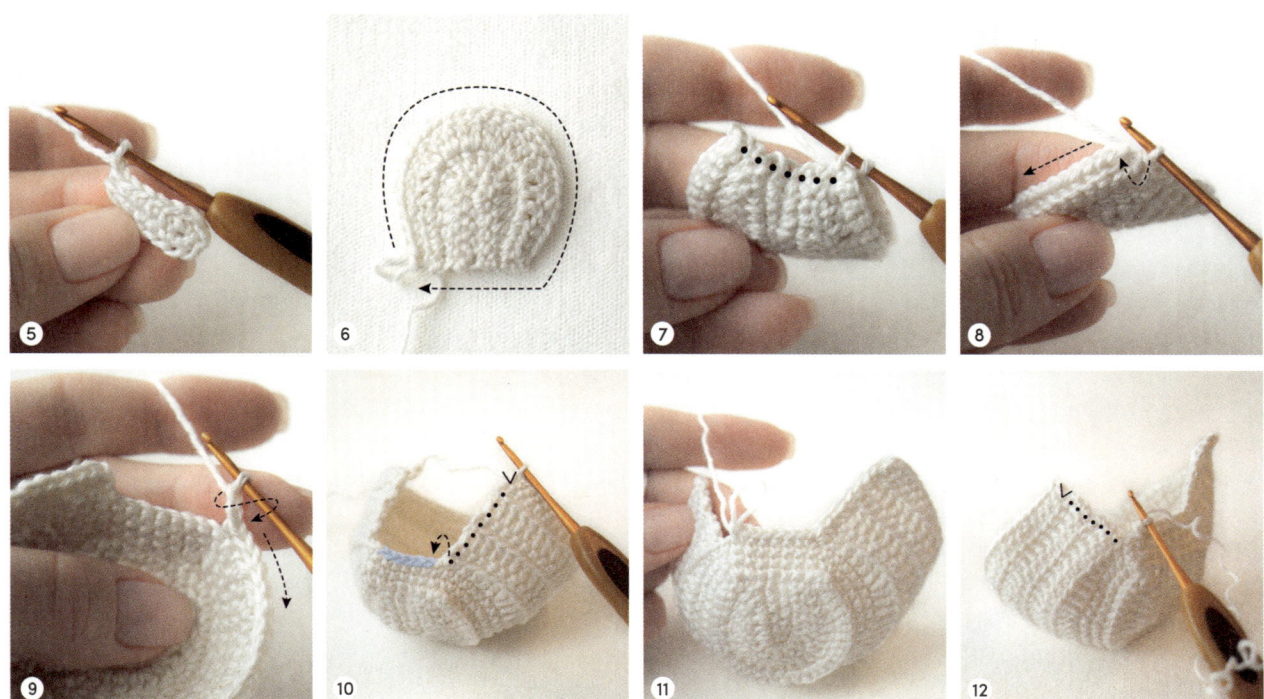

12단: 한길긴뜨기 10, 한길긴뜨기 늘리기, 한길긴뜨기 9,
한길긴뜨기 늘리기, 한길긴뜨기 6, 한길긴뜨기 늘리기,
한길긴뜨기 9, 한길긴뜨기 늘리기, 한길긴뜨기 10, 사슬뜨기 1,
방향 바꾸기 [52코]

13단: 앞고리 짧은뜨기 52, 사슬뜨기 1, 방향 바꾸기 [52코]
다시 원형뜨기 단을 뜹니다.

14단: 짧은뜨기 8, 긴뜨기 5, 한길긴뜨기 26, 긴뜨기 5, 짧은뜨기 7,
늘리기, 단의 가장자리를 따라 짧은뜨기 8(그림 10에 표시된 부분),
하단에서 이어뜨기, 늘리기, 짧은뜨기 4, 늘리기, 1코 건너뛰기(그림
10-11), 단의 가장자리를 따라 짧은뜨기 7, 늘리기(그림 12) [78코]

15단: 짧은뜨기 53, 사슬뜨기 1, 방향 바꾸기 [53코]
이 단을 마무리하지 않고 이어서 평면뜨기를 합니다.

16단: 빼뜨기 54, 사슬뜨기 1, 방향 바꾸기 [54코]
편물을 뒤집을 때, 15단에서 뜬 짧은뜨기 코에 남아있는 상단
고리들을 볼 수 있습니다.

17단: 이 단은 15단의 앞고리에 뜹니다. 15단의 첫 코에서
시작(그림 13), 느슨하게 빼뜨기 4, 짧은뜨기 8, 긴뜨기 8,
한길긴뜨기 14, 긴뜨기 8, 짧은뜨기 8, 느슨하게 빼뜨기 4,
사슬뜨기 1, 방향 바꾸기 [54코]

18단: 빼뜨기 5, 짧은뜨기 7(그림 14), 늘리기, 짧은뜨기 3, (늘리기,
짧은뜨기 2)×7, 늘리기, 짧은뜨기 3, 늘리기, 짧은뜨기 7, 빼뜨기 5
[64코]
실을 잘라 실 끝이 보이지 않게 마무리합니다. 모자의 마지막 단이
위를 향하도록 들고 18단에 남아있는 마지막 앞고리에 피치색 실을
연결합니다. 두 번째 코에서 다음 단의 첫 번째 코를 시작합니다.

19단: 앞고리 빼뜨기 62 [62코] (그림 15)
실을 잘라 보이지 않게 마무리합니다(그림 16). 모자의 마지막 단이
아래로 향하도록 들고 4단에 남아있는 첫 번째 앞고리에 피치색
실을 연결합니다. 두 번째 코에서 다음 단의 첫 번째 코를
시작합니다.

20단: 앞고리 빼뜨기 31 [31코] (그림 17)
실을 잘라 실 끝이 보이지 않게 마무리합니다(그림 18).

연결하기

- 팔을 달아줍니다(표준 버전, 16쪽).
- 몸통 앞부분에 있는 두 개의 십자가 모양을 밀키 화이트색 실로
  수놓아줍니다.
- 2단과 3단 사이 가장자리에 스트랩 끈을 끼우고
  바느질합니다(109쪽, 그림 9-10 참조).
- 머리 뒤쪽 중앙에 마무리 코(마지막 코)가 오도록 머리에
  머리카락을 연결합니다. 머리카락의 뒷면은 앞면보다 약간 아래에
  놓여야 합니다.
- 보닛 모자를 씌우고 하단의 밀키 화이트색 실을 연결하여
  목 아랫부분에 리본을 묶어줍니다.
- 밝은 레드색 실로 눈 밑의 볼을 붉게 수놓아줍니다.

수선화

난이도: 🌱🌱🌱

키: 5인치 / 12.5cm(제시된 실로 떴을 때)

재료:
스포트 웨이트 실(SMC 카타니아 오리지널)
- 밀키 화이트(105)
- 옐로(403)
- 밝은 옐로(208)
- 밝은 그린(392)
- 그린(418)
- 너트 브라운(179)
- 브라운(438)
- 밝은 레드 약간(408)

검은색 유리눈 혹은 나사형 인형눈(7mm)
B-1/2mm 코바늘
돗바늘
검은색 재봉실
콧수링
시침핀
솜

아미구루미 갤러리:
동영상으로 연결되는 URL과 QR코드:
www.amigurumipatterns.net/3321

부화관(옐로색 실)

1단: 실 고리로 원형코 만들기, 짧은뜨기 6 [6코]
2단: 이 단은 뒷고리에 뜹니다. (짧은뜨기 1, 늘리기)×3 [9코]
3단: 짧은뜨기 1, 늘리기, (짧은뜨기 2, 늘리기)×2, 짧은뜨기 1 [12코]
4단: 짧은뜨기 12 [12코]
5단: (짧은뜨기 3, 늘리기)×3 [15코]
6단: 짧은뜨기 2, 늘리기, (짧은뜨기 4, 늘리기)×2, 짧은뜨기 2 [18코]
7단: 짧은뜨기 18 [18코]
밝은 옐로색 실로 바꾸기
8단: 이 단은 뒷고리에 뜹니다. (짧은뜨기 1, 사슬뜨기 3)×18 [18코]
(그림 1) 다음 코에 빼뜨기 1
실을 잘라 실 끝이 보이지 않게 마무리합니다.

꽃잎(밀키 화이트색 실)

마지막 단이 아래를 향하도록 부화관 부분을 잡고 1단에 남아있는 마지막 앞고리에 밀키 화이트색 실을 연결합니다.
9단: 이 단은 앞고리에 뜹니다. (사슬뜨기 8, 코바늘에서 두 번째 사슬코에서 시작, 빼뜨기 7, 부화관 코에 빼뜨기 1)×6 [6 꽃잎]
(그림 2-3)
마지막 빼뜨기 코는 반드시 첫 앞고리에서 떠야 합니다. 각 꽃잎의 양쪽을 따라 계속 뜹니다.
10단: 기초 사슬코에서 계속, 짧은뜨기 1, 긴뜨기 1, 한길긴뜨기 4, 긴뜨기 1(그림 4), 다음 기둥코(사슬)에 짧은뜨기 2+사슬뜨기 2+짧은뜨기 2(1단의 마지막 사슬의 시작코에서, 그림 5), 9단의 빼뜨기 코의 뒷고리에서 계속, (뒷고리에 계속, 긴뜨기 1(그림 6), 한길긴뜨기 4, 긴뜨기 1, 짧은뜨기 1, 앞뒤 고리에 계속, 9단의 빼뜨기 코에서 빼뜨기 1)×6
실을 잘라 실 끝이 보이지 않게 마무리합니다.

잎사귀(그린색 실)

사슬뜨기 14, 평면뜨기를 뜹니다.

1단: 코바늘에서 두 번째 사슬코에서 시작, 빼뜨기 13, 사슬뜨기 1, 방향 바꾸기 [13코]

잎사귀의 양쪽을 따라 계속 뜹니다.

2단: 앞고리 짧은뜨기 1, 앞고리 긴뜨기 10, 앞고리 짧은뜨기 2, 기둥코(사슬)에 짧은뜨기 2+사슬뜨기 2+짧은뜨기 2(시작 사슬코의 마지막 사슬코), 시작 사슬코에서 계속 뜹니다. 짧은뜨기 2, 긴뜨기 10, 짧은뜨기 1, 사슬뜨기 1, 방향 바꾸기 [30코+사슬코 2]

3단: 빼뜨기 15, 사슬코에 빼뜨기 1, 사슬뜨기 2, 사슬코에서 빼뜨기 1, 빼뜨기 15 [32코+사슬코 2]

바느질할 실 꼬리를 길게 남기고 실을 잘라 마무리합니다.

꽃 수술(옐로색 실)

1단: (사슬뜨기 5, 코바늘에서 두 번째 사슬코에서 시작, 짧은뜨기 1, 빼뜨기 3)×3, 시작 사슬코의 첫 사슬코에 빼뜨기

바느질할 실 꼬리를 길게 남기고 실을 잘라 마무리합니다.

화분(너트 브라운색 실로 시작)

1단: 실 고리로 원형코 만들기, 짧은뜨기 6 [6코]

2단: (늘리기)×6 [12코]

3단: (짧은뜨기 1, 늘리기)×6 [18코]

4단: (짧은뜨기 1, 늘리기)×9 [27코]

5단: (짧은뜨기 3, 늘리기, 짧은뜨기 4, 늘리기)×3 [33코]

6단: 뒷고리 짧은뜨기 33 [33코]

7단: 짧은뜨기 5, 늘리기, (짧은뜨기 10, 늘리기)×2, 짧은뜨기 5 [36코]

8-9단: 짧은뜨기 36 [36코]

10단: (짧은뜨기 11, 늘리기)×3 [39코]

11-12단: 짧은뜨기 39 [39코]

13단: 뒷고리 짧은뜨기 39 [39코]

8단과 9단 사이에 눈을 달아줍니다. 눈 사이의 간격은 9코가 적당합니다. 콧수링으로 표시한 코가 뒤쪽 중앙에 제대로 위치했는지 확인합니다.

14단: 짧은뜨기 39 [39코]

15단: 앞고리 짧은뜨기 39 [39코]

실을 잘라 보이지 않게 마무리합니다. 화분의 마지막 단이 위를
향하도록 들고 14단에 남아있는 첫 번째 뒷고리에 브라운색 실을
연결합니다(그림 7). 여기에서 다음 단의 첫 번째 코를 시작합니다.

16단: 이 단은 뒷고리에 뜹니다. (짧은뜨기 11, 줄이기)×3 [36코]

17단: 짧은뜨기 1, 줄이기, (짧은뜨기 2, 줄이기)×8, 짧은뜨기 1
[27코]

화분에 솜을 채웁니다(그림 8).

18단: (짧은뜨기 1, 줄이기)×9 [18코]

19단: (줄이기)×9 [9코]

줄기를 뜨기 위해 밝은 그린색 실로 바꾸기

20단: (줄이기)×4, 짧은뜨기 1 [5코]

뜨면서 줄기에 솜을 채웁니다.

21-33단: 짧은뜨기 5 [5코]

34단: 짧은뜨기 4, 늘리기 [6코]

35단: (늘리기)×6 [12코]

바느질할 실 꼬리를 길게 남기고 실을 잘라 마무리합니다. 화분을
거꾸로 잡고 5단에 남아있는 마지막 앞고리에 너트 브라운색 실을
연결합니다(그림 9). 여기에서 다음 단의 첫 번째 코를 시작합니다.

36단: 앞고리 짧은뜨기 33 [33코]

실을 잘라 보이지 않게 마무리합니다. 화분을 거꾸로 잡고 15단에
남아있는 마지막 앞고리에 너트 브라운색 실을 연결합니다(그림 9).
사슬뜨기 2코를 뜨고 여기에서 다음 단의 첫 번째 코를 시작합니다.

37단: 앞고리 한길긴뜨기 39 [39코]

바느질할 실 꼬리를 길게 남기고 실을 잘라 마무리합니다. 37단의
뒷고리를 12단에 남아있는 앞고리에 꿰매 연결해줍니다(그림 10).

연결하기

- 수술을 부화관 안쪽에 놓고 꿰매 달아줍니다.
- 꽃의 중앙 바닥에 줄기를 놓고 꿰매 연결합니다.
- 줄기 주위에 잎사귀를 놓고 바느질합니다.
- 눈과 같은 단에 검은색 재봉실로 입에 수를 놓아줍니다.
- 밝은 레드색 실로 눈 밑의 볼을 붉게 수놓아줍니다.

9

10

초롱꽃

난이도: 🌱🌱🌱

키: 5인치 / 12.5㎝(제시된 실로 떴을 때)

재료:
스포트 웨이트 실(SMC 카타니아 오리지널)
밀키 화이트(105)
● 블루(173)
● 밝은 그린(392)
● 그린(418)
● 너트 브라운(179)
● 브라운(438)
● 밝은 레드 약간(408)
검은색 유리눈 혹은 나사형 인형눈(7㎜)
B-1/2㎜ 코바늘
돗바늘
검은색 재봉실
콧수링
시침핀
솜

아미구루미 갤러리:
동영상으로 연결되는 URL과 QR코드:
www.amigurumipatterns.net/3322

꽃(블루색 실)

사슬뜨기 11, 평면뜨기를 합니다.
1단: 코바늘에서 두 번째 사슬코에서 시작, 짧은뜨기 1, 긴뜨기 1, 한길긴뜨기 1, 두길긴뜨기 3, 한길긴뜨기 2, 긴뜨기 1, 짧은뜨기 1, 사슬뜨기 1, 방향 바꾸기 [10코]
2-19단은 뒷고리에 뜹니다(기둥코(사슬)는 제외).
2단: 빼뜨기 10, 다음 기둥코(사슬)에 빼뜨기 1(그림 1에 표시된 부분), 사슬뜨기 1, 방향 바꾸기 [11코]
3단: 빼뜨기 1, 짧은뜨기 1, 긴뜨기 1, 한길긴뜨기 3, 긴뜨기 3,

짧은뜨기 2(그림 2), 사슬뜨기 1, 방향 바꾸기 [11코]
4단: 빼뜨기 8, 사슬뜨기 3, 방향 바꾸기 [8코] (그림 3)
5단: 두 번째 사슬코에서 시작, 짧은뜨기 1, 긴뜨기 1, 지금부터 꽃 코에 뜹니다. 한길긴뜨기 1, 두길긴뜨기 3, 한길긴뜨기 2, 긴뜨기 1, 짧은뜨기 1, 사슬뜨기 1, 방향 바꾸기 [10코]
6단: 빼뜨기 10, 다음 기둥코(사슬)에 빼뜨기 1, 사슬뜨기 1, 방향 바꾸기 [11코]
7단: 빼뜨기 1, 짧은뜨기 1, 긴뜨기 1, 한길긴뜨기 3, 긴뜨기 3, 짧은뜨기 2, 사슬뜨기 1, 방향 바꾸기 [11코]
8-19단: 4-7단을 3번 더 반복해서 뜹니다(총 19단). (그림 4)
꽃의 가장자리를 서로 접어서 봉오리 모양을 만듭니다. 빼뜨기 8코로 가장자리를 연결합니다(시작 사슬코와 마지막 단의 뒷고리에 바늘을 넣어 연결(그림 5)). 실을 잘라 실 끝이 보이지 않게 마무리합니다.
꽃봉오리가 아래를 향하도록 들고 옆면 끝에 있는 고리에 블루색 실을 연결합니다(그림 6에 퍼플색 실로 표시된 부분). 표시된 고리의 각 코에 짧은뜨기를 뜹니다(그림 7-8). 실 꼬리를 남기고 실을 잘라 마무리합니다. 남긴 실을 돗바늘에 꿰어 남은 코의 앞고리에 통과시킨 뒤, 세게 잡아당겨 구멍을 닫아줍니다. 실 끝이 보이지 않게 마무리합니다.

잎사귀(그린색 실)

94쪽의 수선화 잎사귀 패턴을 참조하여 그대로 뜹니다.

수술(밀키 화이트색 실)

1단: (사슬뜨기 10, 코바늘에서 두 번째 사슬코에서 시작, 짧은뜨기 1, 빼뜨기 8)×3, 시작 사슬코의 첫 코에서 빼뜨기
바느질할 실 꼬리를 길게 남기고 실을 잘라 마무리합니다.

화분(너트 브라운색 실로 시작)

1-20단은 수선화의 화분 패턴을 그대로 반복합니다. 이어 밝은 그린색 실로 뜹니다.
21-34단: 짧은뜨기 5 [5코]
35단: 이 단은 앞고리에 뜹니다. (늘리기)×5 [10코]
36단: (짧은뜨기 1, 사슬뜨기 3, 코바늘에서 두 번째 사슬코에서 시작, 짧은뜨기 1, 한길긴뜨기 1, 화분 코에 짧은뜨기 1)×5
바느질할 실 꼬리를 길게 남기고 실을 잘라 마무리합니다. 화분을 거꾸로 들고 5단의 마지막 앞고리에 너트 브라운색 실을 연결합니다. 여기에서 다음 단의 첫 번째 코를 시작합니다.
37단: 앞고리 짧은뜨기 33 [33코]
실을 잘라 보이지 않게 마무리합니다. 화분을 거꾸로 들고 15단의 마지막 앞고리에 너트 브라운색 실을 연결합니다. 사슬뜨기 2코를 뜨고, 여기에서 다음 단의 첫 번째 코를 시작합니다.

38단: 앞고리 한길긴뜨기 39 [39코]
바느질할 실 꼬리를 길게 남기고 실을 잘라 마무리합니다. 38단의
뒷고리를 12단에 남아있는 앞고리에 꿰매줍니다.

연결하기
• 수술을 꽃봉오리 안에 놓고 바느질해줍니다.
• 꽃의 중앙 바닥에 줄기를 놓고 꿰매어 이동하면서 그 주위에
  솔기를 만듭니다.

• 줄기 주위에 잎을 놓고 꿰맵니다.
• 눈과 같은 단에 검은색 재봉실로 입을 수놓아줍니다.
• 밝은 레드색 실로 눈 밑의 볼을 붉게 수놓아줍니다.

①	②	③	④
⑤	⑥	⑦	⑧

국화꽃

난이도: ♛ ♛ ♛

키: 4.5인치 / 11.5㎝(제시된 실로 떴을 때)

재료:

스포트 웨이트 실(SMC 카타니아 오리지널)
● 피치(401)
● 옅은 레드(427)
● 밝은 그린(392)
● 그린(418)
● 너트 브라운(179)
● 브라운(438)
● 밝은 레드 약간(408)
검은색 유리눈 혹은 나사형 인형눈(7㎜)
B-1/2㎜ 코바늘
돗바늘
검은색 재봉실
콧수링
시침핀
솜

아미구루미 갤러리:
동영상으로 연결되는 URL과 QR코드:
www.amigurumipatterns.net/3323

꽃(밝은 그린색 실로 시작)

1단: 실 고리로 원형코 만들기, 짧은뜨기 6 [6코]

2단: (늘리기)×6 [12코]

3단: 이 단은 뒷고리에 뜹니다. (짧은뜨기 1, 늘리기)×6 [18코]
실을 잘라 실 끝이 보이지 않게 마무리합니다. 3단의 첫 번째 앞고리에 피치색 실을 연결하여 작은 꽃잎을 만듭니다(그림 1).

4단: (사슬뜨기 5, 코바늘에서 두 번째 사슬코에서 시작, 긴뜨기 3, 짧은뜨기 1, 3단의 다음 앞고리에 빼뜨기 1(그림 2))×17 [꽃잎 17] (그림 3)
실을 잘라 실 끝이 보이지 않게 마무리합니다. 꽃을 뒤집어 안쪽 면에서 3단의 첫 번째 뒷고리에 피치색 실을 연결하여 큰 꽃잎을 만듭니다(그림 4).

5단: (사슬뜨기 6, 코바늘에서 두 번째 사슬코에서 시작, 긴뜨기 4, 짧은뜨기 1, 3단의 다음 뒷고리에 빼뜨기 1)×17 [꽃잎 17]
실을 잘라 실 끝이 보이지 않게 마무리합니다. 꽃을 겉면으로 돌려 2단의 첫 앞고리에 옅은 레드색 실을 연결합니다(그림 5).

6단: 이 단은 앞고리에 뜹니다. (사슬뜨기 3+꽃 코에 빼뜨기 1+사슬뜨기 3+다음 꽃 코에 빼뜨기 1)×2단의 모든 앞고리에서 반복하기

잎사귀(그린색 실)

사슬뜨기 10, 평면뜨기를 합니다.

1단: 코바늘에서 두 번째 사슬코에서 시작, 짧은뜨기 9, 사슬뜨기 1, 방향 바꾸기 [9코]
타원형의 양쪽을 따라 뜹니다.

2단: 빼뜨기 1, 짧은뜨기 1, 긴뜨기 1, 한길긴뜨기 4, 긴뜨기 1, 짧은뜨기 1, 다음 기둥코(사슬)에서 짧은뜨기 1(시작 사슬코의 마지막 사슬) 시작 사슬코에 이어 짧은뜨기 1, 긴뜨기 1, 한길긴뜨기 4, 긴뜨기 1, 짧은뜨기 1, 빼뜨기 1, 사슬뜨기 1, 방향 바꾸기 [19코]

3단: 빼뜨기 3, 사슬뜨기 2, 빼뜨기 3, 사슬뜨기 2, 빼뜨기 3, 1코에 빼뜨기 1+사슬뜨기 1+ 빼뜨기 1, 빼뜨기 3, 사슬뜨기 2,

1

2

3

4

빼뜨기 3, 사슬뜨기 2, 빼뜨기 3 [20코+사슬코 9]
바느질할 실 꼬리를 길게 남기고 실을 잘라 마무리합니다.

화분(너트 브라운색 실로 시작)

수선화 화분 패턴(94쪽)의 1-34단을 그대로 뜹니다. 밝은 그린색
실로 이어 뜹니다.

35단: 이 단은 앞고리에 뜹니다. (늘리기)×6 [12코]
36단: (짧은뜨기 1, 늘리기)×6 [18코]
실 꼬리를 길게 남기고 실을 잘라 마무리합니다(그림 6). 화분을
거꾸로 들고 5단 마지막 앞고리에 너트 브라운색 실을 연결합니다.
여기에서 다음 단의 첫 번째 코를 시작합니다.

37단: 앞고리 짧은뜨기 33 [33코]
실을 잘라 보이지 않게 마무리합니다. 화분을 거꾸로 들고 15단의
마지막 앞고리에 너트 브라운색 실을 연결합니다. 사슬뜨기 2코를

뜬 후, 여기에서 다음 단의 첫 번째 코를 시작합니다.
38단: 앞고리 한길긴뜨기 39 [39코]
바느질할 실 꼬리를 길게 남기고 실을 잘라 마무리합니다. 38단의
뒷고리를 12단에 남아있는 앞고리에 꿰매줍니다.

연결하기

- 꽃의 중앙 바닥에 줄기를 놓고 꿰매면서 꽃 주위에 솔기를 만듭니다.
  솔기를 닫기 전에 솜을 약간 채워줍니다(그림 7).
- 줄기 주위에 잎을 놓고 꿰매줍니다(그림 8).
- 꽃잎을 펼칩니다.
- 눈과 같은 단에 검은색 재봉실로 입을, 밝은 레드색 실로 눈 밑의
  볼을 붉게 수놓아줍니다.

요정

난이도: 🌵🌵🌵

키: 5.5인치 / 14cm(제시된 실로 떴을 때)

재료:
스포트 웨이트 실(SMC 카타니아 오리지널)
밀키 화이트(105)
샌드베이지(404)
민트(432)
밝은 브라운(437)
블루 약간(173)
밝은 레드 약간(408)
B-1/2mm 코바늘
튤(망사) 한 조각(4×4인치 / 10×10cm)
돗바늘
짙은 브라운 재봉실
콧수링
시침핀
솜

아미구루미 갤러리:
동영상으로 연결되는 URL과 QR코드:
www.amigurumipatterns.net/3324

머리(샌드베이지색 실)
웃는 얼굴(15쪽, 마스터 패턴 참조)

몸통(샌드베이지색 실로 시작)
머리 부분의 4단에 남아있는 마지막 앞고리에 샌드베이지색 실을 연결합니다. 여기에서 다음 단의 첫 번째 코를 시작합니다.
1단: 앞고리 짧은뜨기 24 [24코]
민트색 실로 바꾸기
2단: 이 단은 뒷고리에 뜹니다. (짧은뜨기 5, 늘리기)×4 [28코]

3단: 짧은뜨기 28 [28코]
4단: 짧은뜨기 3, 늘리기, (짧은뜨기 6, 늘리기)×3, 짧은뜨기 3 [32코]
5단: 짧은뜨기 32 [32코]
블루색 실로 바꾸기
6단: 짧은뜨기 32 [32코]
7-8단: 뒷고리 짧은뜨기 32 [32코]
9단: 짧은뜨기 3, 줄이기, (짧은뜨기 6, 줄이기)×3, 짧은뜨기 3 [28코]
밝은 브라운색 실로 바꾸기
10단: 짧은뜨기 28 [28코]
11단: 이 단은 뒷고리에 뜹니다. (짧은뜨기 5, 줄이기)×4 [24코]
몸통에 솜을 채웁니다.
12단: 짧은뜨기 1, 줄이기, (짧은뜨기 2, 줄이기)×5, 짧은뜨기 1 [18코]
13단: (짧은뜨기 1, 줄이기)×6 [12코]
14단: (줄이기)×6 [6코]
몸통 아랫부분에 솜을 너무 가득 채우지 말고 최대한 평평하게 유지합니다. 실 꼬리를 남기고 실을 잘라 마무리합니다. 남긴 실을 돗바늘에 꿰어 남은 코의 앞고리에 통과시킨 뒤, 세게 잡아당겨 구멍을 닫아줍니다. 실 끝이 보이지 않게 마무리합니다.
몸통을 거꾸로 들고 10단의 첫 번째 앞고리에 밝은 브라운색 실을 연결합니다. 여기에서 다음 단의 첫 번째 코를 시작합니다.
15단: 앞고리 짧은뜨기 28 [28코]
실을 잘라 보이지 않게 마무리합니다. 몸통을 거꾸로 들고 7단에 남아있는 첫 앞고리에 민트색 실을 연결합니다. 여기에서 다음 단의 첫 번째 코를 시작합니다.
16단: 앞고리 긴뜨기 32 [32코]
밀키 화이트색 실로 바꾸기
17단: (짧은뜨기 3, 늘리기)×8 [40코]
실을 잘라 보이지 않게 마무리합니다. 몸통을 머리 부분이 위로 향하도록 들고 6단에 남아있는 마지막 앞고리에 밀키 화이트색 실을 연결합니다.
18단: 앞고리 빼뜨기 32 [32코]
실을 잘라 보이지 않게 마무리합니다.

팔(2개, 샌드베이지색 실로 시작)
1단: 실 고리로 원형코 만들기, 짧은뜨기 7 [7코]
2-4단: 짧은뜨기 7 [7코]
민트색 실로 바꾸기
5-6단: 짧은뜨기 7 [7코]
팔을 평평하게 접어 입구의 코를 맞춥니다. 가까운 코의 앞뒤 고리와 그 뒤에 있는 코의 뒷고리에만 바늘을 넣어줍니다.
7단: 짧은뜨기 3 (접힌 앞, 뒤 편물을 함께 떠서 입구를 닫습니다.) [3코]

바느질할 실 꼬리를 길게 남기고 실을 잘라 마무리합니다. 팔을 손바닥이 아래를 향하도록 잡고 7단에서 뜬 마지막 코와 6단의 같은 코에 민트색 실을 연결합니다(그림 1의 검은색 화살표 참조). <그림 1>에 짙은 블루색으로 표시된 고리에서 다음 단을 뜹니다.
8단: (사슬뜨기 2, 6단에 표시된 고리에 빼뜨기 1)×4. 마지막 빼뜨기 코는 6단의 마지막 코에서 떠야 합니다(그림 1에 표시된 하얀색 화살표 부분). 실을 잘라 실 끝이 보이지 않게 마무리합니다.

머리카락

머리카락 베이스(밝은 브라운색 실)
45쪽의 옐로 공주 머리카락 베이스의 패턴을 그대로 반복해서 뜹니다.

올림머리(2개, 밝은 브라운색 실)
1단: 실 고리로 원형코 만들기, 짧은뜨기 6 [6코]
2단: (늘리기)×6 [12코]
3단: (짧은뜨기 1, 늘리기)×6 [18코]
4-5단: 짧은뜨기 18 [18코]
바느질할 실 꼬리를 길게 남기고 실을 잘라 마무리하고 솜을 채웁니다.

모자(민트색 실로 시작하기)
1단: 실 고리로 원형코 만들기, 짧은뜨기 4 [4코]
2단: (늘리기)×4 [8코]
3단: (짧은뜨기 3, 늘리기)×2 [10코]
4단: 짧은뜨기 2, 늘리기, 짧은뜨기 4, 늘리기, 짧은뜨기 2 [12코]
5단: (짧은뜨기 5, 늘리기)×2 [14코]
6단: 짧은뜨기 3, 늘리기, 짧은뜨기 6, 늘리기, 짧은뜨기 3 [16코]

7단: (짧은뜨기 7, 늘리기)×2 [18코]
8단: 짧은뜨기 4, 늘리기, 짧은뜨기 8, 늘리기, 짧은뜨기 4 [20코]
9단: (짧은뜨기 9, 늘리기)×2 [22코]
10단: 짧은뜨기 5, 늘리기, 짧은뜨기 10, 늘리기, 짧은뜨기 5 [24코]
11단: (짧은뜨기 11, 늘리기)×2 [26코]
블루색 실로 바꾸기
12단: 짧은뜨기 26 [26코]
실을 잘라 보이지 않게 마무리합니다. 모자의 마지막 단이 아래를 향하도록 들고 마무리 코의 앞고리에 밀키 화이트색 실을 연결합니다.
13단: 앞고리 빼뜨기 26 [26코]
실을 잘라 보이지 않게 마무리합니다.

날개(2개, 밀키 화이트색 실) (그림 2)
사슬뜨기 11, 평면뜨기를 합니다.
1단: 코바늘에서 두 번째 사슬코에서 시작, 늘리기, 긴뜨기 9, 사슬뜨기 1, 방향 바꾸기 [11코]
2단: 긴뜨기 7, 방향 바꾸기(기둥코(사슬)가 필요하지 않습니다.) [7코]
3단: 이 단은 뒷고리에 뜹니다. 빼뜨기 3, 한길긴뜨기 늘리기, 한길긴뜨기 1, 긴뜨기 1, 짧은뜨기 1 [8코]
바느질할 실 꼬리를 길게 남기고 실을 잘라 마무리합니다. 각 날개 부분의 시작과 끝 실 꼬리로 매듭을 지어줍니다. 시작 쪽 실 꼬리는 안쪽 면에 보이지 않게 정리하고, 긴 실 끝 꼬리는 바느질을 위해 남겨둡니다.

연결하기
- 주름 장식이 바깥쪽을 향하도록 팔을 몸통에 달아줍니다(표준 버전, 16쪽).
- 머리카락을 머리 뒤쪽 중앙에 마무리 코(마지막 코)가 오도록 연결하고 곱슬머리를 얼굴 측면에 대칭이 되도록 합니다.

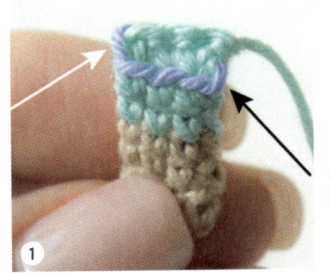

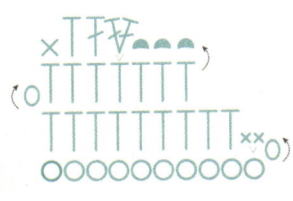

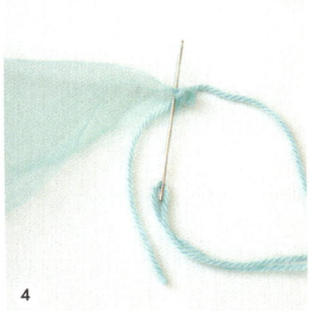

머리카락의 아래쪽 부분에 올림머리를 놓고 꿰매줍니다.

• 점선을 따라 뒷면에 날개를 놓고 바느질합니다(그림 3).
• 튤(망사)을 여러 코로 꿰매어 매듭을 만듭니다(그림 4). 매듭을
  모자 상단 안쪽으로 가져가 꿰매줍니다. 모자를 씌웁니다.
• 밝은 레드색 실로 눈 밑의 볼을 붉게 수놓아줍니다.

나비

난이도: 🌱🌱🌱
키: 2.2인치 / 5.5㎝(제시된 실로 떴을 때)

재료:
스포트 웨이트 실(SMC 카타니아 오리지널)
● 크림(130)
● 옅은 옐로(206)
● 핑크(222)
● 블루(173)
B-1/2㎜ 코바늘
돗바늘
검은색 재봉실
콧수링
시침핀
솜

아미구루미 갤러리:
동영상으로 연결되는 URL과 QR코드:
www.amigurumipatterns.net/3325

머리(크림색 실)
1단: 실 고리로 원형코 만들기, 짧은뜨기 6 [6코]
2단: (늘리기)×6 [12코]
3단: 이 단은 뒷고리에 뜹니다. (짧은뜨기 1, 늘리기)×6 [18코]
4단: 짧은뜨기 1, 늘리기, (짧은뜨기 2, 늘리기)×5, 짧은뜨기 1 [24코]
5단: 짧은뜨기 24 [24코]
6단: (짧은뜨기 7, 늘리기)×3 [27코]
7-8단: 짧은뜨기 27 [27코]
9단: (짧은뜨기 7, 줄이기)×3 [24코]
10단: 짧은뜨기 1, 줄이기, (짧은뜨기 2, 줄이기)×5, 짧은뜨기 1 [18코]
솜을 채웁니다.
11단: (짧은뜨기 1, 줄이기)×6 [12코]

12단: (줄이기)×6 [6코]

실 꼬리를 남기고 실을 잘라 마무리합니다. 남긴 실을 돗바늘에 꿰어 남은 코의 앞고리에 통과시킨 뒤, 세게 잡아당겨 구멍을 닫아줍니다. 실 끝이 보이지 않게 마무리합니다.

몸통(옅은 옐로색 실)

머리 부분 2단에 남아있는 마지막 앞고리에 옅은 옐로색 실을 연결합니다. 여기에서 다음 단의 첫 번째 코를 시작합니다.

1단: 이 단은 앞고리에 뜹니다. (짧은뜨기 3, 늘리기)×3 [15코]

2단: 짧은뜨기 2, 늘리기, (짧은뜨기 4, 늘리기)×2, 짧은뜨기 2 [18코]

3-4단: 짧은뜨기 18 [18코]

몸통에 솜을 채웁니다.

5단: 이 단은 뒷고리에 뜹니다. (짧은뜨기 1, 줄이기)×6 [12코]

6단: (줄이기)×6 [6코]

몸통 아랫부분에 솜을 너무 가득 채우지 말고 최대한 평평하게 유지합니다. 실 꼬리를 남기고 실을 잘라 마무리합니다. 남긴 실을 돗바늘에 꿰어 남은 코의 앞고리에 통과시킨 뒤, 세게 잡아당겨 구멍을 닫아줍니다. 실 끝이 보이지 않게 마무리합니다. 몸통을 거꾸로 들고 4단에 남아있는 첫 번째 앞고리에 옅은 옐로색 실을 연결합니다. 여기에서 다음 단의 첫 번째 코를 시작합니다.

7단: 이 단은 앞고리에 뜹니다. 짧은뜨기 2, 줄이기, (짧은뜨기 4, 줄이기)×2, 짧은뜨기 2 [15코]

실을 잘라 보이지 않게 마무리합니다.

모자(옅은 옐로색 실로 시작)

1단: 실 고리로 원형코 만들기, 짧은뜨기 6 [6코]

2단: (늘리기)×6 [12코]

3단: (짧은뜨기 1, 늘리기)×6 [18코]

4단: 짧은뜨기 1, 늘리기, (짧은뜨기 2, 늘리기)×5, 짧은뜨기 1 [24코]

5단: (짧은뜨기 3, 늘리기)×6 [30코]

6단: 짧은뜨기 30 [30코]

핑크와 옅은 옐로색 실을 교차하며 자카드 기법으로 2단을 뜹니다.

7단: ([핑크] 짧은뜨기 1, [옅은 옐로] 짧은뜨기 2)×10 [30코]

8단: ([핑크] 짧은뜨기 2, [옅은 옐로] 짧은뜨기 1)×10 [30코]

핑크색 실로 바꾸기

9단: 짧은뜨기 30 [30코]

실을 잘라 보이지 않게 마무리합니다.

오른쪽 날개(블루색 실)

사슬뜨기 5, 기초 사슬코의 양쪽에서 뜹니다.

1단: 코바늘에서 두 번째 사슬코에서 시작, 짧은뜨기 1, 긴뜨기 1, 한길긴뜨기 1, 마지막 사슬에 한길긴뜨기 8, 기초 사슬코의 다른 쪽 면에서 이어뜨기, 한길긴뜨기 1, 긴뜨기 1, 짧은뜨기 1, 사슬뜨기 3, 방향 바꾸기 [14코]

2단: 코바늘에서 두 번째 사슬코에서 시작, 1코에 짧은뜨기 4, 짧은뜨기 1, 1단의 마지막 코 옆면에서 늘리기(그림 1에 표시된 부분), 1단의 첫 코에서 빼뜨기 1(그림 2) [8코]

바느질할 실 꼬리를 길게 남기고 실을 잘라 마무리합니다.

왼쪽 날개(블루색 실)

사슬뜨기 5, 기초 사슬코의 양쪽에서 뜹니다.

1단: 코바늘에서 두 번째 사슬코에서 시작, 짧은뜨기 1, 긴뜨기 1, 한길긴뜨기 1, 마지막 사슬에 한길긴뜨기 8, 기초 사슬코의 다른 쪽 면에서 이어뜨기, 한길긴뜨기 1, 긴뜨기 1, 짧은뜨기 1 [14코]

2단: 빼뜨기 2(그림 3에 표시한 부분), 사슬뜨기 3, 방향 바꾸기

<그림 4>에서와 같이 바늘을 잡고 안쪽이 여러분을 향하도록 날개의 방향을 바꿔줍니다(그림 5). 사슬 3코의 안쪽에서 이어 뜹니다(그림 6).

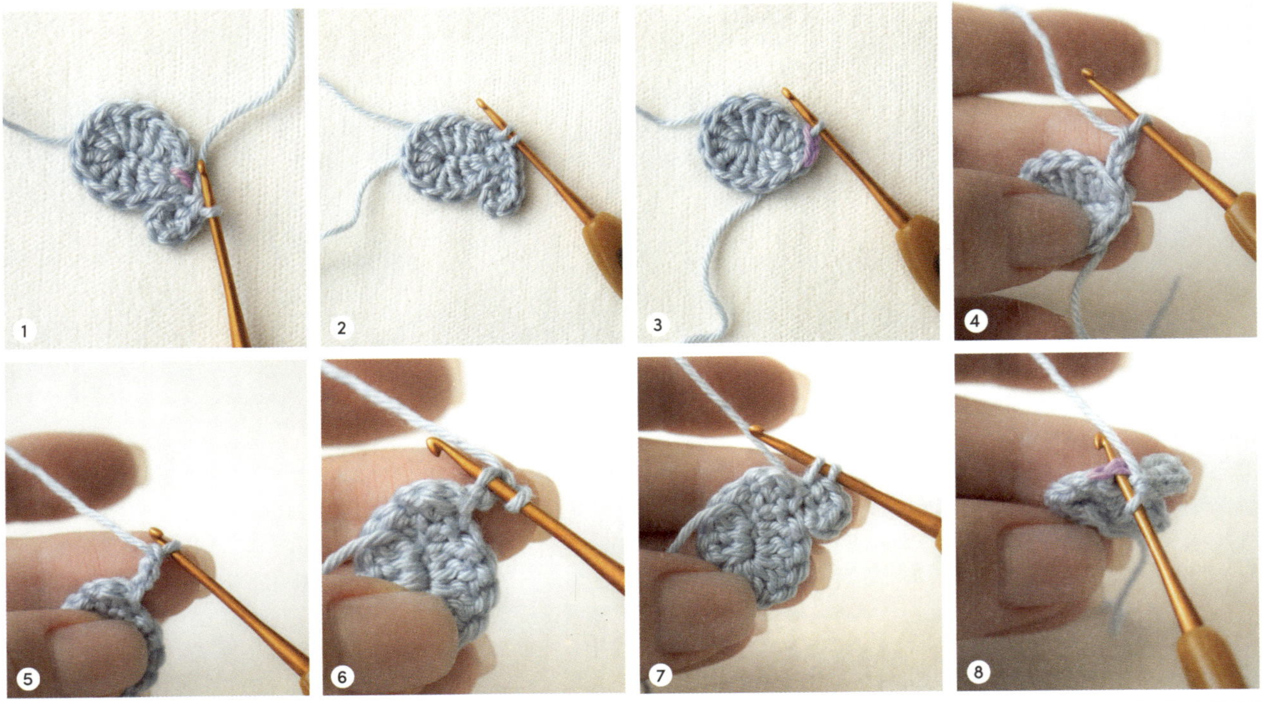

3단: 코바늘에서 두 번째 사슬코에서 시작, 1코에 짧은뜨기 4, 짧은뜨기 1(그림 7), 2단의 두 번째 빼뜨기 코에서 늘리기(그림 8에 표시된 부분), 2단의 첫 빼뜨기 코에서 빼뜨기 1 [8코]
바느질할 실 꼬리를 길게 남기고 실을 잘라 마무리합니다.

더듬이(2개, 블루색 실)
사슬뜨기 4, 평면뜨기를 합니다.
1단: 코바늘에서 두 번째 사슬코에서 시작, 짧은뜨기 1, 빼뜨기 2 [3코]
바느질할 실 꼬리를 길게 남기고 실을 잘라 마무리합니다.

연결하기
- 옅은 옐로색 실로 가장자리의 11코를 따라 박음질로 날개를 수놓아줍니다(그림 9, 겉면 참조).
- 모자 위 4단과 5단 사이에 더듬이를 달아줍니다.
- 모자를 머리 뒤쪽 중앙에 마무리 코(마지막 코)가 오도록 하여 머리에 연결합니다. 모자 뒷면은 앞면보다 약간 아래로 놓여야 합니다.

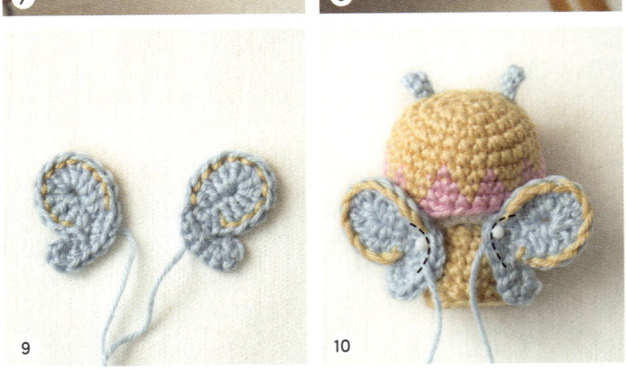

- 뒷면에 점선을 따라 안쪽 면이 바깥쪽을 향하도록 날개를 놓고 꿰매줍니다(그림 10).
- 머리의 5단과 6단 사이에 작고 감긴 눈(웃는 눈)을 검은색 재봉실로 자수를 놓아줍니다. 눈과 눈 사이의 간격은 4코가 적당합니다.

소젖 짜는 아가씨

난이도: 🐾🐾🐾

키: 4.1인치 / 10.5cm(제시된 실로 떴을 때)

재료:
스포트 웨이트 실(SMC 카타니아 오리지널)
밀키 화이트(105)
아이보리(436)
너트 브라운(179)
블루(173)
네이비 블루(247)
밝은 레드 약간(408)
B-1/2mm 코바늘
돗바늘
짙은 브라운 재봉실
콧수링
시침핀
솜

아미구루미 갤러리:
동영상으로 연결되는 URL과 QR코드:
www.amigurumipatterns.net/3326

머리(아이보리색 실)
졸린 눈(15쪽, 마스터 패턴 참조)

몸통(아이보리색 실로 시작)
머리의 4단에 남아있는 마지막 앞고리에 아이보리색 실을 연결합니다. 여기에서 다음 단의 첫 번째 코를 시작합니다.
1단: 앞고리 짧은뜨기 24 [24코]
밀키 화이트색 실로 바꾸기
2단: 이 단은 뒷고리에 뜹니다. (짧은뜨기 5, 늘리기)×4 [28코]
네이비 블루색 실로 바꾸기

3단: 뒷고리 짧은뜨기 28 [28코]
4단: 짧은뜨기 3, 늘리기, (짧은뜨기 6, 늘리기)×3, 짧은뜨기 3 [32코]
5-6단: 짧은뜨기 32 [32코]
나중을 위해 6단의 21번째 코에 콧수링으로 표시해둡니다.
블루색 실로 바꾸기
7-8단: 뒷고리 짧은뜨기 32 [32코]
9단: 짧은뜨기 3, 줄이기, (짧은뜨기 6, 줄이기)×3, 짧은뜨기 3 [28코]
너트 브라운색 실로 바꾸기
10단: 짧은뜨기 28 [28코]
11단: 이 단은 뒷고리에 뜹니다. (짧은뜨기 5, 줄이기)×4 [24코]
몸통에 솜을 채웁니다.
12단: 짧은뜨기 1, 줄이기, (짧은뜨기 2, 줄이기)×5, 짧은뜨기 1 [18코]
13단: (짧은뜨기 1, 줄이기)×6 [12코]
14단: (줄이기)×6 [6코]
몸통 아랫부분에 솜을 너무 가득 채우지 말고 최대한 평평하게 유지합니다. 실 꼬리를 남기고 실을 잘라 마무리합니다. 남긴 실을 돗바늘에 꿰어 남은 코의 앞고리에 통과시킨 뒤, 세게 잡아당겨 구멍을 닫아줍니다. 실 끝이 보이지 않게 마무리합니다. 몸통을 거꾸로 잡고 10단에 남아있는 첫 번째 앞고리에 너트 브라운색 실을 연결합니다. 여기에서 다음 단의 첫 번째 코를 시작합니다.
15단: 앞고리 짧은뜨기 28 [28코]
실을 잘라 보이지 않게 마무리합니다. 계속해서 몸통을 거꾸로 잡고 7단에 남아있는 첫 번째 앞고리에 블루색 실을 연결한 다음 사슬뜨기 2코를 뜹니다. 여기에서 다음 단의 첫 번째 코를 시작합니다.
16단: 이 단은 앞고리에 뜹니다. (긴뜨기 7, 긴뜨기 늘리기)×4 [36코]
(그림 1)
실을 잘라 보이지 않게 마무리합니다. 몸통의 머리가 위를 향하도록 잡고 16단 마무리 코의 앞고리에 블루색 실을 연결합니다.
17단: 앞고리 빼뜨기 36 [36코]
실을 잘라 보이지 않게 마무리합니다. 몸통 6단의 앞고리에 표시된 콧수링을 찾습니다. 머리가 위를 향하도록 몸통을 잡고 앞치마를 만들 수 있도록 이 앞고리에 밀키 화이트색 실을 연결합니다(그림 2).
여기에서 다음 단의 첫 번째 코를 시작합니다.
18단: 짧은뜨기 1, (한길긴뜨기 1, 한길긴뜨기 늘리기)×3, 한길긴뜨기 1, 짧은뜨기 1 [12코](그림 3)
이 단을 마무리하지 않습니다.
실을 잘라 실 끝이 보이지 않게 마무리합니다.

팔(2개, 아이보리색 실로 시작)
1단: 실 고리로 원형코 만들기, 짧은뜨기 7 [7코]
2-3단: 짧은뜨기 7 [7코]
밀키 화이트색 실로 바꾸기

4단: 짧은뜨기 7 [7코]

5단: 뒷고리 짧은뜨기 7 [7코]

6단: 짧은뜨기 7 [7코]

팔을 평평하게 접어 입구의 코를 맞춥니다.

7단: 짧은뜨기 3 (접힌 앞, 뒤 편물을 함께 떠서 입구를 닫습니다.) [3코]

바느질할 실 꼬리를 길게 남기고 실을 잘라 마무리합니다. 팔을 손바닥이 아래를 향하도록 들고 4단의 첫 번째 앞고리에 밀키 화이트색 실을 연결합니다.

8단: 이 단은 앞고리에 뜹니다. (사슬뜨기 1, 빼뜨기 1)×7

마지막 빼뜨기 코는 첫 번째 사슬코에서 떠야 합니다. 실을 잘라 보이지 않게 마무리합니다.

스트랩 끈(2개, 네이비 블루색 실로 시작)

시작실 꼬리를 길게 남기고 사슬뜨기 5

바느질할 실 꼬리를 길게 남기고 실을 잘라 마무리합니다.

머리카락(너트 브라운색 실)

1단: 실 고리로 원형코 만들기, 짧은뜨기 6 [6코]

2단: (늘리기)×6 [12코]

3단: (짧은뜨기 1, 늘리기)×6 [18코]

4단: 짧은뜨기 1, 늘리기, (짧은뜨기 2, 늘리기)×5, 짧은뜨기 1 [24코]

5단: (짧은뜨기 3, 늘리기)×6 [30코]

6단: 짧은뜨기 2, 늘리기, (짧은뜨기 4, 늘리기)×5, 짧은뜨기 2 [36코]

7단: (짧은뜨기 5, 늘리기)×6 [42코]

8단: 짧은뜨기 3, 늘리기, (짧은뜨기 6, 늘리기)×5, 짧은뜨기 3 [48코]

9단: (짧은뜨기 7, 늘리기)×6 [54코]

10단: (짧은뜨기 17, 늘리기)×3 [57코]

11-18단: 짧은뜨기 57 [57코]

실을 잘라 보이지 않게 마무리합니다. 마지막 단이 아래를 향하도록 머리카락 부분을 잡고 마무리 코 앞고리에 너트 브라운색 실을 연결합니다.

19단: 이 단은 앞고리에 뜹니다. (사슬뜨기 6, 코바늘에서 두 번째 사슬코에서 시작, 짧은뜨기 5(그림 4), 머리카락 코에 빼뜨기 1(그림 5))×9, 빼뜨기 38, (사슬뜨기 6, 코바늘에서 두 번째 사슬코에서 시작, 짧은뜨기 5, 머리카락 코에 빼뜨기 1)×9

실을 잘라 보이지 않게 마무리합니다(그림 6-7).

보닛 모자(밀키 화이트색 실)

1단: 실 고리로 원형코 만들기, 한길긴뜨기 10 [10코]

2단: (한길긴뜨기 늘리기)×10 [20코]

3단: (한길긴뜨기 늘리기)×20 [40코]

4단: (두길긴뜨기 늘리기)×40 [80코]

5단: (두길긴뜨기 3, 두길긴뜨기 늘리기)×20 [100코]

6단: (두길긴뜨기 줄이기)×50 [50코]

7단: 짧은뜨기 50 [50코]

8단: (빼뜨기 1, 1코 건너뛰기, 다음 1코에 한길긴뜨기 5, 1코 건너뛰기)×12, 빼뜨기 1, 짧은뜨기 1 [74코]

실을 잘라 보이지 않게 마무리합니다. 네이비 블루색 실로 5단과 7단 사이에 홈질로 보닛 모자에 자수를 놓고, 리본을 묶어줍니다(그림 8).

연결하기

• 팔을 바느질해 달아줍니다(표준 버전, 16쪽).

• 2단과 3단 사이 가장자리에 스트랩 끈을 놓고 꿰매어 팔의 위에 놓이도록 합니다(그림 9-10).

• 머리 뒤쪽 중앙에 마무리 코(마지막 코)가 오도록 머리에 머리카락을 연결합니다. 머리카락의 뒷면은 앞면보다 약간 아래에 놓여야 합니다. 보닛 모자를 씌워줍니다.
• 밝은 레드색 실로 눈 밑의 볼을 붉게 수놓아줍니다.

항아리 단지(밀키 화이트색 실)

1단: 실 고리로 원형코 만들기, 짧은뜨기 6 [6코]
2단: (늘리기)×6 [12코]
3단: (짧은뜨기 1, 늘리기)×6 [18코]
4단: 짧은뜨기 1, 늘리기, (짧은뜨기 2, 늘리기)×5, 짧은뜨기 1 [24코]
5단: 이 단은 뒷고리에 뜹니다. (짧은뜨기 3, 늘리기)×6 [30코]
6단: 짧은뜨기 2, 늘리기, (짧은뜨기 4, 늘리기)×5, 짧은뜨기 2 [36코]
밀키 화이트와 블루 네이비색 실을 교차하며 자카드 기법으로 3단을 뜹니다.
7단: ([밀키 화이트] 짧은뜨기 1, [블루 네이비] 짧은뜨기 1, [밀키 화이트] 짧은뜨기 2)×9 [36코]
8단: ([블루 네이비] 짧은뜨기 1, [밀키 화이트] 짧은뜨기 1, [블루 네이비] 짧은뜨기 1, [밀키 화이트] 짧은뜨기 1)×9 [36코]
9단: ([밀키 화이트] 짧은뜨기 1, [블루 네이비] 짧은뜨기 1,

[밀키 화이트] 짧은뜨기 2)×9 [36코]
밀키 화이트색 실로 바꾸기
10단: 짧은뜨기 5, 줄이기, (짧은뜨기 10, 줄이기)×2, 짧은뜨기 5 [33코]
11단: (짧은뜨기 9, 줄이기)×3 [30코]
12단: (짧은뜨기 3, 줄이기)×6 [24코]
13단: 짧은뜨기 3, 줄이기, (짧은뜨기 6, 줄이기)×2, 짧은뜨기 3 [21코]
14-16단: 짧은뜨기 21 [21코]
항아리 단지에 솜을 채웁니다. 콧수링을 제거하고 짧은뜨기 2코를 뜹니다. 방금 뜬 코의 마지막 코에 콧수링으로 표시합니다. 다음

코가 다음 단의 새로운 시작 코가 됩니다.
17단: 이 단은 앞고리에 뜹니다. 짧은뜨기 9, 긴뜨기 1, 1코에
한길긴뜨기 3, 긴뜨기 1, 짧은뜨기 9 [23코]
18단: 짧은뜨기 10, 늘리기, 1코에 짧은뜨기 3, 늘리기, 짧은뜨기 10
[27코]
실을 잘라 보이지 않게 마무리합니다. 항아리 단지를 거꾸로 잡고
4단에 남아있는 첫 앞고리에 밀키 화이트색 실을 연결합니다.
여기에서 다음 단의 첫 번째 코를 시작합니다.
19단: 앞고리 짧은뜨기 24 [24코]
실을 잘라 보이지 않게 마무리합니다. 마지막 단이 위를 향하도록
항아리 단지 부분을 잡고 16단에 남아있는 첫 번째 뒷고리에 밀키
화이트색 실을 연결합니다.
20단: 이 단은 뒷고리에 뜹니다. (줄이기)×10, 짧은뜨기 1 [11코]
실 꼬리를 남기고 실을 잘라 마무리합니다. 남긴 실을 돗바늘에 꿰어
남은 코의 앞고리에 통과시킨 뒤, 세게 잡아당겨 구멍을 닫아줍니다.
실 끝이 보이지 않게 마무리합니다.

손잡이(밀키 화이트색 실)

시작 실 꼬리를 길게 남기고 사슬뜨기 18, 평면뜨기를 합니다.
1단: 코바늘에서 두 번째 사슬코에서 시작, 빼뜨기 17 [17코]
바느질할 실 꼬리를 길게 남기고 실을 잘라 마무리합니다. 상단
부분은 14단과 15단 사이, 하단 부분은 8단과 9단 사이를 연결하여
손잡이를 항아리 단지에 바느질해줍니다.

소

난이도: 🌱🌱🌱

키: 3.5인치 / 9cm(제시된 실로 떴을 때)

재료:
스포트 웨이트 실(SMC 카타니아 오리지널)
크림(130)
● 샌드베이지(404)
● 너트 브라운(179)
● 밝은 레드(408)
● 브라운(438)
● 골드 약간(249)
● 짙은 브라운 약간(161)
B-1/2mm 코바늘
검은색 유리눈 혹은 나사형 인형눈(7mm)
돗바늘
검은색 재봉실
콧수링
시침핀
솜

아미구루미 갤러리:
동영상으로 연결되는 URL과 QR코드:
www.amigurumipatterns.net/3327

머리(샌드베이지색 실)
1단: 실 고리로 원형코 만들기, 짧은뜨기 6 [6코]
2단: (늘리기)×6 [12코]
3단: (짧은뜨기 1, 늘리기)× 6 [18코]
4단: 짧은뜨기1, 늘리기, (짧은뜨기 2, 늘리기)×5, 짧은뜨기 1
[24코]
5단: 이 단은 뒷고리에 뜹니다. (짧은뜨기 3, 늘리기)×6 [30코]
6단: 짧은뜨기 2, 늘리기, (짧은뜨기 4, 늘리기)×5, 짧은뜨기 2

[36코]

7단: (짧은뜨기 5, 늘리기)×6 [42코]

8단: 짧은뜨기 3, 늘리기, (짧은뜨기 6, 늘리기)×5, 짧은뜨기 3 [48코]

11단과 12단 사이에 눈을 달아줍니다. 눈 사이의 간격은 11코가 적당합니다. 콧수링으로 표시한 코가 뒤쪽 중앙에 제대로 위치했는지 확인합니다.

9단: 짧은뜨기 48 [48코]

샌드베이지와 너트 브라운색 실을 교차하며 자카드 기법으로 12단(10-21단)을 뜹니다.

10단: [샌드베이지] 짧은뜨기 13, [너트 브라운] 짧은뜨기 4, [샌드베이지] 짧은뜨기 31 [48코]

11단: [샌드베이지] 짧은뜨기 13, [너트 브라운] 짧은뜨기 5, [샌드베이지] 짧은뜨기 30 [48코]

12단: [샌드베이지] 짧은뜨기 13, [너트 브라운] 짧은뜨기 2, 늘리기, 짧은뜨기 2, [샌드베이지] 짧은뜨기 13, 늘리기, 짧은뜨기 15, 늘리기 [51코]

13단: [샌드베이지] 짧은뜨기 14, [너트 브라운] 짧은뜨기 5, [샌드베이지] 짧은뜨기 32 [51코]

14단: [샌드베이지] 짧은뜨기 15, [너트 브라운] 짧은뜨기 4, [샌드베이지] 짧은뜨기 32 [51코]

15단: [샌드베이지] 짧은뜨기 26, [너트 브라운] 짧은뜨기 3, [샌드베이지] 짧은뜨기 22 [51코]

16단: [샌드베이지] 짧은뜨기 8, 늘리기, 짧은뜨기 16, [너트 브라운] 늘리기, 짧은뜨기 4, [샌드베이지] 짧은뜨기 12, 늘리기, 짧은뜨기 8 [54코]

17단: [샌드베이지] 짧은뜨기 25, [너트 브라운] 짧은뜨기 7, [샌드베이지]) 짧은뜨기 22 [54코]

18단: [샌드베이지] 짧은뜨기 24, [너트 브라운] 짧은뜨기 8, [샌드베이지] 짧은뜨기 22 [54코]

19단: [샌드베이지] (짧은뜨기 7, 줄이기)×2, 짧은뜨기 5, [너트 브라운] 짧은뜨기 2, 줄이기, 짧은뜨기 5, [샌드베이지] 짧은뜨기 2, 줄이기, (짧은뜨기 7, 줄이기)×2 [48코]

20단: [샌드베이지] 짧은뜨기 3, 줄이기, (짧은뜨기 6, 줄이기)×2, [너트 브라운] 짧은뜨기 6, 줄이기, [샌드베이지] (짧은뜨기 6, 줄이기)×2, 짧은뜨기 3 [42코]

21단: [샌드베이지] (짧은뜨기 5, 줄이기)×2, 짧은뜨기 4, [너트 브라운] 짧은뜨기 1, 줄이기, 짧은뜨기 3, [샌드베이지] 짧은뜨기 2, 줄이기, (짧은뜨기 5, 줄이기)×2 [36코]

샌드베이지색 실로 변경하고 머리에 솜을 채웁니다.

22단: 짧은뜨기 2, 줄이기, (짧은뜨기 4, 줄이기)×5, 짧은뜨기 2 [30코]

23단: (짧은뜨기 3, 줄이기)×6 [24코]

24단: 짧은뜨기 1, 줄이기, (짧은뜨기 2, 줄이기)×5, 짧은뜨기 1 [18코]

25단: (짧은뜨기 1, 줄이기)×6 [12코]

26단: (줄이기)×6 [6]

실 꼬리를 남기고 실을 잘라 마무리합니다. 남긴 실을 돗바늘에 꿰어 남은 코의 앞고리에 통과시킨 뒤, 세게 잡아당겨 구멍을 닫아줍니다. 실 끝이 보이지 않게 마무리합니다.

몸통(샌드베이지색 실로 시작)

머리의 4단에 남아있는 마지막 앞고리에 샌드베이지색 실을 연결합니다. 여기에서 다음 단의 첫 번째 코를 시작합니다.

1단: 앞고리 짧은뜨기 24 [24코]

샌드베이지와 너트 브라운색 실을 교차하며 자카드 기법으로 5단(2-6단)을 뜹니다.

2단: [샌드베이지] (짧은뜨기 5, 늘리기)×2, 짧은뜨기 3,

[너트 브라운] 짧은뜨기 2, 늘리기(너트 브라운색 1코와
샌드베이지색 1코), [샌드베이지] 짧은뜨기 5, 늘리기 [28코]
3단: [샌드베이지] 짧은뜨기 17, [너트 브라운] 짧은뜨기 4,
[샌드베이지] 짧은뜨기 7 [28코]
4단: [샌드베이지] 짧은뜨기 3, 늘리기, 짧은뜨기 6, 늘리기,
짧은뜨기 6, [너트 브라운] 늘리기, 짧은뜨기 3 [샌드베이지]
짧은뜨기 3, 늘리기, 짧은뜨기 3 [32코]
5단: [샌드베이지] 짧은뜨기 20, [너트 브라운] 짧은뜨기 4,
[샌드베이지] 짧은뜨기 8 [32코]
6단: [샌드베이지] 짧은뜨기 21, [너트 브라운] 짧은뜨기 3,
[샌드베이지] 짧은뜨기 8 [32코]
샌드베이지색 실로 바꾸기
7-8단: 짧은뜨기 32 [32코]
9단: 짧은뜨기 3, 줄이기, (짧은뜨기 6, 줄이기)×3, 짧은뜨기 3
[28코]
10단: 짧은뜨기 28 [28코]
11단: 이 단은 뒷고리에 뜹니다. (짧은뜨기 5, 줄이기)×4 [24]
몸통에 솜을 채워넣습니다.
12단: 짧은뜨기 1, 줄이기, (짧은뜨기 2, 줄이기)×5, 짧은뜨기 1
[18코]
13단: (짧은뜨기 1, 줄이기)×6 [12코]
14단: (줄이기)×6 [6코]
몸통 아랫부분에 솜을 너무 가득 채우지 말고 최대한 평평하게
유지합니다. 실 꼬리를 남기고 실을 잘라 마무리합니다. 남긴 실을
돗바늘에 꿰어 남은 코의 앞고리에 통과시킨 뒤, 세게 잡아당겨
구멍을 닫아줍니다. 실 끝이 보이지 않게 마무리합니다. 몸통을
거꾸로 잡고 10단에 남아있는 첫 번째 앞고리에 브라운색 실을
연결합니다. 여기에서 다음 단의 첫 번째 코를 시작합니다.
15단: 앞고리 짧은뜨기 28 [28코]
실을 잘라 보이지 않게 마무리합니다.

팔(2개, 너트 브라운색 실로 시작)
1단: 실 고리로 원형코 만들기, 짧은뜨기 7 [7코]
2단: 짧은뜨기 7 [7코]
샌드베이지색 실로 바꾸기
3-6단: 짧은뜨기 7 [7코]
팔을 평평하게 접어 입구의 코를 맞춥니다.
7단: 짧은뜨기 3 (접힌 앞, 뒤 편물을 함께 떠서 입구를 닫습니다.)
[3코]
바느질할 실 꼬리를 길게 남기고 실을 잘라 마무리합니다.

주둥이(밝은 레드색 실)
사슬뜨기 8, 기초 사슬코의 양쪽 주변을 따라 뜹니다.
1단: 코바늘에서 두 번째 사슬코에서 시작, 짧은뜨기 6, 마지막
사슬에 짧은뜨기 3, 기초 사슬코의 다른 쪽을 따라 이어뜨기
짧은뜨기 5, 늘리기 [16코]
2단: 늘리기, 짧은뜨기 5, (늘리기)×3, 짧은뜨기 5, (늘리기)×2 [22코]
3단: 짧은뜨기 1, 늘리기, 짧은뜨기 5, (짧은뜨기 1, 늘리기)×3,
짧은뜨기 5, (짧은뜨기 1, 늘리기)×2 [28코]
4단: 짧은뜨기 28 [28코]
바느질할 실 꼬리를 길게 남기고 실을 잘라 마무리합니다.

안쪽 귀(2개, 밝은 레드색 실)
사슬뜨기 5, 기초 사슬코의 양쪽에서 뜹니다.
1단: 코바늘에서 두 번째 사슬코에서 시작, 빼뜨기 1, 짧은뜨기 2,
마지막 사슬에 짧은뜨기 4, 기초 사슬코의 다른 쪽 면에서 이어뜨기,
짧은뜨기 2, 빼뜨기 1 [10코]
실을 잘라 실 끝이 보이지 않게 마무리합니다.

바깥 귀(2개, 샌드베이지색 1개, 너트 브라운색 1개)
1단: 안쪽 귀의 패턴을 그대로 뜹니다.
단을 마무리하지 않습니다. 다음 단에서 안쪽과 바깥쪽 귀를 함께

이어줄 것입니다. 안쪽과 뒤쪽 귀의 뒷면을 함께 놓고 코를 맞춥니다. 바깥 귀가 여러분을 향하게 두고, 사슬뜨기 1코를 뜹니다. 다음 단에서 바깥쪽 귀의 앞뒤 고리와 안쪽 귀의 앞고리를 모두 통과시켜 바늘을 끼웁니다(그림 1).
2단: 짧은뜨기 3, 늘리기, 짧은뜨기 2, 늘리기, 짧은뜨기 3, 첫 사슬코에서 짧은뜨기 1 [13코]
귀를 반으로 접고 양면을 모두 통과시켜 빼뜨기를 뜹니다(그림 2). 바느질할 실 꼬리를 길게 남기고 실을 잘라 마무리합니다.

뿔(2개 만들기, 크림색 실)
1단: 실 고리로 원형코 만들기, 짧은뜨기 6 [6코]
2단: 짧은뜨기 2, (늘리기)×2, 짧은뜨기 2 [8코]
3단: 짧은뜨기 3, (늘리기)×2, 짧은뜨기 3 [10코]
바느질할 실 꼬리를 길게 남기고 실을 잘라 마무리합니다. 뿔에 솜을 채웁니다.

소젖(밝은 레드색 실)
1단: 실 고리로 원형코 만들기, 짧은뜨기 6 [6코]
2단: (늘리기)×6 [12코]
바느질할 실 꼬리를 길게 남기고 실을 잘라 마무리합니다.
밝은 레드색 실로 소젖 부위에 4개의 매듭수를 놓아줍니다.

종(골드색 실)
1단: 실 고리로 원형코 만들기, 짧은뜨기 6 [6코]
2단: 짧은뜨기 6 [6코]
실 꼬리를 길게 남기고 실을 잘라 마무리합니다.

연결하기
- 11단과 12단 사이의 상단 가장자리와 몸통에 닿는 하단 가장자리, 눈과 눈 사이에 주둥이를 놓고 매트리스 스티치로 가장자리를 따라 주둥이를 꿰맵니다. 솔기를 닫기 전에 솜을 채웁니다.
- 주둥이의 2단에 진한 브라운색 실로 콧구멍을 수놓아줍니다.
- 뿔과 귀를 머리 위에 놓고 머리 중앙에서 약간 앞으로 이동시킨 다음 바느질합니다(그림 3).
- 팔을 달아줍니다(표준 버전, 16쪽).
- 몸의 앞쪽 가장자리를 따라 소젖을 꿰매줍니다(그림 4). 솔기를 닫기 전에 솜을 채웁니다.
- 종을 목 주변에 걸고 뒷면에 매듭을 묶습니다.
- 눈 위, 머리의 14단에 검은색 재봉실로 작은 눈썹을, 밝은 레드색 실로 눈 밑의 볼을 붉게 수놓아줍니다.

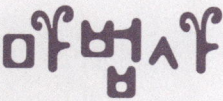

마법사

난이도: 👑 👑 👑

키: 5.3인치 / 13.5㎝(제시된 실로 떴을 때)

재료:
스포트 웨이트 실(SMC 카타니아 오리지널)
⚪ 밀키 화이트(105)
🔘 샌드베이지(404)
⚫ 그레이(434)
🟤 골드(249)
🟣 퍼플(422)
🔵 짙은 퍼플(113)
🟤 시나몬(426)
B-1/2㎜ 코바늘
검은색 유리눈 혹은 나사형 인형눈(7㎜)
돗바늘
콧수링
시침핀
솜

아미구루미 갤러리:
동영상으로 연결되는 URL과 QR코드:
www.amigurumipatterns.net/3328

머리(샌드베이지색 실)
나사형 인형눈 사용하기(15쪽, 마스터 패턴 참조)

몸통(샌드베이지색 실로 시작)
머리의 4단에 남아있는 마지막 앞고리에 샌드베이지색
실을 연결합니다. 여기에서 다음 단의 첫 번째 코를 시작합니다.
1단: 앞고리 짧은뜨기 24 [24코]
짙은 퍼플색 실로 바꾸기
2단: 이 단은 뒷고리에 뜹니다. (짧은뜨기 5, 늘리기)×4 [28코]

3단: 짧은뜨기 28 [28코]
4단: 짧은뜨기 3, 늘리기, (짧은뜨기 6, 늘리기)×3, 짧은뜨기 3 [32코]
5단: 짧은뜨기 32 [32코]
골드색 실로 바꾸기
6단: 짧은뜨기 32 [32코]
짙은 퍼플색 실로 바꾸기
7-8단: 뒷고리 짧은뜨기 32 [32코]
9단: 짧은뜨기 3, 줄이기, (짧은뜨기 6, 줄이기)×3, 짧은뜨기 3 [28코]
시나몬색 실로 바꾸기
10단: 짧은뜨기 28 [28코]
11단: 이 단은 뒷고리에 뜹니다. (짧은뜨기 5, 줄이기)×4 [24코]
몸통에 솜을 채웁니다.
12단: 짧은뜨기 1, 줄이기, (짧은뜨기 2, 줄이기)×5, 짧은뜨기 1 [18코]
13단: (짧은뜨기 1, 줄이기)×6 [12코]
14단: (줄이기)×6 [6코]
몸통 아랫부분에 솜을 너무 가득 채우지 말고 최대한 평평하게
유지합니다. 실 꼬리를 남기고 실을 잘라 마무리합니다. 남긴 실을
돗바늘에 꿰어 남은 코의 앞고리에 통과시킨 뒤, 세게 잡아당겨
구멍을 닫아줍니다. 실 끝이 보이지 않게 마무리합니다.
몸통을 거꾸로 잡고 10단에 남아있는 첫 번째 앞고리에 시나몬색
실을 연결합니다. 여기에서 다음 단의 첫 번째 코를 시작합니다.
15단: 앞고리 짧은뜨기 28 [28코]
실을 잘라 보이지 않게 마무리합니다. 몸통을 거꾸로 잡고 7단에
남아있는 첫 번째 앞고리에 짙은 퍼플색 실을 연결합니다. 여기에서
다음 단의 첫 번째 코를 시작합니다.
16단: 앞고리 짧은뜨기 32 [32코]
17단: (짧은뜨기 7, 늘리기)×4 [36코]
실을 잘라 보이지 않게 마무리합니다. 몸통의 머리가 위로 향하도록
잡고 17단 마무리 코의 앞고리에 퍼플색 실을 연결합니다.
18단: 앞고리 빼뜨기 36 [36코]

팔(2개, 샌드베이지색 실로 시작)
1단: 실 고리로 원형코 만들기, 짧은뜨기 7 [7코]
2단: 짧은뜨기 7 [7코]
짙은 퍼플색 실로 바꾸기
3단: 짧은뜨기 7 [7코]
4단: 뒷고리 짧은뜨기 7 [7코]
5-6단: 짧은뜨기 7 [7코]
팔을 평평하게 접어 입구의 코를 맞춥니다.
7단: 짧은뜨기 3 (접힌 앞, 뒤 편물을 함께 떠서 입구를 닫습니다.) [3코]

바느질할 실 꼬리를 길게 남기고 실을 잘라 마무리합니다.
손바닥이 아래를 향하도록 잡고 3단에 남아있는 첫 번째
앞고리에 퍼플색 실을 연결합니다. 여기에서 다음 단의 첫 번째
코를 시작합니다.

8단: 이 단은 앞고리에 뜹니다. 긴뜨기 6, 긴뜨기 늘리기 [8코]
실을 잘라 보이지 않게 마무리합니다.

머리카락(그레이색 실)

1단: 실 고리로 원형코 만들기, 짧은뜨기 6 [6코]

2단: (늘리기)×6 [12코]

3단: (짧은뜨기 1, 늘리기)×6 [18코]

4단: 짧은뜨기 1, 늘리기, (짧은뜨기 2, 늘리기)×5, 짧은뜨기 1
[24코]

5단: (짧은뜨기 3, 늘리기)×6 [30코]

6단: 짧은뜨기 2, 늘리기, (짧은뜨기 4, 늘리기)×5, 짧은뜨기 2
[36코]

7단: (짧은뜨기 5, 늘리기)×6 [42코]

8단: 짧은뜨기 3, 늘리기, (짧은뜨기 6, 늘리기)×5, 짧은뜨기 3
[48코]

9단: (짧은뜨기 7, 늘리기)×6 [54코]

10단: (짧은뜨기 17, 늘리기)×3 [57코]

11-14단: 짧은뜨기 57 [57코]

계속해서 평면뜨기를 합니다.

15단: 짧은뜨기 35, 사슬뜨기 1, 방향 바꾸기 [35코]

남은 코들을 뜨지 않고 그대로 둡니다.

16단: 1코 건너뛰기, 짧은뜨기 55(단의 시작 부분 표시는 무시),
사슬뜨기 1, 방향 바꾸기 [55코]

17단: 짧은뜨기 53, 사슬뜨기 1, 방향 바꾸기 [53코]

18단: 1코 건너뛰기, 짧은뜨기 51, 사슬뜨기 1, 방향 바꾸기 [51코]

19단: 1코 건너뛰기, 짧은뜨기 19 [19코]

이 단을 마무리하지 않습니다.

이어서 원형뜨기를 합니다.

20단: (사슬뜨기 3, 머리카락 코에 짧은뜨기 1, 사슬뜨기 4, 머리카락
코에 짧은뜨기 1)×6, (사슬뜨기 2, 머리카락 코에 짧은뜨기 1,
사슬뜨기 3, 머리카락 코에 짧은뜨기 1)×7, 짧은뜨기 5, 단의
가장자리를 따라 짧은뜨기 6(그림 1에 표시한 부분), 가운데 부분에

빼뜨기 1, 단의 가장자리 계속 뜨기, (머리카락 코에 짧은뜨기 1,
사슬뜨기 3, 머리카락 코에 짧은뜨기 1, 사슬뜨기 4)×2, 마지막 단
끝에 짧은뜨기 1(그림 2), (사슬뜨기 3, 머리카락 코에 짧은뜨기 1,
사슬뜨기 2, 머리카락 코에 짧은뜨기 1) ×3, (사슬뜨기 3, 머리카락
코에 짧은뜨기 1, 사슬뜨기 4, 머리카락 코에 짧은뜨기 1) ×6
실을 잘라 보이지 않게 마무리합니다.

턱수염(밀키 화이트색 실)
21쪽의 왕 턱수염 패턴을 그대로 뜹니다.

코(샌드베이지색 실)
22쪽의 왕 코 패턴을 그대로 뜹니다.

눈썹(2개, 그레이색 실)
22쪽의 왕 눈썹 패턴을 그대로 뜹니다.

콧수염(오른쪽/왼쪽 부분, 밀키 화이트색 실)
22쪽의 왕 콧수염 패턴을 그대로 뜹니다.

모자(짙은 퍼플색 실로 시작)
1단: 실 고리로 원형코 만들기, 짧은뜨기 6 [6코]
2단: (짧은뜨기 1, 늘리기)×3 [9코]
3단: (짧은뜨기 2, 늘리기)×3 [12코]
4단: 짧은뜨기 3, 늘리기, 짧은뜨기 3, 늘리기, 짧은뜨기 4 [14코]
5단: 짧은뜨기 13, 늘리기 [15코]
6단: 짧은뜨기 4, 빼뜨기 6, 짧은뜨기 4, 늘리기 [16코]
7단: 늘리기, 짧은뜨기 3, 앞고리에 뜹니다. 늘리기, 짧은뜨기 4,
늘리기, 이어 앞뒤 고리에 짧은뜨기 4, 늘리기, 짧은뜨기 1 [20코]
8단: 짧은뜨기 20 [20코]
9단: 한길긴뜨기 늘리기, 한길긴뜨기 1, 긴뜨기 1, 짧은뜨기 4,
빼뜨기 6, 짧은뜨기 4, 긴뜨기 1, 한길긴뜨기 늘리기, 한길긴뜨기 1

[22코]
10단: (한길긴뜨기 늘리기)×3, 한길긴뜨기 1, 긴뜨기 1, 짧은뜨기 3,
빼뜨기 6, 짧은뜨기 3, 긴뜨기 1, (한길긴뜨기 늘리기)×4 [29코]
11단: 한길긴뜨기 6, 긴뜨기 1, 앞고리 짧은뜨기 4, 앞뒤 고리에
이어뜨기, 빼뜨기 6, 앞고리 짧은뜨기 4, 앞뒤 고리에 이어뜨기, 긴뜨기 1,
한길긴뜨기 7 [29코]
12단: 한길긴뜨기 7, 짧은뜨기 1, 사슬뜨기 1, 방향 바꾸기 [8코] (그림
3)
이어 다시 평면뜨기를 합니다.
13단: 짧은뜨기 1, (한길긴뜨기 1, 한길긴뜨기 2코 구슬뜨기 1)×3,
한길긴뜨기 1, 콧수링 제거하고 한길긴뜨기 2코 구슬뜨기 1,
(한길긴뜨기 1, 한길긴뜨기 2코 구슬뜨기 1)×3, 짧은뜨기 1,
사슬뜨기 1, 방향 바꾸기 [16코]
14단: 짧은뜨기 1, 한길긴뜨기 3, 한길긴뜨기 늘리기, 한길긴뜨기 1,
(한길긴뜨기 늘리기)×4, 한길긴뜨기 1, 한길긴뜨기 늘리기,
한길긴뜨기 3, 짧은뜨기 1, 사슬뜨기 1, 방향 바꾸기 [22코]
15단: 짧은뜨기 1, 한길긴뜨기 늘리기, (한길긴뜨기 1, 한길긴뜨기
늘리기)×3, 한길긴뜨기 1, 한길긴뜨기 늘리기, 한길긴뜨기 2,
한길긴뜨기 늘리기, 한길긴뜨기 1, (한길긴뜨기 늘리기,
한길긴뜨기 1)×3, 한길긴뜨기 늘리기, 짧은뜨기 1,
사슬뜨기 1, 방향 바꾸기 [32코] (그림 4)
16단: 짧은뜨기 32, 11단으로 가서 3코 건너뛰고(그림 5-7), 11단
앞고리에 뜹니다. (늘리기)×6 [44코]
방금 뜬 코에 콧수링으로 표시하고, 여기에서 다음 단의 첫 번째 코를
시작합니다. 4코를 건너뛰고 화살표가 가리키는 코에서 다음 단을
시작합니다(그림 8-9).
17단: 짧은뜨기 44 [44코]
18단: (늘리기, 짧은뜨기 10)×4 [48코]
19단: 짧은뜨기 10, 늘리기, (짧은뜨기 4, 늘리기)×3, (짧은뜨기 10,
늘리기)×2 [54코]
20-21단: 짧은뜨기 54 [54코]

5

6

7

8

22단: 짧은뜨기 8, 늘리기, 짧은뜨기 26, 늘리기, 짧은뜨기 18 [56코]

23단: (짧은뜨기 13, 늘리기)×4 [60코]

24단: 짧은뜨기 60 [60코]

골드색 실로 바꾸기

25단: 이 단은 뒷고리에 뜹니다. (짧은뜨기 9, 늘리기)×6 [66코]

26단: 짧은뜨기 66 [66코]

27단: 짧은뜨기 5, 늘리기, (짧은뜨기 10, 늘리기)×5, 짧은뜨기 5 [72코]

짙은 퍼플색 실로 바꾸기

28단: 이 단은 뒷고리에 뜹니다. (짧은뜨기 11, 늘리기)×6 [78코]

29단: 짧은뜨기 6, 늘리기, (짧은뜨기 12, 늘리기)×5, 짧은뜨기 6 [84코]

30단: (짧은뜨기 13, 늘리기)×6 [90코]

실을 잘라 보이지 않게 마무리합니다.

마지막 단이 아래를 향하도록 모자 부분을 잡고 마무리 코 앞고리에 퍼플색 실을 연결합니다.

31단: 앞고리 빼뜨기 90 [90코]

실을 잘라 보이지 않게 마무리합니다. 짙은 퍼플색 실로 마무리된 모자의 16단 구멍을 꿰매줍니다(그림 10-11).

연결하기

• 몸통의 6단과 7단 사이를 시나몬색 실로 박음질하여 수놓아줍니다(6단에 남아있는 골드색 고리 위, 그림 12).

• 팔을 연결해줍니다(표준 버전, 16쪽).

• 턱수염을 눈 밑 한 단 아래에 놓고 점선을 따라 꿰매줍니다(22쪽, 그림 22 참고). 하단 가장자리는 바느질할 필요가 없습니다.

• 콧수염 부분을 턱수염 위에 놓고 점선을 따라 꿰매줍니다(22쪽, 그림 22 참고).

• 콧수염의 중앙에 코를 꿰매면서 솔기를 만듭니다.

• 안쪽 면이 바깥을 향하게 하고, 눈 위에 눈썹을 바느질로 연결합니다.

• 머리 뒤쪽 중앙에 마무리 코(마지막 코)가 오도록 머리에 머리카락을 연결합니다. 머리카락의 뒷면은 앞면보다 약간 아래에 놓여야 합니다. 모자를 씌워줍니다.

부엉이

난이도: 🐾🐾🐾

키: 3.1인치 / 8cm(제시된 실로 떴을 때)

재료:

스포트 웨이트 실(SMC 카타니아 오리지널)

⬤ 샌드베이지(404)

● 브라운(438)

⬤ 밀키 화이트 약간(105)

B-1/2mm 코바늘

검은색 유리눈 혹은 나사형 인형눈(7mm)

돗바늘

콧수링

시침핀

솜

아미구루미 갤러리:
동영상으로 연결되는 URL과 QR코드:
www.amigurumipatterns.net/3329

눈 흰자위(2개, 밀키 화이트색 실)

1단: 실 고리로 원형코 만들기, 짧은뜨기 6 [6코]
2단: (늘리기)×6 [12코]
3단: 1코에 짧은뜨기 1+사슬뜨기 2+짧은뜨기 1, 사슬뜨기 2, 다음 코에 짧은뜨기 1, 사슬뜨기 2, 다음 코에 짧은뜨기 1 [4코+ 사슬코 6]
이 단을 마무리하지 않습니다. 바느질할 실 꼬리를 길게 남기고 실을 잘라 마무리합니다.

머리(샌드베이지색 실)

1단: 실 고리로 원형코 만들기, 짧은뜨기 6 [6코]
2단: (늘리기)×6 [12코]
3단: (짧은뜨기 1, 늘리기)×6 [18코]
4단: 이 단은 뒷고리에 뜹니다. 짧은뜨기 1, 늘리기, (짧은뜨기 2,

늘리기)×5, 짧은뜨기 1 [24코]
5단: (짧은뜨기 3, 늘리기)×6 [30코]
6단: 짧은뜨기 2, 늘리기, (짧은뜨기 4, 늘리기)×5, 짧은뜨기 2 [36코]
7-8단: 짧은뜨기 36 [36코]
9단: (짧은뜨기 11, 늘리기)×3 [39코]
10-11단: 짧은뜨기 39 [39코]
12단: 짧은뜨기 6, 늘리기, (짧은뜨기 12, 늘리기)×2, 짧은뜨기 6 [42코]
13단: 짧은뜨기 42 [42코]
14단: (짧은뜨기 5, 줄이기)×6 [36코]
15단: 짧은뜨기 2, 줄이기, (짧은뜨기 4, 줄이기)×5, 짧은뜨기 2 [30코]
눈 흰자위의 중앙 부분에 나사형 안전눈을 끼웁니다. 얼굴의 5단과 11단 사이, 마지막 단이 옆을 향하도록 눈을 올려두고 꿰맵니다.
16단: (짧은뜨기 3, 줄이기)×6 [24코]
머리에 솜을 채웁니다.
17단: 짧은뜨기 1, 줄이기, (짧은뜨기 2, 줄이기)×5, 짧은뜨기 1 [18코]
18단: (짧은뜨기 1, 줄이기)×6 [12코]
19단: (줄이기)×6 [6코]
실 꼬리를 남기고 실을 잘라 마무리합니다. 남긴 실을 돗바늘에 꿰어 남은 코의 앞고리에 통과시킨 뒤, 세게 잡아당겨 구멍을 닫아줍니다. 실 끝이 보이지 않게 마무리합니다.

몸통(샌드베이지색 실로 시작)

머리 부분의 3단에 남아있는 마지막 앞고리에 샌드베이지색 실을 연결합니다. 여기에서 다음 단의 첫 번째 코를 시작합니다.
1단: 앞고리 짧은뜨기 18 [18코]
2단: (짧은뜨기 5, 늘리기)×3 [21코]
3단: 짧은뜨기 21 [21코]
4단: 짧은뜨기 3, 늘리기, (짧은뜨기 6, 늘리기)×2, 짧은뜨기 3 [24코]
5-6단: 짧은뜨기 24 [24코]
브라운색 실로 바꾸기
7단: 짧은뜨기 24 [24코]
8단: 이 단은 뒷고리에 뜹니다. 짧은뜨기 1, 줄이기, (짧은뜨기 2, 줄이기)×5, 짧은뜨기 1 [18코]
몸통에 솜을 채웁니다.
9단: (짧은뜨기 1, 줄이기)×6 [12코]
10단: (줄이기)×6 [6코]
몸통 아랫부분에 솜을 너무 가득 채우지 말고 최대한 평평하게 유지합니다. 실 꼬리를 남기고 실을 잘라 마무리합니다. 남긴 실을 돗바늘에 꿰어 남은 코의 앞고리에 통과시킨 뒤, 세게 잡아당겨

구멍을 닫아줍니다. 실 끝이 보이지 않게 마무리합니다. 몸통을 거꾸로 들고 7단에 남아있는 첫 번째 앞고리에 브라운색 실을 연결합니다. 여기에서 다음 단의 첫 번째 코를 시작합니다.

11단: 앞고리 짧은뜨기 24 [24코]

실을 잘라 보이지 않게 마무리합니다.

모자(브라운색 실)

1단: 실 고리로 원형코 만들기, 짧은뜨기 6 [6코]

2단: (늘리기)×6 [12코]

3단: (짧은뜨기 1, 늘리기)×6 [18코]

4단: 짧은뜨기 1, 늘리기, (짧은뜨기 2, 늘리기)×5, 짧은뜨기 1 [24코]

5단: (짧은뜨기 3, 늘리기)×6 [30코]

6단: 짧은뜨기 2, 늘리기, (짧은뜨기 4, 늘리기)×5, 짧은뜨기 2 [36코]

7단: (짧은뜨기 5, 늘리기)×6 [42코]

8단: (짧은뜨기 13, 늘리기)×3 [45코]

9-11단: 짧은뜨기 45 [45코]

12단: 짧은뜨기 20, 긴뜨기 1, 한길긴뜨기 1, 두길긴뜨기 2코 구슬뜨기 1, 한길긴뜨기 1, 긴뜨기 1, 짧은뜨기 20 [45코]

실을 잘라 보이지 않게 마무리합니다. 모자의 마지막 단이 아래를 향하도록 들고 마무리 코의 앞고리에 브라운색 실을 연결합니다.

13단: 이 단은 앞고리에 뜹니다. 빼뜨기 22, 두길긴뜨기 2코 구슬뜨기 코에 빼뜨기 1+사슬뜨기 2+빼뜨기 1, 빼뜨기 22 [46코+사슬코 2]

실을 잘라 보이지 않게 마무리합니다.

날개(2개, 브라운색 실)

1단: 실 고리로 원형코 만들기, 짧은뜨기 6 [6코]

2단: (늘리기, 짧은뜨기 1)×3 [9코]

3-4단: 짧은뜨기 9 [9코]

5단: 짧은뜨기 2, (줄이기)×2, 짧은뜨기 3 [7코]

6단: 짧은뜨기 1, (줄이기)×2, 짧은뜨기 2 [5코]

실 꼬리를 남기고 실을 잘라 마무리합니다. 날개는 솜을 채우지 않아도 됩니다. 남긴 실을 돗바늘에 꿰어 남은 코의 앞고리에 통과시킨 뒤, 세게 잡아당겨 구멍을 닫아줍니다. 바느질할 실 꼬리를 길게 남겨둡니다.

부리(브라운색 실)

사슬뜨기 3, 평면뜨기를 합니다.

1단: 코바늘에서 두 번째 사슬코에서 시작, 짧은뜨기 1, 한길긴뜨기 1 [2코]

바느질할 실 꼬리를 길게 남기고 실을 잘라 마무리합니다.

연결하기

• 머리 뒤쪽 중앙에 모자의 마무리 코(마지막 코)가 오도록 하고, 얼굴 앞 중앙에는 모자의 뾰족한 부분이 오도록 연결합니다.

• 점선을 따라 부리를 꿰매줍니다(그림 1).

• 귀를 만들려면 브라운색 실 2가닥과 샌드베이지색 실 2가닥을 먼저 잘라줍니다. 코바늘을 사용하여 머리의 6단에 한 코를 통과해 실 4가닥으로 고리를 만들며 잡아당겨 줍니다(그림 2). 이 고리(그림 3)를 통해 실 끝을 당겨 마무리합니다. 실의 길이는 0.4인치(1㎝)가 되도록 실의 끝을 잘라냅니다(그림 4). 같은 단에서 두 번째 귀를 반복해서 만듭니다.

• 마지막 단이 아래쪽을 향하게 하여 날개를 몸통 측면에 놓고 꿰맵니다.

• 몸통의 3단과 5단에 브라운색 실로 V자 패턴으로 수놓아줍니다.

마녀

난이도: ⚘ ⚘ ⚘

키: 6.3인치 / 16㎝(제시된 실로 떴을 때)

재료:

스포트 웨이트 실(SMC 카타니아 오리지널)
- 샌드베이지(404)
- 너트 브라운(179)
- 브론즈(383)
- 토파즈 블루(380)
- 짙은 오렌지(388)
- 밝은 레드 약간(408)

B-1/2㎜ 코바늘
검은색 유리눈 혹은 나사형 인형눈(7㎜)
돗바늘
검은색 재봉실
콧수링
시침핀
솜

 아미구루미 갤러리:
동영상으로 연결되는 URL과 QR코드:
www.amigurumipatterns.net/3330

머리(샌드베이지색 실)

나사형 인형눈 사용하기(15쪽, 마스터 패턴 참조)

몸통(샌드베이지색 실로 시작)

머리의 4단에 남아있는 마지막 앞고리에 샌드베이지색 실을 연결합니다. 여기에서 다음 단의 첫 번째 코를 시작합니다.

1단: 앞고리 짧은뜨기 24 [24코]

토파즈 블루색 실로 바꾸기

2단: 이 단은 뒷고리에 뜹니다. (짧은뜨기 5, 늘리기)×4 [28코]

3단: 짧은뜨기 28 [28코]

4단: 짧은뜨기 3, 늘리기, (짧은뜨기 6, 늘리기)×3, 짧은뜨기 3 [32코]

5단: 짧은뜨기 32 [32코]

너트 브라운색 실로 바꾸기

6단: 짧은뜨기 32 [32코]

7단: 뒷고리 짧은뜨기 32 [32코]

토파즈 블루색 실로 바꾸기

8단: 뒷고리 짧은뜨기 32 [32코]

9단: 짧은뜨기 3, 줄이기, (짧은뜨기 6, 줄이기)×3, 짧은뜨기 3 [28코]

브론즈색 실로 바꾸기

10단: 짧은뜨기 28 [28코]

11단: 이 단은 뒷고리에 뜹니다. (짧은뜨기 5, 줄이기)×4 [24코]

몸통에 솜을 채웁니다.

12단: 짧은뜨기 1, 줄이기, (짧은뜨기 2, 줄이기)×5, 짧은뜨기 1 [18코]

13단: (짧은뜨기 1, 줄이기)×6 [12코]

14단: (줄이기)×6 [6코]

몸통 아랫부분에 솜을 너무 가득 채우지 말고 최대한 평평하게 유지합니다. 실 꼬리를 남기고 실을 잘라 마무리합니다. 남긴 실을 돗바늘에 꿰어 남은 코의 앞고리에 통과시킨 뒤, 세게 잡아당겨 구멍을 닫아줍니다. 실 끝이 보이지 않게 마무리합니다. 몸통을 거꾸로 잡고 10단에 남아있는 첫 번째 앞고리에 브론즈색 실을 연결합니다. 여기에서 다음 단의 첫 번째 코를 시작합니다.

15단: 앞고리 짧은뜨기 28 [28코]

실을 잘라 보이지 않게 마무리합니다. 계속해서 몸통을 거꾸로 잡고 7단에 남아있는 첫 번째 앞고리에 토파즈 블루색 실을 연결합니다. 여기에서 다음 단의 첫 번째 코를 시작합니다.

16단: 앞고리 짧은뜨기 32 [32코]

17단: (짧은뜨기 7, 늘리기)×4 [36코]

실을 잘라 보이지 않게 마무리합니다. 머리가 위를 향하도록 몸통을 잡고 마무리 코의 앞고리에 토파즈 블루색 실을 연결합니다. 다음 단의 첫 번째 코를 계속 뜹니다.

18단: 앞고리 빼뜨기 36 [36코]

실을 잘라 보이지 않게 마무리합니다.

팔(2개, 샌드베이지색 실로 시작)

1단: 실 고리로 원형코 만들기, 짧은뜨기 7 [7코]

2단: 짧은뜨기 7 [7코]

토파즈 블루색 실로 바꾸기

3단: 짧은뜨기 7 [7코]

4단: 뒷고리 짧은뜨기 7 [7코]

5-6단: 짧은뜨기 7 [7코]

팔을 평평하게 접어 입구의 코를 맞춥니다.

7단: 짧은뜨기 3 (접힌 앞, 뒤 편물을 함께 떠서 입구를 닫습니다.) [3코]

바느질할 실 꼬리를 길게 남기고 실을 잘라 마무리합니다. 손바닥이 아래를 향하도록 팔을 잡고 3단의 첫 번째 앞고리에 브론즈색 실을 연결합니다. 여기에서 다음 단의 첫 번째 코를 시작합니다.

8단: 이 단은 앞고리에 뜹니다. 짧은뜨기 6, 늘리기 [8코]

실을 잘라 보이지 않게 마무리합니다.

머리카락(짙은 오렌지색 실)

1단: 실 고리로 원형코 만들기, 짧은뜨기 6 [6코]

2단: (늘리기)×6 [12코]

3단: (짧은뜨기 1, 늘리기)×6 [18코]

4단: 짧은뜨기 1, 늘리기, (짧은뜨기 2, 늘리기)×5, 짧은뜨기 1 [24코]

5단: (짧은뜨기 3, 늘리기)×6 [30코]

6단: 짧은뜨기 2, 늘리기, (짧은뜨기 4, 늘리기)×5, 짧은뜨기 2 [36코]

7단: (짧은뜨기 5, 늘리기)×6 [42코]

8단: 짧은뜨기 3, 늘리기, (짧은뜨기 6, 늘리기)×5, 짧은뜨기 3 [48코]

9단: (짧은뜨기 7, 늘리기)×6 [54코]

10단: (짧은뜨기 17, 늘리기)×3 [57코]

11-16단: 짧은뜨기 57 [57코]

이어서 평면뜨기를 합니다.

17단: 짧은뜨기 30, 사슬뜨기 1, 방향 바꾸기 [30코]

남은 코들을 뜨지 않고 그대로 둡니다.

18단: 1코 건너뛰기, 짧은뜨기 55(단의 시작 부분의 표시는 무시), 사슬뜨기 1, 방향 바꾸기 [55코]

19단: 1코 건너뛰기, 짧은뜨기 25 [25코]

이 단을 마무리하지 않습니다.

이어서 원형뜨기를 합니다.

20단: (사슬뜨기 11, 코바늘에서 두 번째 사슬코에서 시작, 다음 사슬코에서 짧은뜨기 10, 다음 머리 코에 짧은뜨기 1(그림 1))× 8, 짧은뜨기 21(그림 2), 단의 가장자리를 따라 짧은뜨기 2, 가운데 부분에 빼뜨기 1, 단의 가장자리를 따라 짧은뜨기 2, 짧은뜨기 15, (사슬뜨기 11, 코바늘에서 두 번째 사슬코에서 시작, 다음 사슬코에서 짧은뜨기 10, 다음 머리 코에 짧은뜨기 1)×10

실을 잘라 실 끝을 보이지 않게 마무리합니다(그림 3).

모자(토파즈 블루색 실로 시작)

1단: 실 고리로 원형코 만들기, 짧은뜨기 5 [5코]

2단: 짧은뜨기 5 [5코]

3단: 늘리기, 짧은뜨기 4 [6코]

4단: 늘리기, 짧은뜨기 5 [7코]

5단: 늘리기, 짧은뜨기 6 [8코]

6단: 늘리기, 짧은뜨기 7 [9코]

7단: 늘리기, 짧은뜨기 8 [10코]

8단: 늘리기, 짧은뜨기 9 [11코]

9단: 늘리기, 짧은뜨기 3, 뒷고리 짧은뜨기 4, 앞뒤 고리에 이어뜨기, 짧은뜨기 3 [12코]

10단: (늘리기, 짧은뜨기 5)×2 [14코]

11단: 늘리기, 짧은뜨기 5, 8단에 남아있는 앞고리와 10단의 코를 같이 뜨기(그림 4), 짧은뜨기 1, 늘리기, 짧은뜨기 2, 10단에 뜨기, 짧은뜨기 4 [16코]

12단: (늘리기, 짧은뜨기 7)×2 [18코]

13단: (늘리기, 짧은뜨기 8)×2 [20코]

14단: 늘리기, 짧은뜨기 2, 뒷고리 짧은뜨기 5, 앞뒤 고리에 이어뜨기, 짧은뜨기 2, 늘리기, 짧은뜨기 9 [22코]

15단: (늘리기, 짧은뜨기 10)×2 [24코]

16단: 늘리기, 짧은뜨기 4, 13단에 남아있는 앞고리와 15단의 코를 같이 뜨기, 짧은뜨기 5, 15단에 뜨기, 짧은뜨기 2, 늘리기, 짧은뜨기 11 [26코]

17단: 짧은뜨기 6, 늘리기, 짧은뜨기 12, 늘리기, 짧은뜨기 6 [28코]

18단: (늘리기, 짧은뜨기 13)×2 [30코]

19단: (늘리기, 짧은뜨기 9)×3 [33코]

20단: 짧은뜨기 5, 늘리기, 짧은뜨기 10, 늘리기, 짧은뜨기 5, 앞고리에 이어뜨기, 짧은뜨기 5, 늘리기, 짧은뜨기 5 [36코]

21단: (늘리기, 짧은뜨기 11)×3 [39코]

22단: (늘리기, 짧은뜨기 12)×3 [42코]

23단: (늘리기, 짧은뜨기 13)×3 [45코]

24단: (늘리기, 짧은뜨기 14)×2, 늘리기, 짧은뜨기 3, 23단 코와 19단에 남아있는 뒷고리를 같이 뜨기(그림 5), 짧은뜨기 11 [48코]

25단: 짧은뜨기 9, 늘리기, 짧은뜨기 15, 늘리기, 짧은뜨기 11, 한길긴뜨기 4, 한길긴뜨기 늘리기, 한길긴뜨기 6 [51코] (그림 6)

26단: 짧은뜨기 16, 늘리기, 앞고리에 계속 뜨기, 짧은뜨기 16, 늘리기, 짧은뜨기 1, 앞뒤 고리에 이어뜨기, 짧은뜨기 15, 늘리기 [54코]

①

②

③

④

27단: (짧은뜨기 17, 늘리기)×3 [57코]

28단: 짧은뜨기 9, 늘리기, (짧은뜨기 18, 늘리기)×2, 짧은뜨기 9 [60코]

29단: (짧은뜨기 19, 늘리기)×3 [63코]

30단: 짧은뜨기 10, 늘리기, 짧은뜨기 10, 29단의 코와 25단에 남아있는 뒷고리를 같이 뜨기, 짧은뜨기 10, 늘리기, 짧은뜨기 7, 29단에 뜨기, 짧은뜨기 13, 늘리기, 짧은뜨기 10 [66코]

31단: 짧은뜨기 21, 한길긴뜨기 20, 짧은뜨기 25 [66코]
콧수링을 제거하고 짧은뜨기 13코를 뜹니다. 방금 뜬 마지막 코에 표시를 하고, 다음 코가 단의 새로운 시작 코가 됩니다.
브론즈색 실로 바꾸기

32단: 짧은뜨기 17, 늘리기, (짧은뜨기 21, 늘리기)×2, 짧은뜨기 4 [69코]

33단: 짧은뜨기 69 [69코]

34단: (짧은뜨기 22, 늘리기)×3 [72코] (그림 7)
토파즈 블루색 실로 바꾸기

35단: 이 단은 뒷고리에 뜹니다. (늘리기, 짧은뜨기 23)×3 [75코]

36단: 짧은뜨기 12, 늘리기, (짧은뜨기 24, 늘리기)×2, 짧은뜨기 12 [78코]

37단: (짧은뜨기 12, 늘리기)×6 [84코]
실을 잘라 보이지 않게 마무리합니다. 마지막 단이 아래를 향하도록 모자를 잡고 마무리 코 앞고리에 토파즈 블루색 실을 연결합니다.

38단: 앞고리 빼뜨기 84 [84코]
실을 잘라 보이지 않게 마무리합니다. 너트 브라운색 실로 버클을 수놓아줍니다(그림 8).

연결하기

- 팔을 연결합니다(표준 버전, 16쪽).
- 벨트의 버클을 브론즈색 실로 수놓아줍니다(사진 9-10).
- 머리 뒤쪽 중앙에 마무리 코(마지막 코)가 오도록 머리에 머리카락을 연결합니다. 머리카락의 뒷면은 앞면보다 약간 아래에 놓여야 합니다. 모자를 씌워줍니다.
- 검은색 재봉실로 눈 근처에 속눈썹을, 밝은 레드색 실로 눈 밑의 볼을 붉게 수놓아줍니다.

4단: 짧은뜨기 3, 늘리기, (짧은뜨기 6, 늘리기)×3, 짧은뜨기 3 [32코]

5-6단: 짧은뜨기 32 [32코]

너트 브라운색 실로 바꾸기

7단: 짧은뜨기 32 [32코]

브라운색 실로 바꾸기

8단: 뒷고리 짧은뜨기 32 [32코]

9단: 이 단은 뒷고리에 뜹니다. 짧은뜨기 3, 줄이기, (짧은뜨기 6, 줄이기)×3, 짧은뜨기 3 [28코]

짙은 브라운색 실로 바꾸기

10단: 짧은뜨기 28 [28코]

11단: 이 단은 뒷고리에 뜹니다. (짧은뜨기 5, 줄이기)×4 [24코]

몸통에 솜을 채웁니다.

12단: 짧은뜨기 1, 줄이기, (짧은뜨기 2, 줄이기)×5, 짧은뜨기 1 [18코]

13단: (짧은뜨기 1, 줄이기)×6 [12코]

14단: (줄이기)×6 [6코]

몸통 아랫부분에 솜을 너무 가득 채우지 말고 최대한 평평하게 유지합니다. 실 꼬리를 남기고 실을 잘라 마무리합니다. 남긴 실을 돗바늘에 꿰어 남은 코의 앞고리에 통과시킨 뒤, 세게 잡아당겨 구멍을 닫아줍니다. 실 끝이 보이지 않게 마무리합니다. 몸통을 거꾸로 들고 10단에 남아있는 첫 번째 앞고리에 짙은 브라운색 실을 연결합니다. 여기에서 다음 단의 첫 번째 코를 시작합니다.

15단: 앞고리 짧은뜨기 28 [28코]

실을 잘라 보이지 않게 마무리합니다. 몸통을 거꾸로 들고 8단에 남아있는 첫 번째 앞고리에 브라운색 실을 연결합니다. 여기에서 다음 단의 첫 번째 코를 시작합니다.

16단: 앞고리 짧은뜨기 33 [33코]

실을 잘라 보이지 않게 마무리합니다.

팔(2개, 짙은 브라운색 실로 시작)

1단: 실 고리로 원형코 만들기, 짧은뜨기 7 [7코]

2단: 짧은뜨기 7 [7코]

브라운색 실로 바꾸기

3단: 뒷고리 짧은뜨기 7 [7코]

4-5단: 짧은뜨기 7 [7코]

팔을 평평하게 접어 입구의 코를 맞춥니다.

6단: 짧은뜨기 3 (접힌 앞, 뒤 편물을 함께 떠서 입구를 닫습니다.) [3코]

바느질할 실 꼬리를 길게 남기고 실을 잘라 마무리합니다. 팔을 손바닥이 아래로 향하도록 들고 2단의 첫 번째 앞고리에 짙은 브라운색 실을 연결합니다.

7단: 앞고리 빼뜨기 7 [7코]

도둑

난이도: 🐾🐾🐾

키: 4.5인치 / 11.5㎝(제시된 실로 떴을 때)

재료:

스포트 웨이트 실(SMC 카타니아 오리지널)

● 아이보리(436)

● 옅은 옐로(206)

● 너트 브라운(179)

● 브라운(438)

● 짙은 브라운(161)

B-1/2㎜ 코바늘

검은색 유리눈 혹은 나사형 인형눈(7㎜)

돗바늘

콧수링

시침핀

솜

아미구루미 갤러리:

동영상으로 연결되는 URL과 QR코드:

www.amigurumipatterns.net/3331

HEAD (아이보리색 실)

나사형 인형눈 사용하기(15쪽, 마스터 패턴 참조)

몸통(아이보리색 실로 시작)

머리 부분의 4단에 남아있는 마지막 앞고리에 아이보리색 실을 연결합니다. 여기에서 다음 단의 첫 번째 코를 시작합니다.

1단: 앞고리 짧은뜨기 24 [24코]

브라운색 실로 바꾸기

2단: 이 단은 뒷고리에 뜹니다. (짧은뜨기 5, 늘리기)×4 [28코]

3단: 짧은뜨기 28 [28코]

실을 잘라 보이지 않게 마무리합니다.

머리카락(옅은 옐로색 실)

1단: 실 고리로 원형코 만들기, 짧은뜨기 6 [6코]
2단: (늘리기)×6 [12코]
3단: (짧은뜨기 1, 늘리기)×6 [18코]
4단: 짧은뜨기 1, 늘리기, (짧은뜨기 2, 늘리기)×5, 짧은뜨기 1 [24코]
5단: (짧은뜨기 3, 늘리기)×6 [30코]
6단: 짧은뜨기 2, 늘리기, (짧은뜨기 4, 늘리기)×5, 짧은뜨기 2 [36코]
7단: (짧은뜨기 5, 늘리기)×6 [42코]
8단: 짧은뜨기 3, 늘리기, (짧은뜨기 6, 늘리기)×5, 짧은뜨기 3 [48코]
9단: (짧은뜨기 7, 늘리기)×6 [54코]
10단: (짧은뜨기 17, 늘리기)×3 [57코]
11-18단: 짧은뜨기 57 [57코]
실을 잘라 보이지 않게 마무리합니다. 마지막 단이 아래를 향하도록 머리카락 부분을 잡고 마무리 코 앞고리에 옅은 옐로색 실을 연결합니다.
19단: 이 단은 앞고리에 뜹니다. 빼뜨기 27, (사슬뜨기 6, 코바늘에서 두 번째 사슬코에서 시작, 짧은뜨기 5, 다음 머리 코에 빼뜨기 1)×3, 빼뜨기 27
실을 잘라 보이지 않게 마무리합니다.

후드 모자(브라운색 실)

사슬뜨기 53, 느슨하게 평면뜨기를 합니다.
1단: 코바늘에서 두 번째 사슬코에서 시작, 짧은뜨기 52, 사슬뜨기 1, 방향 바꾸기 [52코]
2단: 짧은뜨기 2, 긴뜨기 2, 한길긴뜨기 44, 긴뜨기 2, 짧은뜨기 2, 사슬뜨기 1, 방향 바꾸기 [52코]
3단: 앞고리 짧은뜨기 52, 사슬뜨기 1, 방향 바꾸기 [52코]
4단: 짧은뜨기 2, 긴뜨기 2, 한길긴뜨기 44, 긴뜨기 2, 짧은뜨기 2, 사슬뜨기 1, 방향 바꾸기 [52코]
5단: 앞고리 짧은뜨기 52, 사슬뜨기 1, 방향 바꾸기 [52코]
6단: 짧은뜨기 2, 긴뜨기 2, 한길긴뜨기 44, 긴뜨기 2, 짧은뜨기 2, 사슬뜨기 1, 방향 바꾸기 [52코]
7단: 이 단은 앞고리에 뜹니다. 짧은뜨기 16, 늘리기, 짧은뜨기 18, 늘리기, 짧은뜨기 16, 사슬뜨기 1, 방향 바꾸기 [54코]
8단: 짧은뜨기 2, 긴뜨기 2, 한길긴뜨기 46, 긴뜨기 2, 짧은뜨기 2, 사슬뜨기 1, 방향 바꾸기 [54코]
9단: 이 단은 앞고리에 뜹니다. 짧은뜨기 17, 늘리기, 짧은뜨기 18, 늘리기, 짧은뜨기 17, 사슬뜨기 1, 방향 바꾸기 [56코]
10단: 짧은뜨기 2, 긴뜨기 2, 한길긴뜨기 48, 긴뜨기 2, 짧은뜨기 2, 사슬뜨기 1, 방향 바꾸기 [56코]
11단: 앞고리 짧은뜨기 56, 사슬뜨기 1, 방향 바꾸기 [56코]
12단: 짧은뜨기 2, 긴뜨기 2, 한길긴뜨기 48, 긴뜨기 2, 짧은뜨기 2, 사슬뜨기 1, 방향 바꾸기 [56코]
13단: 이 단은 앞고리에 뜹니다. 짧은뜨기 17, 줄이기, 짧은뜨기 18, 줄이기, 짧은뜨기 17, 사슬뜨기 1, 방향 바꾸기 [54코]
14단: 짧은뜨기 2, 긴뜨기 2, 한길긴뜨기 46, 긴뜨기 2, 짧은뜨기 2, 사슬뜨기 1, 방향 바꾸기 [54코]
15단: 이 단은 앞고리에 뜹니다. 짧은뜨기 16, 줄이기, 짧은뜨기 18, 줄이기, 짧은뜨기 16, 사슬뜨기 1, 방향 바꾸기 [52코]
16단: 짧은뜨기 2, 긴뜨기 2, 한길긴뜨기 44, 긴뜨기 2, 짧은뜨기 2, 사슬뜨기 1, 방향 바꾸기 [52코]
단을 마무리하지 않습니다. 편물을 마지막 평면뜨기 단을 따라 마지막 코와 첫 코가 닿도록 접어줍니다(그림 1). 가까운 코의 뒷고리와 멀리

연결하기

- 옅은 옐로색 실로 7단에 남아있는 고리 바로 위에, 몸통의 7단과 8단 사이의 선을 따라 박음질로 수를 놓습니다.
- 머리 뒤쪽 중앙에 마무리 코(마지막 코)가 오도록 머리에 머리카락을 연결합니다. 머리카락의 뒷면은 앞면보다 약간 아래에 놓여야 합니다.
- 목 뒤 중앙에서 옆면으로 각각 9코를 세어 18코를 후드와 꿰맵니다(후드에 있는 앞뒤 고리 모두 사용). 실 끝이 보이지 않게 마무리합니다.
- 너트 브라운색 실로 가슴에 십자 모양을 수놓아줍니다.
- 십자 모양 바깥쪽 가장자리에 있는 코들을 통과해 너트 브라운색 실을 당겨 후드 스트링 끈을 만듭니다. 실 끝은 몸통 앞쪽을 남겨두고 양쪽 끝에 매듭을 짓습니다.
- 팔을 연결해줍니다(짧은 버전, 16쪽).
- 짙은 브라운색 실로 얼굴에 가면을 수놓아줍니다.

가방(브라운색 실)

1단: 실 고리로 원형코 만들기, 짧은뜨기 6 [6코]
2단: (늘리기)×6 [12코]
3단: (짧은뜨기 1, 늘리기)×6 [18코]
4단: 이 단은 뒷고리에 뜹니다. (짧은뜨기 1, 늘리기)×9 [27코]
5-7단: 짧은뜨기 27 [27코]
8단: (짧은뜨기 7, 줄이기)×3 [24코]
9단: 짧은뜨기 3, 줄이기, (짧은뜨기 6, 줄이기)×2, 짧은뜨기 3 [21코]
10단: (짧은뜨기 5, 줄이기)×3 [18코]
가방에 솜을 채웁니다.
11단: (짧은뜨기 1, 줄이기)×6 [12코]
12단: 이 단은 뒷고리에 뜹니다. (줄이기)×6 [6코]
실 꼬리를 남기고 실을 잘라 마무리합니다. 남긴 실을 돗바늘에 꿰어 남은 코의 앞고리에 통과시킨 뒤, 세게 잡아당겨 구멍을 닫아줍니다. 실 끝이 보이지 않게 마무리합니다. 가방의 마지막 단이 위를 향하도록 잡고 11단에 남아있는 첫 번째 앞고리에 브라운색 실을 연결합니다.
13단: 이 단은 앞고리에 뜹니다. (한길긴뜨기 늘리기)×12 [24코]
실을 잘라 보이지 않게 마무리합니다. 너트 브라운색 실 한 가닥으로 가방을 묶고 각각의 양쪽에 매듭을 지어줍니다.

있는 앞고리에 바늘을 끼워줍니다(그림 2).
17단: 빼뜨기 25 [25코] (그림 3)
실을 잘라 실 끝이 보이지 않게 마무리합니다. 후드를 거꾸로 잡고 기초 사슬코를 마무리한 곳에 브라운색 실을 연결합니다(그림 4, 화살표로 표시한 부분).
18단: 단의 가장자리를 따라 짧은뜨기 18 (그림 4-6) [18코]
바느질할 실 꼬리를 길게 남기고 실을 잘라 마무리합니다.

무역상 소녀

난이도: ♛ ♛ ♛

키: 4.5인치 / 11.5㎝(제시된 실로 떴을 때)

재료:

스포트 웨이트 실(SMC 카타니아 오리지널)
- ○ 밀키 화이트(105)
- ● 샌드베이지(404)
- ● 옐로(403)
- ● 밝은 옐로(208)
- ● 너트 브라운(179)
- ● 브론즈(383)
- ● 브라운(438)
- ● 밝은 레드 약간(408)

바구니:
- ○ 밀키 화이트(105)
- ● 너트 브라운(179)
- ● 밝은 그린(392)
- ● 그린(418)
- ● 오렌지(411)
- ● 시나몬(426)

B-1/2㎜ 코바늘
검은색 유리눈 혹은 나사형 인형눈(7㎜)
돗바늘
검은색 재봉실
콧수링
시침핀
솜

아미구루미 갤러리:
동영상으로 연결되는 URL과 QR코드:
www.amigurumipatterns.net/3332

머리(샌드베이지색 실)
나사형 인형눈 사용하기(15쪽, 마스터 패턴 참조)

몸통(샌드베이지색 실로 시작)
머리 부분 4단에 남아있는 마지막 앞고리에 샌드베이지색 실을 연결합니다. 여기에서 다음 단의 첫 번째 코를 시작합니다.
1단: 앞고리 짧은뜨기 24 [24코]
옐로색 실로 바꾸기
2단: 이 단은 뒷고리에 뜹니다. (짧은뜨기 5, 늘리기)×4 [28코]
3단: 짧은뜨기 28 [28코]
4단: 짧은뜨기 3, 늘리기, (짧은뜨기 6, 늘리기)×3, 짧은뜨기 3 [32코]
5-6단: 짧은뜨기 32 [32코]
밝은 옐로색 실로 바꾸기
7-8단: 뒷고리 짧은뜨기 32 [32코]
9단: 짧은뜨기 3, 줄이기, (짧은뜨기 6, 줄이기)×3, 짧은뜨기 3 [28코]
브론즈색 실로 바꾸기
10단: 짧은뜨기 28 [28코]
11단: 이 단은 뒷고리에 뜹니다. (짧은뜨기 5, 줄이기)×4 [24코]
몸통에 솜을 채웁니다.
12단: 짧은뜨기 1, 줄이기, (짧은뜨기 2, 줄이기)×5, 짧은뜨기 1 [18코]
13단: (짧은뜨기 1, 줄이기)×6 [12코]
14단: (줄이기)×6 [6코]
몸통 아랫부분에 솜을 너무 가득 채우지 말고 최대한 평평하게 유지합니다. 실 꼬리를 남기고 실을 잘라 마무리합니다. 남긴 실을 돗바늘에 꿰어 남은 코의 앞고리에 통과시킨 뒤, 세게 잡아당겨 구멍을 닫아줍니다. 실 끝이 보이지 않게 마무리합니다. 몸통을 거꾸로 들고 10단에 남아있는 첫 번째 앞고리에 브론즈색 실을 연결합니다. 여기에서 다음 단의 첫 번째 코를 시작합니다.
15단: 앞고리 짧은뜨기 28 [28코]
실을 잘라 보이지 않게 마무리합니다(그림 1). 머리가 위로 향하게 하여 몸통을 잡고 7단에 남아있는 마지막 앞고리에 너트 브라운색 실을 연결합니다. 여기에서 다음 단의 첫 번째 코를 시작합니다.
16단: 앞고리 짧은뜨기 32 [32코]
17단: (짧은뜨기 7, 늘리기)×4 [36코]
18단: 짧은뜨기 36 [36코]
실을 잘라 보이지 않게 마무리합니다. 머리가 위로 향하게 하여 몸통을 잡고 6단에 남아있는 마지막 앞고리에 밀키 화이트색 실을 연결합니다.
19단: 이 단은 앞고리에 뜹니다. (빼뜨기 2, 짧은뜨기 1, 사슬뜨기 1)×10, 빼뜨기 2 [32코+사슬코 10] (그림 2)
실을 잘라 보이지 않게 마무리합니다.

팔(2개, 샌드베이지색 실로 시작)

1단: 실 고리로 원형코 만들기, 짧은뜨기 7 [7코]

2단: 짧은뜨기 7 [7코]

밀키 화이트색 실로 바꾸기

3단: 짧은뜨기 7 [7코]

4단: 뒷고리 짧은뜨기 7 [7코]

5-6단: 짧은뜨기 7 [7코]

팔을 평평하게 접어 입구의 코를 맞춥니다.

7단: 짧은뜨기 3 (접힌 앞, 뒤 편물을 함께 떠서 입구를 닫습니다.) [3코]

바느질할 실 꼬리를 길게 남기고 실을 잘라 마무리합니다. 손바닥이 아래를 향하도록 팔을 잡고 3단 첫 앞고리에 밀키 화이트색 실을 연결합니다. 여기에서 다음 단의 첫 번째 코를 시작합니다.

8단: 이 단은 앞고리에 뜹니다. 짧은뜨기 6, 늘리기 [8코]

실을 잘라 보이지 않게 마무리합니다.

머리카락(브라운색 실)

1단: 실 고리로 원형코 만들기, 짧은뜨기 6 [6코]

2단: (늘리기)×6 [12코]

3단: (짧은뜨기 1, 늘리기)×6 [18코]

4단: 짧은뜨기 1, 늘리기, (짧은뜨기 2, 늘리기)×5, 짧은뜨기 1 [24코]

5단: (짧은뜨기 3, 늘리기)×6 [30코]

6단: 짧은뜨기 2, 늘리기, (짧은뜨기 4, 늘리기)×5, 짧은뜨기 2 [36코]

7단: (짧은뜨기 5, 늘리기)×6 [42코]

8단: 짧은뜨기 3, 늘리기, (짧은뜨기 6, 늘리기)×5, 짧은뜨기 3 [48코]

9단: (짧은뜨기 7, 늘리기)×6 [54코]

10단: (짧은뜨기 17, 늘리기)×3 [57코]

11-14단: 짧은뜨기 57 [57코]

이어서 평면뜨기를 합니다.

15단: 짧은뜨기 24, 사슬뜨기 1, 방향 바꾸기 [24코]

남은 코들을 뜨지 말고 그대로 둡니다.

16단: 짧은뜨기 56 (단의 시작 부분 표시는 무시), 사슬뜨기 1, 방향 바꾸기 [56코]

17단: 1코 건너뛰기, 짧은뜨기 54, 사슬뜨기 1, 방향 바꾸기 [54코]

18단: 1코 건너뛰기, 짧은뜨기 50, 사슬뜨기 1, 방향 바꾸기 [50코]

19단: 1코 건너뛰기, 짧은뜨기 27 [27코]

이 단을 마무리하지 않고 이어서 원형뜨기를 합니다.
20단: 짧은뜨기 22, 단의 가장자리를 따라 짧은뜨기 4(그림 3에 표시한 부분), 가운데 부분에 빼뜨기 1, 단의 가장자리를 따라 짧은뜨기 7 (그림 4), 짧은뜨기 27 [61코]
실을 잘라 보이지 않게 마무리합니다.

보닛 모자(밀키 화이트색 실)
1단: 실 고리로 원형코 만들기, 짧은뜨기 10 [10코]
2단: (한길긴뜨기 늘리기)×10 [20코]
3단: (한길긴뜨기 늘리기)×20 [40코]
4단: (두길긴뜨기 늘리기)×40 [80코]
5단: (두길긴뜨기 3, 두길긴뜨기 늘리기)×20 [100코]
6단: (두길긴뜨기 줄이기)×50 [50코]
7단: 짧은뜨기 50 [50코]
이어서 평면뜨기를 합니다.
8단: 짧은뜨기 11, 늘리기, 짧은뜨기 8, 늘리기, 짧은뜨기 7, 늘리기, 짧은뜨기 8, 늘리기, 짧은뜨기 7, 사슬뜨기 1, 방향 바꾸기 [49코]
단의 시작점에 표시된 콧수링은 나중에 필요하므로 제거하지 않습니다(그림 5).
9-11단: 짧은뜨기 45, 사슬뜨기 1, 방향 바꾸기 [45코] (그림 6)
12단: 짧은뜨기 45 [45코] (그림 7)

실을 잘라 실 끝이 보이지 않게 마무리합니다. 마지막 단이 위를 향하도록 보닛 모자를 잡고 모자의 안에서 바깥으로 바늘을 넣어 8단에 표시된 코 앞고리에 밝은 옐로색 실을 연결합니다(그림 8).
13단: 이 단은 앞고리에 뜹니다. 빼뜨기 4, 단의 가장자리를 따라 빼뜨기 5(그림 9에 표시된 부분), 코너 코에 빼뜨기 1+사슬뜨기 1+빼뜨기 1(그림 10), 빼뜨기 43, 코너 코에 빼뜨기 1+사슬뜨기 1+빼뜨기 1, 단의 가장자리를 따라 빼뜨기 4(그림 11), 빼뜨기 5
실을 잘라 보이지 않게 마무리합니다(그림 12).

연결하기
• 팔을 연결해줍니다(표준 버전, 16쪽).
• 밝은 옐로색 실로 가슴에 두 개의 십자 모양을 수놓아줍니다.
• 머리 뒤쪽 중앙에 마무리 코(마지막 코)가 오도록 머리에 머리카락을 연결합니다. 머리카락의 뒷면은 앞면보다 약간 아래에 놓여야 합니다. 보닛 모자를 씌워줍니다.
• 검은색 재봉실로 눈 근처에 속눈썹을, 밝은 레드색 실로는 눈 밑의 볼을 붉게 수놓아줍니다.

바구니(너트 브라운색 실)
1단: 실 고리로 원형코 만들기, 짧은뜨기 6 [6코]
2단: (늘리기)×6 [12코]

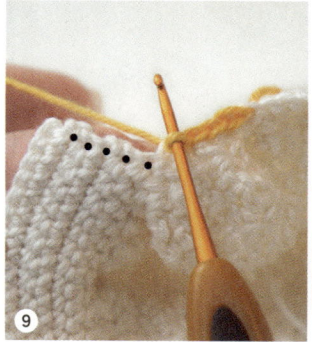

3단: (짧은뜨기 1, 늘리기)×6 [18코]
4단: (짧은뜨기 1, 늘리기)×9 [27코]
5단: 짧은뜨기 1, 늘리기, (짧은뜨기 2, 늘리기)×8, 짧은뜨기 1 [36코]
6단: 뒷고리 짧은뜨기 36 [36코]
7단: (스파이크 뜨기 1, 짧은뜨기 1)×18 [36코]
8단: (짧은뜨기 1, 스파이크 뜨기 1)×18 [36코]
9단: (스파이크 뜨기 1, 짧은뜨기 1)×18 [36코]
10단: (짧은뜨기 1, 스파이크 뜨기 1)×18 [36코]
11단: 이 단은 앞고리에 뜹니다. (짧은뜨기 5, 늘리기)×6 [42코]
12단: 짧은뜨기 3, 늘리기, (짧은뜨기 6, 늘리기)×5, 짧은뜨기 3 [48코]
13단: (1코에 짧은뜨기 3, 빼뜨기 2)×16 [80코]
실을 잘라 실 끝이 보이지 않게 마무리합니다. 바구니를 거꾸로 잡고 5단에 남아있는 마지막 앞고리에 너트 브라운색 실을 연결합니다(그림 13). 여기에서 다음 단의 첫 번째 코를 시작합니다.
14단: 앞고리 짧은뜨기 36 [36코]
실을 잘라 보이지 않게 마무리합니다. 14단이 아래를 향하도록 바구니를 잡고 10단의 첫 번째 뒷고리에 밀키 화이트색 실을 연결합니다(그림 14).
15단: 이 단은 뒷고리에 뜹니다. (사슬뜨기 3, 다음 코에 짧은뜨기 1)×36 [36코+사슬코 108]
실을 잘라 보이지 않게 마무리합니다.

손잡이(너트 브라운색 실)
시작 실 꼬리를 길게 남기고 사슬뜨기 51, 평면뜨기를 합니다.
1단: 코바늘에서 두 번째 사슬코에서 시작, 빼뜨기 50, 사슬뜨기 1, 방향 바꾸기 [50코]
2단: 뒷고리 빼뜨기 50 [50코]
바느질할 실 꼬리를 길게 남기고 실을 잘라 마무리합니다. 11단과

12단 사이에서 손잡이를 바구니에 꿰매 연결합니다(그림 15).

양배추(밝은 그린색 실)
1단: 실 고리로 원형코 만들기, 짧은뜨기 6 [6코]
2단: (늘리기)×6 [12코]
3단: (짧은뜨기 1, 늘리기)×6 [18코]
4단: (짧은뜨기 5, 늘리기)×3 [21코]
5-6단: 짧은뜨기 21 [21코]
7단: (짧은뜨기 5, 줄이기)×3 [18코]
양배추에 솜을 채웁니다.
8단: (짧은뜨기 1, 줄이기)×6 [12코]
9단: (줄이기)×6 [6코]
실 꼬리를 남기고 실을 잘라 마무리합니다. 남긴 실을 돗바늘에 꿰어 남은 코의 앞고리에 통과시킨 뒤, 세게 잡아당겨 구멍을 닫아줍니다. 실 끝이 보이지 않게 마무리합니다.

작은 잎사귀(3개, 그린색 실)
1단: 실 고리로 원형코 만들기, 짧은뜨기 6 [6코]
2단: (늘리기)×6 [12코]
3단: (짧은뜨기 1, 늘리기)×6 [18코]
4단: 짧은뜨기 1, 늘리기, 짧은뜨기 2, 늘리기, 짧은뜨기 2, 긴뜨기 늘리기, 한길긴뜨기 2, 긴뜨기 늘리기, 짧은뜨기 2, 늘리기, 짧은뜨기 2, 늘리기, 짧은뜨기 1 [24코]
바느질할 실 꼬리를 길게 남기고 실을 잘라 마무리합니다.

큰 잎사귀(3개, 그린색 실)
1단: 실 고리로 원형코 만들기, 짧은뜨기 6 [6코]
2단: (늘리기)×6 [12코]
3단: (짧은뜨기 1, 늘리기)×6 [18코]
4단: 짧은뜨기 1, 늘리기, (짧은뜨기 2, 늘리기)×5, 짧은뜨기 1 [24코]
5단: 짧은뜨기 7, (사슬뜨기 3, 다음 코에 짧은뜨기 1, 사슬뜨기 4,

13

14

15

16

다음 코에 짧은뜨기 1)×5, 짧은뜨기 7 [24코+사슬코 35]
바느질할 실 꼬리를 길게 남기고 실을 잘라 마무리합니다.
양배추 주변에 작은 잎사귀들을 놓고 바느질합니다. 큰 잎들은
양배추 주변에 작은 잎들과 엇갈리게 놓고 꿰매줍니다.

당근(오렌지색 실)
1단: 실 고리로 원형코 만들기, 짧은뜨기 4 [4코]
2단: 늘리기, 짧은뜨기 3 [5코]
3단: 늘리기, 짧은뜨기 4 [6코]
4단: 늘리기, 짧은뜨기 5 [7코]
5단: 늘리기, 짧은뜨기 6 [8코]
6단: 늘리기, 짧은뜨기 7 [9코]
7단: 늘리기, 짧은뜨기 8 [10코]
8단: 늘리기, 짧은뜨기 9 [11코]
9단: 늘리기, 짧은뜨기 10 [12코]
당근에 솜을 채웁니다.
10단: (줄이기)×6 [6코]
실 꼬리를 남기고 실을 잘라 마무리합니다. 남긴 실을 돗바늘에 꿰어
남은 코의 앞고리에 통과시킨 뒤, 세게 잡아당겨 구멍을 닫아줍니다.
실 끝이 보이지 않게 마무리합니다.

잎사귀(그린색 실)
(사슬뜨기 5, 코바늘에서 두 번째 사슬코에서 시작, 빼뜨기 4,
사슬뜨기 6, 코바늘에서 두 번째 사슬코에서 시작, 빼뜨기 5)×2
시작 사슬코의 첫 코에서 빼뜨기
당근의 마지막 단에서 잎사귀를 꿰매줍니다.

양파(시나몬색 실)
1단: 실 고리로 원형코 만들기, 짧은뜨기 6 [6코]
2단: (늘리기)×6 [12코]
3단: (짧은뜨기 3, 늘리기)×3 [15코]
4단: (짧은뜨기 3, 줄이기)×3 [12코]
양파에 솜을 채워줍니다.
5단: 짧은뜨기 1, 줄이기, (짧은뜨기 2, 줄이기)×2, 짧은뜨기 1 [9코]
6단: (짧은뜨기 1, 줄이기)×3 [6코]
실 꼬리를 남기고 실을 잘라 마무리합니다. 남은 실을 돗바늘에 꿰어

남은 각 코의 앞고리에 통과시킨 뒤, 세게 잡아당겨 구멍을 닫아줍니다.
실 끝이 보이지 않게 마무리합니다.

잎사귀(그린색 실)
(사슬뜨기 5, 코바늘에서 두 번째 사슬코에서 시작, 빼뜨기 4,
사슬뜨기 6, 코바늘에서 두 번째 사슬코에서 시작, 빼뜨기 5)×2
시작 사슬코의 첫 코에서 빼뜨기
양파의 마지막 단에서 잎사귀를 꿰매줍니다.

도둑

난이도: 🌱 🌱 🌱

키: 4인치 / 10㎝(제시된 실로 떴을 때)

재료:
스포트 웨이트 실(SMC 카타니아 오리지널)
○ 밀키 화이트(105)
○ 샌드베이지(404)
● 너트 브라운 약간(179)
● 밝은 그린(392)
● 그린(418)
● 브라운(438)
● 밝은 레드 약간(408)
B-1/2㎜ 코바늘
검은색 유리눈 혹은 나사형 인형눈(7㎜)
돗바늘
콧수링
시침핀
솜

아미구루미 갤러리:
동영상으로 연결되는 URL과 QR코드:
www.amigurumipatterns.net/3333

머리(샌드베이지색 실)
나사형 인형눈 사용하기(15쪽, 마스터 패턴 참조)

몸통(샌드베이지색 실로 시작)
머리 부분의 4단에 남아있는 마지막 앞고리에 샌드베이지색
실을 연결합니다. 여기에서 다음 단의 첫 번째 코를 시작합니다.
1단: 앞고리 짧은뜨기 24 [24코]
나중을 위해 1단의 15번째 코에 콧수링으로 표시해둡니다.
샌드베이지와 밝은 그린색 실을 교차하며 자카드 기법으로 2단을
뜹니다. 밝은 그린색 실을 연결합니다.

2단: [밝은 그린] 뒷고리에 뜹니다. (짧은뜨기 5, 늘리기, 짧은뜨기 4),
[샌드베이지] 앞뒤 고리에서 이어뜨기, 짧은뜨기 1, 늘리기,
짧은뜨기 2, [밝은 그린] 뒷고리에 계속 뜨기, 짧은뜨기 3, 늘리기,
짧은뜨기 5, 늘리기 [28코]
3단: [밝은 그린] 짧은뜨기 13, [샌드베이지] 짧은뜨기 1, [밝은 그린]
짧은뜨기 14 [28코]
밝은 그린색 실로 계속 뜨기
4단: 짧은뜨기 3, 늘리기, (짧은뜨기 6, 늘리기)×3, 짧은뜨기 3 [32코]
5단: 짧은뜨기 32 [32코]
너트 브라운색 실로 바꾸기
6단: 짧은뜨기 32 [32코]
밝은 그린색 실로 바꾸기
7단: 뒷고리 짧은뜨기 32 [32코]
샌드베이지색 실로 바꾸기
8단: 뒷고리 짧은뜨기 32 [32코]
9단: 짧은뜨기 3, 줄이기, (짧은뜨기 6, 줄이기)×3, 짧은뜨기 3 [28코]
그린색 실로 바꾸기
10단: 짧은뜨기 28 [28코]
11단: 이 단은 뒷고리에 뜹니다. (짧은뜨기 5, 줄이기)×4 [24코]
몸통에 솜을 채웁니다.
12단: 짧은뜨기 1, 줄이기, (짧은뜨기 2, 줄이기)×5, 짧은뜨기 1 [18코]
13단: (짧은뜨기 1, 줄이기)×6 [12코]
14단: (줄이기)×6 [6코]
몸통 아랫부분에 솜을 너무 가득 채우지 말고 최대한 평평하게
유지합니다. 실 꼬리를 남기고 실을 잘라 마무리합니다. 남긴 실을
돗바늘에 꿰어 남은 코의 앞고리에 통과시킨 뒤, 세게 잡아당겨
구멍을 닫아줍니다. 실 끝이 보이지 않게 마무리합니다. 몸통을
거꾸로 잡고 10단에 남아있는 첫 번째 앞고리에 그린색 실을
연결합니다. 여기에서 다음 단의 첫 번째 코를 시작합니다.
15단: 앞고리 짧은뜨기 28 [28코]
실을 잘라 보이지 않게 마무리합니다. 몸통을 거꾸로 잡고 7단에
남아있는 첫 번째 앞고리에 밝은 그린색 실을 연결합니다. 여기에서
다음 단의 첫 번째 코를 시작합니다.
16단: 앞고리 짧은뜨기 32 [32코]
실을 잘라 보이지 않게 마무리합니다. 몸통의 1단 앞고리에 표시되어
있는 코를 찾아봅니다. 몸통을 거꾸로 잡고 이 앞고리에 그린색 실을
연결합니다. 사슬뜨기 2코를 뜨고, 이 코가 다음 단의 첫 번째 코가
됩니다.
17단: 이 단은 앞고리에 뜹니다. 한길긴뜨기 1(그림 1), 긴뜨기 늘리기,
짧은뜨기 7, 늘리기, 짧은뜨기 8, 긴뜨기 늘리기, 다음 1코에
한길긴뜨기 1+사슬뜨기 2+빼뜨기 1
실을 잘라 실 끝이 보이지 않게 마무리합니다(그림 2). 카라의

가장자리 사이에 4개의 코가 있어야 합니다.

팔(2개, 샌드베이지색 실로 시작)
1단: 실 고리로 원형코 만들기, 짧은뜨기 7 [7코]
2-4단: 짧은뜨기 7 [7코]
밝은 그린색 실로 바꾸기
5단: 짧은뜨기 7 [7코]
팔을 평평하게 접어 입구의 코를 맞춥니다.
6단: 짧은뜨기 3 (접힌 앞, 뒤 편물을 함께 떠서 입구를 닫습니다.)
[3코]
바느질할 실 꼬리를 길게 남기고 실을 잘라 마무리합니다.

머리카락(브라운색 실)
1단: 실 고리로 원형코 만들기, 짧은뜨기 6 [6코]
2단: (늘리기)×6 [12코]
3단: (짧은뜨기 1, 늘리기)×6 [18코]
4단: 짧은뜨기 1, 늘리기, (짧은뜨기 2, 늘리기)×5, 짧은뜨기 1
[24코]

5단: (짧은뜨기 3, 늘리기)×6 [30코]
6단: 짧은뜨기 2, 늘리기, (짧은뜨기 4, 늘리기)×5, 짧은뜨기 2 [36코]
7단: (짧은뜨기 5, 늘리기)×6 [42코]
8단: 짧은뜨기 3, 늘리기, (짧은뜨기 6, 늘리기)×5, 짧은뜨기 3 [48코]
9단: (짧은뜨기 7, 늘리기)×6 [54코]
10단: (짧은뜨기 17, 늘리기)×3 [57코]
11-16단: 짧은뜨기 57 [57코]
이어서 평면뜨기를 합니다.
17단: 짧은뜨기 30, 사슬뜨기 1, 방향 바꾸기 [30코]
나머지 코들은 뜨지 않고 그대로 남겨둡니다.
18단: 1코 건너뛰기, 짧은뜨기 55(시작단의 콧수링 표시는 무시),
사슬뜨기 1, 방향 바꾸기 [55코]
19단: 1코 건너뛰기, 짧은뜨기 25 [25코]
이 단을 마무리하지 않고 이어서 원형뜨기를 합니다.
20단: 짧은뜨기 29(그림 3), 단의 가장자리를 따라 짧은뜨기 2,
가운데 부분에 빼뜨기 1, 단의 가장자리를 따라 (머리카락 코에
짧은뜨기 1, 사슬뜨기 3)×2, (머리카락 코에 짧은뜨기 1, 사슬뜨기 4,
머리카락 코에 짧은뜨기 1, 사슬뜨기 3)×3(그림 4), 짧은뜨기 19

① ② ③ ④

실을 잘라 보이지 않게 마무리합니다.

모자(그린색 실로 시작)

1단: 실 고리로 원형코 만들기, 짧은뜨기 6 [6코]

2단: (짧은뜨기 1, 늘리기)×3 [9코]

3단: 짧은뜨기 1, 늘리기, (짧은뜨기 2, 늘리기)×2, 짧은뜨기 1 [12코]

4단: 짧은뜨기 1, 늘리기, (짧은뜨기 2, 늘리기)×3, 짧은뜨기 1 [16코]

5단: (짧은뜨기 3, 늘리기)×4 [20코]

6단: 짧은뜨기 2, 늘리기, (짧은뜨기 4, 늘리기)×3, 짧은뜨기 2 [24코]

7단: (짧은뜨기 5, 늘리기)×4 [28코]

8단: 짧은뜨기 3, 늘리기, 짧은뜨기 3, 긴뜨기 3, 긴뜨기 늘리기, 한길긴뜨기 2, 두길긴뜨기 2, 한길긴뜨기 2, 긴뜨기 늘리기, 긴뜨기 3, 짧은뜨기 3, 늘리기, 짧은뜨기 3 [32코]

밝은 그린색 실로 바꾸기

9단: 짧은뜨기 15, 늘리기 2, 짧은뜨기 15 [34코]

실을 잘라 보이지 않게 마무리합니다. 9단의 16번째와 19번째 앞고리를 찾아 표시해둡니다(그림 5). 모자의 마지막 단이 아래를 향하도록 들고 9단의 16번째 앞고리에 밝은 그린색 실을 연결합니다.

10단: 이 단은 앞고리에 뜁니다. 짧은뜨기 6, 긴뜨기 4, 한길긴뜨기 3, 두길긴뜨기 6, 한길긴뜨기 3, 긴뜨기 4, 짧은뜨기 6 [32코]

실을 잘라 실 끝이 보이지 않게 마무리합니다. 모자의 가장자리 사이에 2코가 있어야 합니다(그림 6).

깃털(밀키 화이트색 실) (그림 7)

사슬뜨기 11, 기초 사슬코의 양쪽 면을 따라 뜁니다.

1단: 코바늘에서 두 번째 사슬코에서 시작, 빼뜨기 4, (사슬뜨기 2, 짧은뜨기 1)×5, 마지막 사슬코에 빼뜨기 1+사슬뜨기 1+빼뜨기 1, 기초 사슬코의 다른 쪽 면에서 계속 이어뜨기, (짧은뜨기 1, 사슬뜨기 2)× 4, 짧은뜨기 1

나머지 코들을 뜨지 않고 그대로 둡니다. 바느질할 실 꼬리를 길게 남기고 실을 잘라 마무리합니다.

연결하기

- 모자 옆에 깃털을 꿰매 연결합니다.
- 브라운색 실로 가슴에 십자 모양을 수놓아줍니다.
- 팔을 연결합니다(짧은 버전, 16쪽).
- 머리 뒤쪽 중앙에 마무리 코(마지막 코)가 오도록 머리에 머리카락을 연결합니다. 머리카락의 뒷면은 앞면보다 약간 아래에 놓여야 합니다. 모자를 씌워줍니다.
- 밝은 레드색 실로 눈 밑의 볼을 붉게 수놓아줍니다.

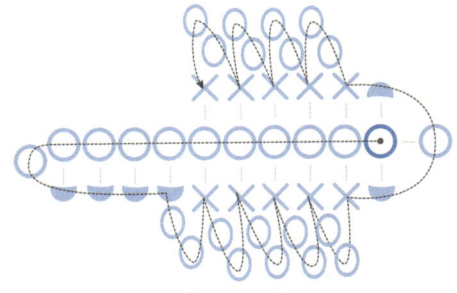

양봉가

난이도: 🐝 🐝 🐝

키: 4.1인치 / 10.5cm(제시된 실로 떴을 때)

재료:

스포트 웨이트 실(SMC 카타니아 오리지널)

밀키 화이트(105)

⚪ 샌드베이지(404)

🟤 너트 브라운(179)

🔵 스틸 블루(421)

🔴 시나몬(426)

⚫ 다크 브라운(161)

B-1/2mm 코바늘

검은색 유리눈 혹은 나사형 인형눈(7mm)

돗바늘

콧수링

시침핀

솜

 아미구루미 갤러리:
동영상으로 연결되는 URL과 QR코드:
www.amigurumipatterns.net/3334

머리(샌드베이지색 실)

나사형 인형눈 사용하기(15쪽, 마스터 패턴 참조)

몸통(샌드베이지색 실로 시작)

머리 부분 4단에 남아있는 마지막 앞고리에 샌드베이지색 실을 연결합니다. 여기에서 다음 단의 첫 번째 코를 시작합니다.

1단: 앞고리 짧은뜨기 24 [24코]

밀키 화이트색 실로 바꾸기

2단: 이 단은 뒷고리에 뜹니다. (짧은뜨기 5, 늘리기)×4 [28코]

3단: 짧은뜨기 28 [28코]

4단: 짧은뜨기 3, 늘리기, (짧은뜨기 6, 늘리기)×3, 짧은뜨기 3 [32코]

5단: 짧은뜨기 32 [32코]

밀키 화이트색 실과 스틸 블루색 실을 교차해가며 자카드 기법으로 1단을 뜹니다.

6단: [밀키 화이트] 짧은뜨기 1, [스틸 블루] 짧은뜨기 1, ([밀키 화이트] 짧은뜨기 2, [스틸 블루] 짧은뜨기 1)×10 [32코]

밀키 화이트색 실로 바꾸기

7단: 짧은뜨기 32 [32코]

너트 브라운색 실로 바꾸기

8단: 뒷고리 짧은뜨기 32 [32코]

9단: 짧은뜨기 3, 줄이기, (짧은뜨기 6, 줄이기)×3, 짧은뜨기 3 [28코]

짙은 브라운색 실로 바꾸기

10단: 짧은뜨기 28 [28코]

11단: 이 단은 뒷고리에 뜹니다. (짧은뜨기 5, 줄이기)×4 [24코]

몸통에 솜을 채웁니다.

12단: 짧은뜨기 1, 줄이기, (짧은뜨기 2, 줄이기)×5, 짧은뜨기 1 [18코]

13단: (짧은뜨기 1, 줄이기)×6 [12코]

14단: (줄이기)×6 [6코]

몸통 아랫부분에 솜을 너무 가득 채우지 말고 최대한 평평하게 유지합니다. 실 꼬리를 남기고 실을 잘라 마무리합니다. 남긴 실을 돗바늘에 꿰어 남은 코의 앞고리에 통과시킨 뒤, 세게 잡아당겨 구멍을 닫아줍니다. 실 끝이 보이지 않게 마무리합니다. 몸통을 거꾸로 잡고 10단에 남아있는 첫 앞고리에 짙은 브라운색 실을 연결합니다. 여기에서 다음 단의 첫 번째 코를 시작합니다.

15단: 앞고리 짧은뜨기 28 [28코]

실을 잘라 보이지 않게 마무리합니다.

팔(2개, 샌드베이지색 실로 시작)

1단: 실 고리로 원형코 만들기, 짧은뜨기 7 [7코]

2단: 짧은뜨기 7 [7코]

밀키 화이트색 실로 바꾸기

3단: 짧은뜨기 7 [7코]

4단: 뒷고리 짧은뜨기 7 [7코]

5-6단: 짧은뜨기 7 [7코]

팔을 평평하게 접어 입구의 코를 맞춥니다.

7단: 짧은뜨기 3 (접힌 앞, 뒤 편물을 함께 떠서 입구를 닫습니다.) [3코]

바느질할 실 꼬리를 길게 남기고 실을 잘라 마무리합니다. 손바닥이 아래로 향하게 팔을 잡고 3단의 첫 앞고리에 밀키 화이트색 실을 연결합니다.

8단: 이 단은 앞고리에 뜹니다. (사슬뜨기 1, 빼뜨기 1)×7

마지막 빼뜨기 코는 첫 사슬코에서 떠야 합니다.

실을 잘라 보이지 않게 마무리합니다.

머리카락(시나몬색 실)
1단: 실 고리로 원형코 만들기, 짧은뜨기 6 [6코]
2단: (늘리기)×6 [12코]
3단: (짧은뜨기 1, 늘리기)×6 [18코]
4단: 짧은뜨기 1, 늘리기, (짧은뜨기 2, 늘리기)×5, 짧은뜨기 1 [24코]
5단: (짧은뜨기 3, 늘리기)×6 [30코]
6단: 짧은뜨기 2, 늘리기, (짧은뜨기 4, 늘리기)×5, 짧은뜨기 2 [36코]
7단: (짧은뜨기 5, 늘리기)×6 [42코]
8단: 짧은뜨기 3, 늘리기, (짧은뜨기 6, 늘리기)×5, 짧은뜨기 3 [48코]
9단: (짧은뜨기 7, 늘리기)×6 [54코]
10단: (짧은뜨기 17, 늘리기)×3 [57코]
11-16단: 짧은뜨기 57 [57코]
이어서 평면뜨기단을 뜹니다.

17단: 짧은뜨기 30, 사슬뜨기 1, 방향 바꾸기 [30코]
나머지 코들은 뜨지 않고 그대로 남겨둡니다.
18단: 1코 건너뛰기, 짧은뜨기 55(시작 단의 콧수링 표시는 무시), 사슬뜨기 1, 방향 바꾸기 [55코]
19단: 1코 건너뛰기, 짧은뜨기 25 [25코]
이 단을 마무리하지 않고 이어서 원형뜨기를 합니다.
20단: (사슬뜨기 3, 머리카락 코에 짧은뜨기 1, 사슬뜨기 4(그림 1), 머리카락 코에 짧은뜨기 1)×6, 사슬뜨기 3, 머리카락 코에 짧은뜨기 17(그림 2), 단의 가장자리를 따라 짧은뜨기 2, 가운데 부분에 빼뜨기 1, 단의 가장자리를 따라 이어뜨기, 사슬뜨기 3, 머리카락 코에 짧은뜨기 1, 사슬뜨기 2, 마지막 단 끝에 짧은뜨기 1, (사슬뜨기 3, 머리카락 코에 짧은뜨기 1, 사슬뜨기 2, 머리카락 코에 짧은뜨기 1)×3(그림 3), (사슬뜨기 3, 머리카락 코에 짧은뜨기 1, 사슬뜨기 4, 머리카락 코에 짧은뜨기 1)×9, 짧은뜨기 1
실을 잘라 보이지 않게 마무리합니다.

턱수염(시나몬색 실)
75쪽의 천문학자 턱수염 패턴을 그대로 뜹니다.

코(샌드베이지색 실)
1단: 실 고리로 원형코 만들기, 짧은뜨기 6 [6코]
첫 코에 빼뜨기, 바느질할 실 꼬리를 길게 남기고 실을 잘라 마무리합니다.

콧수염(오른쪽/왼쪽 2개, 시나몬색 실)
22쪽의 왕 콧수염 패턴을 그대로 뜹니다.

멜빵(2개, 너트 브라운색 실)
시작 실 꼬리를 길게 남기고, 사슬뜨기 22코를 뜬 후 바느질할 실

꼬리를 길게 남기고 실을 잘라 마무리합니다.

모자(너트 브라운색 실로 시작)

1단: 실 고리로 원형코 만들기, 짧은뜨기 6 [6코]

2단: (늘리기)×6 [12코]

3단: (짧은뜨기 1, 늘리기)×6 [18코]

4단: (짧은뜨기 1, 늘리기)×9 [27코]

5단: 짧은뜨기 1, 늘리기, (짧은뜨기 2, 늘리기)×8, 짧은뜨기 1 [36코]

6단: (짧은뜨기 3, 늘리기)×9 [45코]

7단: 짧은뜨기 2, 늘리기, (짧은뜨기 4, 늘리기)×8, 짧은뜨기 2 [54코]

8단: (짧은뜨기 8, 늘리기)×6 [60코]

9단: 뒷고리 짧은뜨기 60 [60코]

10단: 짧은뜨기 60 [60코]

샌드베이지색 실과 너트 브라운색 실을 교차하며 자카드 기법으로 5단을 뜹니다. 샌드베이지색 실을 연결합니다.

11단: ([샌드베이지] 짧은뜨기 1, [너트 브라운] 짧은뜨기 1)×30 [60코]

스틸 블루색 실을 연결합니다.

12단: ([스틸 블루] 짧은뜨기 3, [너트 브라운] 짧은뜨기 1)×15 [60코]

13단: ([스틸 블루] 짧은뜨기 2, [너트 브라운] 짧은뜨기 2)×15 [60코]

14단: ([스틸 블루] 짧은뜨기 1, [너트 브라운] 짧은뜨기 3)×15 [60코]

15단: ([샌드베이지] 짧은뜨기 1, [너트 브라운] 짧은뜨기 1)×30 [60코]

너트 브라운색 실로 바꾸기

16단: (짧은뜨기 5, 늘리기)×10 [70코]

17단: 짧은뜨기 3, 늘리기, (짧은뜨기 6, 늘리기)×9, 짧은뜨기 3 [80코]

18단: (짧은뜨기 7, 늘리기)×10 [90코]

실을 잘라 보이지 않게 마무리합니다. 마지막 단이 아래로 향하도록 모자를 잡고 마무리 코의 앞고리에 샌드베이지색 실을 연결합니다.

19단: 앞고리 빼뜨기 90 [90코]

실을 잘라 보이지 않게 마무리합니다.

연결하기

- 팔을 달아줍니다(표준 버전, 16쪽).
- 7단과 8단 사이의 가장자리에 멜빵의 끈을 가로지르게 놓고 바느질합니다(그림 4).
- 8단과 9단 사이의 수염을 얼굴 중앙에 놓고 점선을 따라 꿰매줍니다(그림 5). 하단 가장자리는 바느질하지 않습니다.
- 콧수염을 턱수염 위에 놓고 점선을 따라 꿰매줍니다(그림 6).
- 콧수염의 중앙에 코를 꿰매가면서 솔기를 만듭니다.
- 머리 뒤쪽 중앙에 마무리 코(마지막 코)가 오도록 머리에 머리카락을 연결합니다. 머리카락의 뒷면은 앞면보다 약간 아래에 놓여야 합니다. 모자를 씌워줍니다.

벌집

난이도: 👑👑👑
키: 2.5인치 / 6.5cm(제시된 실로 떴을 때)

재료:
스포트 웨이트 실(SMC 카타니아 오리지널)
- 옅은 옐로(206)
- 골드(249)
- 밝은 레드 약간(408)

B-1/2mm 코바늘
검은색 유리눈 혹은 나사형 인형눈(7mm)
돗바늘
검은색 재봉실
콧수링
시침핀
솜

아미구루미 갤러리:
동영상으로 연결되는 URL과 QR코드:
www.amigurumipatterns.net/3335

벌집 베이스(골드색 실로 시작)

1단: 실 고리로 원형코 만들기, 짧은뜨기 6 [6코]
2단: (늘리기)×6 [12코]
3단: (짧은뜨기 1, 늘리기)×6 [18코]
4단: 짧은뜨기 1, 늘리기, (짧은뜨기 2, 늘리기)×5, 짧은뜨기 1 [24코]
5단: (짧은뜨기 7, 늘리기)×3 [27코]
옅은 옐로색 실로 바꾸기
6단: 이 단은 뒷고리에 뜁니다. 짧은뜨기 4, 늘리기, (짧은뜨기 8, 늘리기)×2, 짧은뜨기 4 [30코]
7단: (짧은뜨기 9, 늘리기)×3 [33코]

7단의 첫 코에 콧수링으로 표시해둡니다.
8단: 이 단은 뒷고리에 뜁니다. 짧은뜨기 5, 늘리기, (짧은뜨기 10, 늘리기)×2, 짧은뜨기 5 [36코]
9단: 이 단은 뒷고리에 뜁니다. (짧은뜨기 11, 늘리기)×3 [39코]
9단의 첫 코에 콧수링으로 표시해둡니다.
10단: 짧은뜨기 6, 늘리기, (짧은뜨기 12, 늘리기)×2, 짧은뜨기 6 [42코]
11-12단: 뒷고리 짧은뜨기 42 [42코]
13단: 짧은뜨기 42 [42코]
13단의 첫 코에 콧수링으로 표시해둡니다.
14단: 이 단은 뒷고리에 뜁니다. 짧은뜨기 6, 줄이기, (짧은뜨기 12, 줄이기)×2, 짧은뜨기 6 [39코]
15단: 뒷고리 짧은뜨기 39 [39코]
16단: (짧은뜨기 11, 줄이기)×3 [36코]
16단의 첫 코에 콧수링으로 표시해둡니다.
17단: 뒷고리 짧은뜨기 36 [36코]
18단: 이 단은 뒷고리에 뜁니다. 짧은뜨기 5, 줄이기, (짧은뜨기 10, 줄이기)×2, 짧은뜨기 5 [33코]
벌집 베이스에 솜을 채웁니다.
19단: 짧은뜨기 33 [33코]
19단의 첫 코에 콧수링으로 표시해둡니다.
20단: 이 단은 뒷고리에 뜁니다. (짧은뜨기 9, 줄이기)×3 [30코]
21단: 이 단은 뒷고리에 뜁니다. (짧은뜨기 3, 줄이기)×6 [24코]
22단: 짧은뜨기 1, 줄이기, (짧은뜨기 2, 줄이기)×5, 짧은뜨기 1 [18코]
23단: (짧은뜨기 1, 줄이기)×6 [12코]
24단: (줄이기)×6 [6코]
벌집 베이스 아랫부분에 솜을 너무 가득 채우지 말고 최대한 평평하게 유지합니다. 실 꼬리를 남기고 실을 잘라 마무리합니다. 남긴 실을 돗바늘에 꿰어 남은 코의 앞고리에 통과시킨 뒤, 세게 잡아당겨 구멍을 닫아줍니다. 실 끝이 보이지 않게 마무리합니다. 벌집 베이스 마지막 단이 위를 향하게 들고 20단에 남아있는 첫 번째 앞고리에 골드색 실을 연결합니다. 여기에서 다음 단의 첫 번째 코를 시작합니다.
25단: 앞고리 짧은뜨기 30 [30코]
실을 잘라 보이지 않게 마무리합니다(그림 1).
마지막 단이 위를 향하도록 베이스 부분을 거꾸로 들고 19단에 콧수링으로 표시한 앞고리에 골드색 실을 연결합니다(그림 2).
26단: 이 단은 느슨하게 앞고리에 뜁니다. 사슬뜨기 2+첫 코에 한길긴뜨기 1, 한길긴뜨기 4, 한길긴뜨기 늘리기, (한길긴뜨기 10, 한길긴뜨기 늘리기)×2, 한길긴뜨기 5 [36코](그림 3)
바느질할 실 꼬리를 길게 남기고 실을 잘라 마무리합니다. 마지막 단이

위를 향하도록 벌집 베이스 부분을 거꾸로 들고 16단에 콧수링으로 표시한 앞고리에 골드색 실을 연결합니다.

27단: 이 단은 느슨하게 앞고리에 뜹니다. 사슬뜨기 2+첫 코에 한길긴뜨기 1, 한길긴뜨기 10, 한길긴뜨기 늘리기, (한길긴뜨기 11, 한길긴뜨기 늘리기)×2 [39코] (그림 4)
바느질할 실 꼬리를 길게 남기고 실을 잘라 마무리합니다. 마지막 단이 위를 향하도록 베이스 부분을 거꾸로 들고 13단에 콧수링으로 표시한 앞고리에 골드색 실을 연결합니다 (그림 5).

28단: 이 단은 느슨하게 앞고리에 뜹니다. 사슬뜨기 2+첫 코에 한길긴뜨기 1, 한길긴뜨기 41 [42코]
바느질할 실 꼬리를 길게 남기고 실을 잘라 마무리합니다. 마지막 단이 위를 향하도록 베이스 부분을 거꾸로 들고 9단에 콧수링으로 표시한 앞고리에 골드색 실을 연결합니다(그림 6).

29단: 이 단은 느슨하게 앞고리에 뜹니다. 사슬뜨기 2+첫 코에 한길긴뜨기 1, 한길긴뜨기 4, 한길긴뜨기 줄이기, (한길긴뜨기 5, 한길긴뜨기 줄이기)×5 [36코]

1	2	3	4
5	6	7	8

바느질할 실 꼬리를 길게 남기고 실을 잘라 마무리합니다. 마지막 단이 위를 향하도록 베이스 부분을 거꾸로 들고 7단에 콧수링으로 표시한 앞고리에 골드색 실을 연결합니다(그림 7).

30단: 이 단은 느슨하게 앞고리에 뜹니다. 사슬뜨기 2+첫 코에 한길긴뜨기 1, 한길긴뜨기 2, 한길긴뜨기 줄이기, 한길긴뜨기 4, 한길긴뜨기 줄이기, (한길긴뜨기 3, 한길긴뜨기 줄이기, 한길긴뜨기 4, 한길긴뜨기 줄이기)×2 [27코]
바느질할 실 꼬리를 길게 남기고 실을 잘라 마무리합니다.

연결하기

- 26단의 앞고리를 베이스 부분의 17단에 남아있는 고리에 꿰매줍니다. 실을 잘라 실 끝이 보이지 않게 마무리합니다(그림 8).
- 27단의 앞고리를 베이스 부분의 14단에 남아있는 고리에 꿰매줍니다. 실을 잘라 실 끝이 보이지 않게 마무리합니다.
- 28단의 앞고리를 베이스 부분의 11단에 남아있는 고리에 꿰매줍니다. 실을 잘라 실 끝이 보이지 않게 마무리합니다.
- 29단의 앞고리를 베이스 부분의 7단에 남아있는 고리에 꿰매줍니다. 실을 잘라 실 끝이 보이지 않게 마무리합니다.
- 30단의 앞고리를 베이스 부분의 5단에 남아있는 고리에 꿰매줍니다. 실을 잘라 실 끝이 보이지 않게 마무리합니다.
- 눈을 부착하기 전에 눈의 뒷면 편물의 두께를 확인합니다(때로 너무 두꺼워서 맞지 않을 수 있습니다). 눈을 27단 중간에 놓아줍니다. 눈 사이의 거리는 9코가 적당합니다.
- 눈과 같은 단에 검은색 재봉실로 입을 수놓아줍니다.
- 밝은 레드색 실로 눈 밑의 볼을 붉게 수놓아줍니다.

꿀벌

난이도: 🐝 🐝 🐝

키: 2.1인치 / 5.5cm(제시된 실로 떴을 때)

재료:
스포트 웨이트 실(SMC 카타니아 오리지널)
⬜ 크림(130)
🟡 골드(249)
⚫ 다크 브라운(161)
B-1/2㎜ 코바늘
돗바늘
검은색 재봉실
콧수링
시침핀
솜

아미구루미 갤러리:
동영상으로 연결되는 URL과 QR코드:
www.amigurumipatterns.net/3336

머리(크림색 실)

1단: 실 고리로 원형코 만들기, 짧은뜨기 6 [6코]
2단: (늘리기)×6 [12코]
3단: 이 단은 뒷고리에 뜹니다. (짧은뜨기 1, 늘리기)×6 [18코]
4단: 짧은뜨기 1, 늘리기, (짧은뜨기 2, 늘리기)×5, 짧은뜨기 1 [24코]
5단: 짧은뜨기 24 [24코]
6단: (짧은뜨기 7, 늘리기)×3 [27코]
7-8단: 짧은뜨기 27 [27코]
9단: (짧은뜨기 7, 줄이기)×3 [24코]
10단: 짧은뜨기 1, 줄이기, (짧은뜨기 2, 줄이기)×5, 짧은뜨기 1 [18코]
머리에 솜을 채웁니다.
11단: (짧은뜨기 1, 줄이기)×6 [12코]
12단: (줄이기)×6 [6코]
실 꼬리를 남기고 실을 잘라 마무리합니다. 남긴 실을 돗바늘에 꿰어 남은 코의 앞고리에 통과시킨 뒤, 세게 잡아당겨 구멍을 닫아줍니다. 실 끝이 보이지 않게 마무리합니다.

몸통(골드색 실)

머리의 2단에 남아있는 마지막 앞고리에 골드색 실을 연결합니다. 여기에서 다음 단의 첫 번째 코를 시작합니다.
1단: 이 단은 앞고리에 뜹니다. (짧은뜨기 3, 늘리기)×3 [15코]
짙은 브라운색 실로 바꾸기
2단: 짧은뜨기 2, 늘리기, (짧은뜨기 4, 늘리기)×2, 짧은뜨기 2 [18코]
골드색 실로 바꾸기
3단: 짧은뜨기 18 [18코]
짙은 브라운색 실로 바꾸기
4단: 짧은뜨기 18 [18코]
골드색 실로 바꾸기

몸통에 솜을 채워줍니다.

5단: 이 단은 뒷고리에 뜹니다. (짧은뜨기 1, 줄이기)×6 [12코]

6단: (줄이기)×6 [6코]

몸통 아랫부분에 솜을 너무 가득 채우지 말고 최대한 평평하게 유지합니다. 실 꼬리를 남기고 실을 잘라 마무리합니다. 남긴 실을 돗바늘에 꿰어 남은 코의 앞고리에 통과시킨 뒤, 세게 잡아당겨 구멍을 닫아줍니다. 실 끝이 보이지 않게 마무리합니다. 몸통을 거꾸로 잡고 4단에 남아있는 첫 번째 앞고리에 골드색 실을 연결합니다. 여기에서 다음 단의 첫 번째 코를 시작합니다.

7단: 이 단은 앞고리에 뜹니다. 짧은뜨기 2, 줄이기, (짧은뜨기 4, 줄이기)×2, 짧은뜨기 2 [15코]

실을 잘라 보이지 않게 마무리합니다.

모자(골드색 실로 시작)

1단: 실 고리로 원형코 만들기, 짧은뜨기 6 [6코]

2단: (늘리기)×6 [12코]

3단: (짧은뜨기 1, 늘리기)×6 [18코]

4단: 짧은뜨기 1, 늘리기, (짧은뜨기 2, 늘리기)×5, 짧은뜨기 1 [24코]

5단: (짧은뜨기 3, 늘리기)×6 [30코]

6-9단: 짧은뜨기 30 [30코]

실을 잘라 보이지 않게 마무리합니다.

날개(2개, 크림색 실)

사슬뜨기 4, 시작 사슬코의 양쪽에서 뜹니다.

1단: 코바늘에서 두 번째 사슬코에서 시작, 짧은뜨기 1, 긴뜨기 1, 마지막 사슬코에 한길긴뜨기 6, 시작 사슬코의 반대쪽에서 긴뜨기 1, 빼뜨기 1 [10코]

바느질할 실 꼬리를 길게 남기고 실을 잘라 마무리합니다.

반점 무늬(2개, 짙은 브라운색 실)

사슬뜨기 4, 평면뜨기를 뜹니다.

1단: 코바늘에서 두 번째 사슬코에서 시작, 짧은뜨기 1, 한길긴뜨기 1, 짧은뜨기 1 [3코]

바느질할 실 꼬리를 길게 남기고 실을 잘라 마무리합니다.

더듬이(2개, 짙은 브라운색 실)

사슬뜨기 4, 평면뜨기를 합니다.

1단: 코바늘에서 두 번째 사슬코에서 시작, 짧은뜨기 1, 빼뜨기 2 [3코]

바느질할 실 꼬리를 길게 남기고 실을 잘라 마무리합니다.

연결하기

- 모자를 머리 뒤쪽 중앙에 마무리 코(마지막 코)가 오도록 하여 머리에 연결합니다. 모자 뒷면은 앞면보다 약간 아래에 놓여야 합니다.
- 모자의 5단과 8단 사이에 점들을 놓고 꿰매줍니다.
- 모자의 4단과 5단 사이에 더듬이를 놓고 꿰매줍니다.
- 뒷면에 날개를 놓고 꿰매줍니다.
- 머리의 5단과 6단 사이에 검은색 재봉실로 작은 감은 눈(웃는 눈)을 수놓아줍니다. 여기서 눈 사이의 거리는 4코를 유지합니다.